Max Buchner

Kamerun

Skizzen und Betrachtungen

Max Buchner

Kamerun
Skizzen und Betrachtungen

ISBN/EAN: 9783742867162

Hergestellt in Europa, USA, Kanada, Australien, Japan

Cover: Foto ©Andreas Hilbeck / pixelio.de

Manufactured and distributed by brebook publishing software
(www.brebook.com)

Max Buchner

Kamerun

Kamerun

Skizzen und Betrachtungen

von

Max Buchner

Dr. med.

vormals Interimistischer Vertreter des Teutschen Reiches in Kamerun.

Leipzig

Verlag von Duncker & Humblot

1887

Vorwort.

Eines der Hauptmotive im Leben des Menschen und der Völker ist von je die Unzufriedenheit gewesen. Es ist das kein schönes, kein angenehmes Motiv, aber es ist da und es wirkt. Unzufrieden mit dem, was die nächste Umgebung bietet, glaubt der Mensch in fernen Erderäumen die Verwirklichung seiner Wünsche erhoffen zu müssen.

Wenigen gelingt es, sich zu überzeugen, daß auch draußen weit über dem Meere das Paradies nicht zu finden ist, und diese wenigen kommen schließlich zu jener geduldigen, ruhigen Resignation, daß unser Planet überhaupt viel zu wünschen läßt, von wo aus man ihn auch betrachten möge. Ich gehe noch weiter und behaupte: Europa ist der schönste und beste Teil unserer Erde. Aber leider können wir nicht alle in diesem bevorzugten Erdteile bleiben, denn er ist uns zu eng geworden. Wir müssen hinaus, auch die weniger guten Länder zur Fristung des Lebens auszunutzen. Oder mit anderen Worten: Die Kolonialpolitik ist eine harte Notwendigkeit, nicht etwa ein Vergnügen, sie ist kein Spielzeug für Enthusiasten, sondern einzig ein Gegenstand ruhiger, kalter, hartherziger Überlegung.

Wenn man als Schiffbrüchiger auf dem Meere herumtreibt und kein Proviant mehr vorhanden ist, frißt man sich gegenseitig auf. Dabei fragt es sich für den Einzelnen nur darum, wer dem Anderen zuvorkommt. Ganz dasselbe gilt auch für die gesamte Menschheit auf unserem im Weltall vorwärts sausenden

Erdball, der immer enger wird. Je mehr der vorhandene Stoff die Form von Menschen annimmt, desto mehr schwindet er aus der Form von Nahrung. Das Defizit heißt Hunger.

Wir stehen zwar noch nicht unmittelbar vor dem wirklichen Auffressen. Aber es wird doch gut sein, schon jetzt eine Stellung zu wählen, die uns günstig ist, wenn es einmal losgeht. Jene eigenartige Erregung, die erst kürzlich durch die Deutsche Nation ging, und die von Spöttern nicht ganz unpassend als Kolonialrausch bezeichnet wurde, war vielleicht weiter nichts als ein kleiner, weit vorausgeworfener Schatten des dereinst kommenden Hungerdeliriums der gesamten Menschheit.

Jene Zeiten, in denen man Volksvermehrung als ein Glück betrachten konnte, haben aufgehört, und zwar nicht bloß im nationalen, sondern auch im allgemein menschlichen Sinne. Noch haben wir für den Überfluß unserer Massen Nordamerika. Aber auch Nordamerika wird im Jahre 1900 voll besetzt sein. Dann wird auch dort die bisherige extensive Bewirtschaftung sich in eine intensive verwandeln müssen, und dann wird dort drüben die Reibung, die Not, noch viel schlimmer sein, als sie je bei uns war. Auch jene Zeiten haben längst aufgehört, in denen das Kolonisieren so einträglich war, daß sich dadurch ganze Nationen rasch bereichern konnten. In den Jahren 1815 bis 1849 vermehrte das Englische Volk seine Zahl um 47 Prozent, zugleich aber auch den Wert seiner Ausfuhr um 63, die Tonnenzahl seiner Handelsschiffe um 55, das bewegliche Vermögen um 93, das unbewegliche Vermögen um 78 Prozent[1]). Dieses Ideal fortschreitender Prosperität wird niemals wieder erreicht werden können.

Unzweifelhaft ist die Verteilung der Erde zwar bereits zu einem gewissen Abschluß gelangt, aber doch noch mancher Ände-

---

[1]) Deutsche Rundschau Band XXXI (April, Mai, Juni 1882): Deutsche Kolonisation I. und II.

rung fähig. Blieben die Gruppirungen des Besitzes so wie sie jetzt sind, wären wir Deutsche sicherlich übel daran. Es bliebe uns dann weiter nichts als das völlige Aufgehen in anderen Völkerschaften, wie es hier und dort kleineren Maßstabs schon länger vor sich geht, aber dann überall auf der ganzen Erde, ausgenommen allein unser altes Deutschland, das besten Falles zum Bodensatz der schwerer beweglichen Reste herabsinken würde. Früher in den romantischen Zeiten der ersten Entdecker war es die günstige Lage am Meere, die den Wagemut der Nationen hinauslockte. Heute, im Angesichte des näher rückenden Hungers, ist es der prosaische Schrei nach Brod, der sie unruhig macht und herumtreibt. Diese Frage wird nicht mehr durch kühne Konquistadores, sondern durch die Massen entschieden werden. Und das ist einer der wenigen Vorteile, die wir für uns haben.

Was jüngst in Afrika sich vollzog, ist an sich nur wenig, ein Nichts im Vergleich zu dem, was wir brauchen. Aber es kann doch der erste kleine Anfang zu Größerem sein, wenn die Zukunft uns wohl will. Für unseren leidigen Überschuß an Bevölkerung, also für eigentliche Auswanderer, ist im tropischen Afrika allerdings nichts zu holen. Jene Zeitungsartikel, die einmal sogar die Niger- und Kongo-Länder als Auswanderungsziele empfahlen, waren weiter nichts als Massenmordversuche aus Unvernunft, wenn nichts Schlimmeres.

Von den europäischen Nationen kommen an der Westküste Afrikas nur mehr Engländer, Franzosen, Portugisen und Spanier in Betracht. Der belgische Kongo-Staat ist ein zu zweifelhaftes Gebilde, als daß man ihn ernsthaft mit aufführen könnte. Die Dänen und die Holländer haben ihre ehemals vorhandenen westafrikanischen Hoheitsrechte an die Engländer abgetreten, die Spanier und die Portugisen werden wohl auch noch eines schönen Tages im Beerbtwerden an die Reihe kommen, und auch was die Franzosen haben, dürfte in guten Händen sein. Demnach blieben schließlich nur mehr die unvergleichlichen Engländer als die übermächtigen Konkurrenten.

Es geht ein eigener Zug festerer Gruppirung durch die Geschichte, ganz das Gegenteil kosmopolitischer Lockerung. Die Einheit der Herde kommt wieder mehr zur Geltung. Die Völker und Staaten schließen sich gegen einander ab, neue Zollschranken werden errichtet, der Interessenkampf der Nationen verschärft sich. Da wäre es denn mehr als je geboten, enger zusammen zu treten und kleinere Unterschiede zu vergessen, sich zu freuen, wenn dem Genossen Vorteile erstehen oder erhalten werden. Jeder, der sich selbst bereichert, bereichert auch seine Nation. Es darf nur nicht auf Kosten der Gesamtheit geschehen. Wie die Ausgleichung oder Austeilung später stattfinden wird, ist eine Frage für sich. Wahren wir vorläufig was wir haben.

Mit einer gewissen Berechtigung wird von kolonialfeindlicher Seite geltend gemacht, daß Kolonien heutzutage ein überwundener Standpunkt seien, daß es sich nicht mehr lohne, Kolonien zu besitzen, daß es überhaupt viel besser sei, niemals Kolonien gehabt zu haben. Es scheint, daß die Konsumptionsfähigkeit der Europäer für tropische Erzeugnisse ein gewisses äußerstes Maß eben erreicht hat, während die Produktion noch immer fortfuhr, sich auszudehnen, so daß eine Rückstauung eintreten mußte. Die traurigen Zustände, die selbst über Java, das Musterland der Kolonialschwärmer, hereingebrochen sind, bekräftigen diese Anschauung und sicherlich leben wir gerade in einer kritischen Zeit, die für Kolonialbesitz ungünstig ist. Es ist das dieselbe Krisis, unter der auch das landwirtschaftliche Grundeigentum schwer zu leiden hat. Wer vermöchte aber daraus den Satz abzuleiten, daß Grundeigentum überhaupt nichts mehr taugt und aufzugeben sei? Diese unterste, erste Basis unseres ganzen Lebens wird niemals entbehrt werden können. Wenn auch gegenwärtig die Erzeugung der Nahrungsstoffe wegen allzu großer Konkurrenz nicht mehr sonderlich rentirt, künftige Generationen werden die Überproduktion schon noch aufzehren, und dann werden die Preise der Nahrungsstoffe auch wieder lohnender werden. Und ganz das Gleiche wird mit den Erträgnissen der Kolonialgebiete, die momentan so sehr im Werte gesunken sind, schließlich wieder der Fall sein. Das eben ist ja die große Aufgabe des modernen Nationstaates, daß er seine Ideen und Pläne nicht nach vorübergehenden Konjunkturen, sondern nach weit in die Zukunft blickenden Interessen einzurichten hat.

Nebst dieser allgemein irdischen Krisis sind zu den mancherlei Schwierigkeiten einer Kolonialpolitik heutzutage noch einige weitere, gleichfalls ganz neue hinzugetreten: Zunächst die Ausbreitung besserer Waffen durch den Handel und dann aber auch die Humanität. Niemand kann leugnen, daß die Humanität in ihrem Übereifer dazu beigetragen hat, die sogenannten Wilden selbstbewußter und gefährlicher zu machen. Es wird allmälig Zeit, daß wir aufhören, jene anderen Rassen mit allzuviel platonischer Liebe und mit zu wenig egoistischer Vorsicht zu betrachten. Wir sind gewohnt, sie als niedriger stehend zu bezeichnen. Aber vergessen wir nicht, daß auch sie als Konkurrenten im Kampf um's Dasein mitringen, und daß nicht blos in Europa ein beständiges Emporbrängen der unteren Menschenschichten vor sich geht, sondern daß diese soziale Bewegung in größerem Maßstab über der ganzen Erde herrscht. Wir werden ja den Lauf der Geschichte nicht aufhalten können, und sollte es bestimmt sein, daß im kommenden dritten Jahrtausend dem afrikanischen Neger die Führung der Rassen zufällt, so läßt sich dagegen wenig vorbeugen. Aber den Selbstvernichtungsprozeß geradezu beschleunigen brauchen wir doch sicherlich auch nicht. Das wäre denn doch eine etwas gar zu große Konzession an die schöne Menschenliebe. Die Machdi-Wirren im südlichen Egypten, der Kaffernkrieg, die Katastrophe der Italiener in Harrar und jetzt wieder in Abessinien, der Inbische Aufstand, Afganistan, Tonkin und Birma sind nur die ersten Anfänge jenes allgemeinen Rassenkampfes gewesen, dem noch mehrere größere Ereignisse gleicher Art folgen werden.

Wohl keine einzige Kolonie, wie überhaupt kein einziges Staatsgebilde ist ohne Sünde gegen die schöne Menschenliebe groß geworden. Mit der sogenannten Humanität lassen sich Kolonien eine gewisse Zeit lang halten, nicht aber schaffen. Die glücklichen Besitzenden haben deshalb gut reden, wenn sie dieselben Sünden, durch die sie reich wurden, den anderen einfach verbieten.

Ein nicht minder bedenklicher neuer Feind für die Kolonialpolitik ist viertens der Enthusiasmus. Diese lustige Benebelung der gesunden Vernunft hat es dahin gebracht, daß man ernsthaft über Afrika gar nichts mehr äußern kann, ohne erst in dem Wirrsal der Phrasen aufgeräumt zu haben, die über dieses neueste Eldorado hereingebrochen sind.

Da schlummert zum Beispiel im dunklen Kontinent der so sehr beliebte „Reichtum an unbekannten Schätzen". Ein köstliches Wort! Der „Reichtum eines armen Teufels" besagt ungefähr dasselbe. Man versuche einmal einen hungrigen, frierenden Menschen ungefähr so zu trösten: „Du bist ungeheuer reich, in Deinen Taschen steckt eine Menge Geld. Du weißt es nur nicht. Und je öfter Du nachsuchst und nichts findest, um so reicher bist Du." Das klingt wie Wahnsinn. Die Afrikaschwärmer aber konnten ganz ungestraft wirklich solches Zeug schwatzen. Da hofft man dann auch auf die „ungeheuren Absatzgebiete", die sich dort uns eröffnen, auf die „Konsumptionsfähigkeit ungezählter Millionen von Negern". Allerdings, konsumptionsfähig ist Afrika ganz gewiß, der Neger nimmt alles, was man ihm gibt. Es bleibt nur die große Frage, was er seinerseits dafür zurückliefern kann. Absatzgebiete sind in Afrika zweifellos vorhanden. Absatzgebiete sind auch die Meere, drei bis vier Fünftel der gesamten

Erdoberfläche. Man braucht bloß unsere Erzeugnisse hineinzu=
werfen. Absatzgebiete allein nützen aber unserer Industrie sehr
wenig, wenn sie nicht zugleich Zahlgebiete sind. Und ein Zahl=,
ein Gewinn=Gebiet von Bedeutung ist Afrika nicht, kann es viel=
leicht noch werden, aber sicher nur langsam und spät. Für die
Gegenwart steht die Ausfuhr aus Afrika denn doch in einem gar
zu auffälligen Mißverhältnis zur räumlichen Größe des Konti=
nents, und jedenfalls sind die sogenannten Reichtümer Afrikas
einer Vermehrung dringend bedürftig.

Der „Reichtum an unbekannten Schätzen" besteht zum Teil
aus Edelmetallen und Edelgestein, zum Teil aus einer großartigen
Fruchtbarkeit des Bodens. Was wir von diesen beiden angenehmen
Dingen bis heute gehört haben, ist über das Stadium leerer Be=
hauptungen noch nicht hinweggelangt, ausgenommen etwa die
Hinterländer der Goldküste und die südafrikanischen Diamanten=
felder. Von dem Vorkommen wertvoller Minerale in Afrika
außerhalb der genannten Distrikte läßt sich mit einiger Ernst=
haftigkeit gar nicht reden. Wir wissen darüber einfach nichts.
Nur die unverbesserlichsten Optimisten sind im Stande, aus
dieser negativen Tatsache allein schon die schönsten Hoffnungen
aufzubauen. Solchen Leuten möchte ich raten, sich einmal dem
nähern und bequemern Boden Berlins oder Hamburgs goldgrabend
zuzuwenden.

Auch die große Fruchtbarkeit des afrikanischen Bodens ist
eines der leersten Schlagwörter, mit denen jemals Unfug ge=
trieben wurde. Auch über diese Frage wissen wir noch zu wenig,
um ein festes Urteil zu fällen, und auch hier läßt das Wenige
was wir wissen, eher das Gegenteil vermuten. Ganz besonders
gilt das von dem roten Laterit=Boden, der vier Fünftel des
ganzen tropischen Afrika überzieht. Wie ich glaube, bin ich der
einzige Reisende geblieben, der Lateritproben mitgebracht und

chemische Analysen derselben veranlaßt hat[1]). Es ergab sich daraus ein auffallender Mangel an Phosphaten, die doch zum Gedeihen von Körnerfrüchten so notwendig sind. Körnerfrüchte spielen denn auch in der Ernährung des Negers nur eine zweite Rolle und werden durch Bananen und Maniokwurzeln ersetzt. Die afrikanischen Gräser vermehren sich fast immer blos durch Rhizome und nur ausnahmsweise durch Samen. Inner=Afrika ist zum größeren Teil ein Hungerland, das dichte Bevölkerungen niemals ernähren könnte, und in dem selbst die spärlich zerstreuten Stämme ein halb nomadenhaftes Dasein führen, um immer wieder neuen Urboden aufzusuchen und auszubeuten.

Die zuversichtlichen Aussprüche über stupende Fruchtbarkeit, denen man bei manchen Reisenden begegnet, und die in der öffentlichen Meinung so sehr gefielen, haben meistens keine reellere Basis als das Staunen über die Üppigkeit des Baumwuchses und der Gebüschentwickelung, wie man sie hie und da an der Küste und in den Thälern der Flüsse findet. Der verstorbene Pogge hat einmal geschrieben, daß eine Stunde landwirtschaftlicher Arbeit in Afrika zehnmal mehr Resultate als in Nord= deutschland brächte. Hätte Pogge geahnt, zu welchem Mißbrauch diese flüchtig hingeworfene Meinung, deren Richtigkeit ich bestreite, nun herhalten muß, er würde sich besser besonnen haben. Und wäre er nicht gestorben, so würde er wahrscheinlich selber gegen die Folgerungen protestiren. Man schreibt auf Reisen unter dem Einfluß momentaner Stimmungen manchen Satz in's Notizbuch oder sogar in Briefe, den man später bei ruhiger Überlegung schnell wieder ausstreicht.

Pogge, der Optimist, ist leider tot, selbst ein Opfer des afrikanischen Innern, das er immer so sehr belobte. Lebte er noch, so könnte man seine Behauptung mit ihm ausfechten. Aber

---

Ausland 1883 Nr. 43 (Oft. 22) „Über den Naturkarakter des süd= westafrikanischen Hochplateaus zwischen 7° und 10° s. Br."

gerade die Tatsache seines Todes muß nun dazu dienen, jene Behauptung mit dem Nimbus eines treu zu wahrenden Testamentes auszustatten. Das zeigt doch deutlich, wie sehr viel mehr die Optimisten schaden können als die Pessimisten. Schließlich ist eben ein gemäßigter Pessimismus auf diesem schnöden Planeten immer das Richtigere und sicherlich viel näher verwandt mit Klugheit und Vorsicht als dessen Gegenteil. Ein wirklicher Nutzen, der unverhofft kommt, thut niemals weh. Wohl aber schmerzt ein geträumter Nutzen, der ausbleibt.

München im Februar 1887.

Der Verfasser.

Inhalt.

I.

Natur und Eingeborene.

————— —

Buchner, Kamerun.

Allgemein Geographisches. Das Fluß-System. Geologisches und Meteo=
rologisches. Vegetation und Tierwelt. Landschaftliches. Schnee. Die
Dualla-Dörfer. Die Dualla und ihre ethnographische Stellung. Äußere
Erscheinung. Nahrung. Palmwein. Vorteile der Nacktheit. Häuslichkeit
und Menge der Bedürfnisse. Frechheit und Neigung zu Gewaltthaten.
Streitigkeiten und Palaver. Religion. Geheime Orden und Eidschwüre
zur Verbrüderung. Toten-Bestattungen. Tänze. Gesellschaftliche Zustände.
Anarchie. Sklaven. Eheliche Verhältnisse. Das Verheirathen der Töchter
als Schachervergnügen der Väter. Ein Weiber-Streik. Zum Gemütsleben der
Negerin. Medizinische Kenntnisse. Beschneidung. Sport. Ringkämpfe und
Kanuu-Wettfahrten. Trommelsprache. Verkommenheit. Die Reste alter
Gewerbsthätigkeit. Schnitzereien. Feldbau und Handel. Neger-Englisch.
Herkunft der Dualla. Die Hierarchie der Häuptlinge. King Bell und
seine Leute. King Akwa und seine Leute. Manga Bell als christlicher
Jüngling und als Heide. Manga Akwa und seine Abenteuer. Die
Nachbarstämme. Höhere Qualität der Bewohner des Inneren. Afrikanische
Verträge und ihr moralischer Wert.

Quer durch den Golf von Guinea geht ein vulkanischer
Spalt unserer Erdrinde, aus welchem die Vulkanreihe Anno
Bom, Principe, San Thomé, Fernando Po und Kamerun her=
vorgequollen ist. Diese fünf großen Vulkane kennen und wissen
wir, aber wahrscheinlich gibt es deren noch mehr in der Fort=
setzung jener Nordnordost-Linie, wir kennen sie nur noch nicht
oder haben blos ungewisse Gerüchte von ihrem Dasein erhalten.

Bei klarem Wetter sieht man denn auch vom Kamerun aus
in derselben Richtung eine Reihe bizarrer Bergformen auftauchen,
die fünfzig bis hundert und mehr Kilometer entfernt sein mögen.
Sie gehören alle noch dem unbekannten Innern, dem großen weißen
Fleck Innerafrikas an, der ja nirgends so nahe an die Küste
herantritt wie hier. Es ist dort einer der interessantesten Winkel
der Erde noch zu entschleiern. Mit einem kleinen Dampfer den

1*

Mungo-Fluß, der hinter dem Kamerun-Vulkane hervorkommt, zwei Tage lang aufwärts, bis zu dessen Wasserfall, dann noch zehn Kilometer zu Fuß nach Nordost, bin ich bereits bei Menschen gewesen, die noch nie einen Weißen gesehen hatten und bei denen meine Ankunft einen Enthusiasmus erregte, wie ich ihn auf meiner ersten Afrikareise mehr als 1500 Kilometer im innersten Innern niemals erlebt hatte. So nahe ist man bort noch vollkommen jungfräulichen Länderstrecken.

Südlich vom Kamerun-Berge ergießt sich der Kamerun-Fluß ins Meer. Es ist der alte Rio dos Camarões der portugisischen Entdecker. Camarão Plural Camarões bedeutet einen Krebs, der periodisch, man sagt jedes britte Jahr auf einige Tage, in großer Menge den Fluß zu beleben pflegt. Rio dos Camarões heißt also „Fluß der Krebse." Die praktischen Engländer haben daraus Cameroons und wir Deutsche, auch einmal praktisch, noch kürzer Kamerun gemacht. Die Eingeborenen nennen sich Dualla ober genauer batu ba (Leute von) Dualla und ihr großes Wasser madiba ma (Wasser von) Dualla. Der Name Dualla soll einen sagenhaften Häuptling bedeuten.

Seiner kartographischen Gestalt nach läßt sich der Kamerun-Fluß einem fünfzackigen Ahornblatte vergleichen, dessen mittelster, schmalster und längster Zipfel den eigentlichen Kamerun-Hafen bildet. Die Spreite des Blattes stellt ein richtiges Haff dar, getrennt vom Meere durch eine Nehrung sanbiger Dünen. So stattlich aber auch die fünf Ausstrahlungen des Haffes an ihrem unteren Ende sind, um so rascher verjüngen sie sich nach innen zu und keine bleibt, selbst blos für leichte Kanuus, auf mehr als fünfzig Kilometer schiffbar. Zugleich erreicht die Geschwindigkeit ihrer Strömung nach dem Innern zu drei und vier Knoten per Stunde.

Sieben größere Flüsse: Mungo, Abo, Wuri, Lungasi, Abunga, Kwakwa und Ebea, betheiligen sich an dem Zustanbekommen des Kamerun-Systems. Nur im Innern, fern der Küste, kann man jene sieben Flüsse als solche einzeln unterscheiden. Denn kurz vor ihrer Mündung, sobald sie die Mangrove-Zone betreten, da wo süßes und salziges Wasser sich mischen, spalten sie sich in hundert kleinere Kanäle; die einzelnen Kanäle fließen wieder zusammen, trennen und vereinigen sich abermals und bilden so ein wahres Labyrinth von Wasseradern, an denen man nicht mehr erkennen kann, welch einzelnen Fluß-Individuen sie ange= hören. Jedes der sieben wollte sich ein Delta bilden, aber zu nahe aneinander geratend haben sie ihre Deltas zu einem einzigen verflochten und schließlich auch noch die geräumige Wasserfläche des Haffs als gemeinschaftliches Ästuarium ausgenagt.

Die mittelste und zugleich hauptsächlichste Mündung durch= bricht die Nehrung in einer Breite von fünf Seemeilen zwischen den Dünenzungen Suellaba und Kap Kamerun. Links um die Ecke des Kap Kamerun blickt man in einen Winkel des inner= halb Alles umgrenzenden Mangrove=Gürtels hinein, von dem aus mehrere Kanäle nach der zweiten nördlichen Mündung, dem Bimbia=Flusse hinüber führen. Ebenso geht rechts nach Süden zu der Malimba=Kanal ab. Die Verbindung, die er ehemals mit dem Malimba=Flusse, als der dritten südlichen Mündung, hergestellt zu haben scheint, ist aber heutzutage versandet, so daß die Kanuus eine kleine Strecke über Land gezogen werden müssen. Dafür kann man jetzt weiter oben durch den Kwakwa in den Ebea und durch diesen in die Malimba=Mündung ge= langen.

Geologisch betrachtend gehen wir am besten von dem Basalt= Massiv des Berges aus. Zwischen Bimbia und Rio del Rey tauchen dessen Pfeiler direkt ins Meer. Nach Nord und Nord= ost zu, ins Innere, setzen sich die Basalte noch lange fort; wo sie aufhören ist nicht bekannt. An das Massiv schließen sich dann die Hügel=Länder des Mungo und des Abo an, die sich über den Wuri hin, nach Süden zu, immer mehr verflachen. Der Katarakt des Mungo tost herab über Klippen und Blöcke eines schönen Granits mit rosafarbigem Feldspat. Auf dem Granit liegen weiße bis rötliche Sandsteine und auf diesen folgt dann der Laterit, die überall wieder zu findende rote afrikanische Erde.

Seinen meteorologischen Verhältnissen nach gehört die

Gegend des Kamerun-Flusses gerade noch zur nördlichen Hemi=
sphäre. Der meteorologische Äquator soll nämlich diese Küste
unter dem dritten Grad nördlicher Breite durchschneiden, so daß
die südlicheren Teile des gesamten, politischen Kamerungebietes
bereits der Wetterordnung der südlichen Hemisphäre gehorchen.
Das ganze Kamerun-Gebiet hat ein echt tropisches, feuchtes
Klima mit reichlichen Niederschlägen. Darauf deutet schon beim
ersten Betreten des Landes die sogleich auffällige Erscheinung,
daß fast alle die schlanken Stämme der Palmen bis zur Krone
hinauf mit einem Überzug von Schmarotzerpflanzen, Farren
und Orchideen, bedeckt sind.

Nur zwei Monate lang regnet es für gewöhnlich nicht.
Diese reine Trockenzeit mit dichten Nebeln ist Januar und Februar
und entspricht dem Winter der Hemisphäre. In allen übrigen
Monaten hat man Regen zu gewärtigen, am meisten im Juli
und August. Von diesem nassesten Sechstel des jährlichen Kreis=
laufs nehmen die Regen nach beiden Richtungen ab. Nur aus=
nahmsweise regnet es gleich Tage lang fort, meistens nur gegen
Abend und die Nacht durch, und das nicht einmal alle Tage.
Selbst mitten im Juli und August gibt es zuweilen Tage ganz
ohne Regen. Die Regen während dieser beiden eigentlichen
Regenmonate treten fast niemals mit Donner und Blitz auf.
Weiter im Süden und weiter im Norden dagegen sind die Regen
fast immer von Donner und Blitz begleitet. Nur in den Ueber=
gangsmonaten Mai, Juni, September, Oktober stellt sich auch
hier der Regen zuweilen mit Gewittern ein, und im März, April,
November, Dezember steigern sich diese ab und zu bis zu den
sogenannten Tornados, worunter Gewitter mit Sturmböen aus
der Osthälfte des Horizonts zu verstehen sind. Die gewöhnlichen
Regen kommen aus Südwest.

Die Regenmengen sind weniger hinsichtlich der Gesamt=
summen als vielmehr der auf einmal fallenden Güsse reichlich.
Das Wasser der Flüsse weit oberhalb des Bereiches von Ebbe
und Flut steigt oft in einer einzigen Nacht ein bis zwei Meter,
um ebenso rasch und ebenso tief wieder zu sinken. Ich habe

während der Zeit vom 1. August bis 27. September 1884 täglich Messungen der Regenmengen angestellt (ausgenommen fünf Tage der Abwesenheit) und folgende Zahlen erhalten: Im August fielen 575,6 Millimeter, im September, die letzten drei Tage ausgeschlossen, 415,5 Millimeter. Hievon erhielt ich am 27. August allein in fast kontinuirlicher Folge nicht weniger als 123,5 Millimeter und außerdem zeichneten sich acht andere Tage mit 50,0, 63,0, 70,0, 55,5, 71,0, 80,5, 85,5, 74,5 Millimeter aus.

Kamerun ist kein auffallend heißes Land. Überhaupt ge= hört die Westküste Afrikas, ihre nördlicheren Teile ausgenommen, zu den vergleichsweise kühlen Tropengebieten, und es scheint für dieselben ein Gesetz zu sein, daß die höchsten Temperaturen von Nord nach Süd abnehmen, mit mancherlei Unstetigkeiten zwar, aber völlig unbekümmert um den Äquator. In St. Louis am Senegal unter 16° nördlicher Breite sind 40 Zentigrade keine Seltenheit, in Loanda unter 8° südlicher Breite ist inner= halb dreier Jahre, aus denen exakte Aufzeichnungen vorliegen, ein höherer Thermometerstand als 35 Zentigrade (oder 28° R.) niemals beobachtet worden. Nicht viel anders dürfte auch in Kamerun die Temperaturbewegung sich herausstellen, und wahr= scheinlich ist es hier weniger heiß, als an der Kongo=Mündung. Schätzungsweise möchten als mittlere Extreme der Temperatur 17 und 37 Zentigrade anzunehmen sein. Dazu kommt noch als lokaler Vorzug der eigentlichen Kamerun=Ortschaft die täglich in den Vormittagsstunden mit großer Pünktlichkeit auftretende See= brise aus Südwest, die so wild und ungestüm zu Fenstern und Thüren hereinweht, daß die Gardinen sich gleich Flaggen aufbäumen und alle nicht mit der peinlichsten Sorgfalt be= schwerten Papiere auf und davon fliegen. In der ersten Nacht= hälfte schläft diese Seebrise ein und wird dann von einem viel schwächeren, oft kaum bemerkbaren Landwinde aus Nord abge= löst, der bis etwa 9 Uhr morgens anhält. Ab und zu, nament= lich des Morgens nach regnerischen Nächten, kann man sogar ordentlich frieren. Das Regenwasser hat gewöhnlich 23 Zentigrade und wirkt dann, getrunken, als köstliche Erfrischung. Allerdings

lernt man auch hier die Sonne hassen, wenn sie einmal ordent=
lich durchbricht, und bald wird man eine gleichförmige graue
Bewölkung des Himmels, wie sie zum Glück die Regel ist, als
das angenehmste Wetter schätzen. Noch viel weniger als in
dem eigentlichen Kamerun hat man in den herrlichen Wald=
regionen der Nachbarschaft, welche es nicht blos im Norden gegen
den Berg zu, sonden ziemlich allseitig zu umgeben scheinen, von
Hitze zu leiden. Dort kann man im tiefen Schatten riesiger
Bäume zu jeglicher Tagesstunde spazieren gehen, ohne selbst von
der brennendsten Sonne Unangenehmes zu empfinden.

Die Vegetation des Kamerun=Gebietes läßt denn auch von
der sonstigen Trockenheit Afrikas wenig vermuten. Gleich hinter
dem schmalen Streifen hellblinkenden Sandes, dessen sanfte Böschung
die Wellen des Meeres züngelnd bespülen, beginnt der Gürtel
des Mangrove=Waldes. Fährt man durch dieses eigenartige
Dickicht auf Stelzen stehender Bäume, das im Anfang noch jeden
anderen größeren Pflanzenwuchs ausschließt, weiter binnenwärts,
so mischen sich allmälig Pandanus, Rotang, Raphia=Palmen da=
zwischen. Die Raphia=Palme tritt schließlich in ungeheuren
Beständen auf und entfaltet sich in einer Größe und Schönheit,
wie ich sie früher nie gesehen. Hinter dem Waldsaum des
Flusses erhebt sich dann das Laterit=Plateau, etwa zehn Meter
hoch, an seinen Rändern gekrönt mit den Riesengestalten des
Wollbaums, dessen ungemein kraftvolle Ästung an unsere Eichen
erinnert. Ist man oben auf diesem ersten Stück Festland, so
ändert sich der Vegetationskarakter. Weite wellige Grasebenen,
aus denen als Zeugen zeitweiligen Abbrennens Baumskelette
ihre bleichenden Arme zum Himmel strecken, dehnen sich bis zu
den blauen Hügeln und Bergen des Innern. Während der zehn
Monate, die ich in Kamerun zugebracht habe, worunter auch
Dezember und Januar, die beiden sogenannten Trockenmonate,
wäre allerdings das Gras niemals dürr genug gewesen, daß man
es hätte anzünden können, wie ich früher auf meiner Reise nach
Lunda doch so oft gethan.

Während also das niedrige Laterit=Plateau auch hier den

bürftigen Karakter der Sawanne trägt, bedecken majeſtätvolle
Forſte das Gebiet der vulkaniſchen Erde. Beſonders an den
Hängen des Berges, an den Ufern des Mungo, gedeihen dieſe
Forſte zu ihrer mächtigſten Entfaltung. Eine Fahrt auf dem
Mungo gehört denn auch wohl zu dem Beſten, was an tropiſcher
Waldesſchönheit unſere Erde zu bieten vermag. Man denke
ſich einen Fluß, 150 Meter breit, in ſtetiger, ziemlich raſcher
Bewegung herunter drängend, links und rechts eingefaßt von
ſteilen Hügeln, die über und über mit Baumkronen bis zu fünfzig
und mehr Meter hoch bedeckt ſind. Unten tauchen die Zweige
ihre Spitzen ins Waſſer, ein dichtes Gewirre von Schlingpflanzen,
wie eine endloſe Draperie, kettet die vorderſten Bäume aneinander. Hier und dort ſtreckt einer ſeine Äſte kahl in die
Luft. Seine alten Blätter hat er abgeſtreift, ſeine neuen noch
nicht getrieben, dafür aber ſchmücken ihn jetzt unzählige, fauſt-
große, ſcharlachrote Schmetterlingsblüten [1]), und über dem Ganzen
fliegen Hunderte kreiſchender Papageien hin und her, aus einem
der dunklen Laubgewölbe hervorbrechend, um alsbald in einem
anderen wieder zu verſchwinden.

Von außen erſcheinen dieſe Forſte undurchbringlich; denn
an ihren Rändern, wo noch Luft und Licht iſt, webt ſich Unter-
holz, Gebüſch und Schlingwerk zu einer dichten, ungemein
widerſtandsfähigen Maſſe zuſammen. Innen aber öffnet ſich
ſofort die freie Säulenhalle ſchlank emporgeſchoſſener Stämme;
denn das Schattendunkel läßt den niederen Pflanzenwuchs
nicht aufkommen und der Boden bleibt faſt nackte Erde, gerade
wie in unſeren Wäldern auch. Tiefeingeſchnittene, wunderbar
klare und friſche Bäche durchziehen die dunklen Gründe, hier
und dort mit toſenden Waſſerfällen zum Mungo hinabſtürzend.
Die Zone des tropiſchen Urwalds hört an den Hängen des
flachen radiär gefurchten Vulkankegels mit ſcharfen, unregelmäßig
auf und nieder ſteigenden Linien auf, was an klaren Tagen

---

[1]) Wahrſcheinlich Spathodea campanulata P. B., abgebildet in
Flore d' Ovare und de Benin par Palisot Beauvois.

schon das bloße Auge beobachten kann. Oberhalb sollen dann
Farrenkrautbestände auftreten und fast bis zum Gipfel hinauf=
reichen.

Wenig Interessantes läßt sich von der Fauna sagen. Ele=
fanten gibt es in größerer Menge und überall trifft man ihre
Spuren bis dicht an die Meeresküste heran. Nachdem ich fast
vier Jahre lang in Afrika gewesen war, wurde mir das Glück,
einem freien Elefanten zu begegnen, erst in Kamerun und zwar
gelegentlich einer Fahrt auf dem Mungo zu Teil. Nilpferd
und Krokodil fehlen in den Flüssen nirgends. Allein sonst ist
kaum ein größeres jagdbares Tier, namentlich kein Wild im
engeren Sinne, häufiger vorhanden. Niemals sieht man bei
den Eingeborenen Felle im Gebrauch und das sagt Alles. In
einigen Flüssen soll das Manati vorkommen. Auch Affen soll
es in den Wäldern geben, doch habe ich mit eigenen Augen nie=
mals einen gesehen. Der im benachbarten Ogowe=Gebiet hei=
mische Gorilla ist unbekannt. Einmal hörte ich von einem Leo=
parden sprechen. Löwen scheinen zu fehlen. Jedenfalls ist
passionirten Jägern abzuraten, zur Befriedigung ihrer Leiden=
schaft das Kamerun=Gebiet aufzusuchen.

Unter den Vögeln spielt in den Waldregionen die erste
Rolle der erwähnte graue westafrikanische Papagei mit rotem
Schwanz. Dieser hat nämlich gerade hier sein Verbreitungs=
Zentrum. An den buschigen Ufern der Wasserläufe sind mehrere
Arten buntscheckiger Eisvögel häufig. In den Dörfern zerzausen
zwitschernde Scharen von Webervögeln die Blätter der Palmen,
um an die übrig bleibenden kahlen Rippen ihre Nesterschläuche
zu hängen. In der Savanne gurren zahlreiche Tauben aus den
Gebüschen sumpfiger Mulden, und hier und dort sitzt auf dem
kahlen Geäste eines durch Feuer getöteten Baumes einsam und
finster blickend ein Geier.

An Schlangen habe ich in zehn Monaten kaum sechs ge=
sehen, einen Skorpion niemals, an Tausendfüßern, die häufiger
sein sollen, zwei oder drei. Moskitos sind in mittlerer Menge

vorhanden. Ueber die Palmstrohdächer der Neger raschelt allent=
halben der Gekko, schön stahlblau mit hellrotem Kopf.

Unter den nicht sehr zahlreichen Fischen sind zwei interessante
Arten hervorzuheben, der ungemein zierliche, ornamental ge=
gliederte Pantodon Buchholzi, der unseren Aquarien zum größten
Schmucke gereichen würde, und ein kleiner elektrischer Wels, der
nicht länger zu werden scheint als einen Fuß. Trotz seiner
Kleinheit vermag er jedoch ganz empfindliche Schläge auszu=
teilen, und mehrere Personen können sich von ihm elektrisiren
lassen, indem die zwei nächsten ihn fassen, der eine beim Kopf,
der andere beim Schwanz, während die übrigen einen Kreis
schließen, indem sie sich die Hände reichen.

Unter den Insekten herrschen, wie überall in Afrika, die
lärmenden Massen der Heuschrecken, Grillen und Zirpen vor,
dann die Ameisen, von den schrecklichen, in großartigen Wander=
zügen erscheinenden Anomma=Arten, bis zu jenen kleinsten Formen,
welche mit Vorliebe die Speisekammern und Zuckerbüchsen zu
beleben suchen. Termiten fehlen zwar nirgends, treten aber in
merklicher Menge erst mehr nach dem Innern zu auf und zwar
zuerst mit pilzförmigen Bauten. In den dunklen Wäldern der
Gebirgsregion gaukeln schöne große Falter durch die Schatten
und über die Lichtungen hin, unter denen noch manche neue
Art aufzufinden sein möchte. Käfer sind verhältnismäßig selten,
ebenso Schnecken und Muscheln.

Erwähne ich schließlich auch noch des Erd= oder Sandflohs,
Pulex penetrans oder Sarcopsylla penetrans Westwood, wie
ihn die modernere Nomenklatur nennt, der sich bekanntlich zum
Zweck der Vermehrung in die Haut von Menschen und Tieren
einbohrt, so ist der Fauna die nötigste Gerechtigkeit voll widerfahren.
Dieses lästige Tierchen soll erst im Jahre 1872 durch die Brigg
„Thomas Mitchell" aus seiner Heimat Brasilien nach Ambriz
eingeführt worden sein und sich von dort aus über die ganze
Küste verbreitet haben. Heutzutage gibt es wohl in ganz Westafrika
keinen einzigen Küstenplatz mehr, wo diese Plage fehlte, und an

den großen Karawanenstraßen Angolas ist dieselbe bereits mehr
als 500 Kilometer weit ins Innere gedrungen.

Kehren wir nun zur Kamerun=Ortschaft zurück, um von
dort aus die Durchmusterung der verschiedenen Menschenstämme
zu beginnen, die unsere neuen Vaterlandsgenossen geworden sind.
Der allgemeine Landschaftskarakter ist dort unten weniger be=
zaubernd als oben in der prachtvollen Wildnis des Mungo. Es
ist das Bild eines weiten Sees mit flachen, dunkelbewaldeten
Ufern, ein nicht gerade entzückender, aber doch anmuthiger, freund=
licher und freier Rundblick. Die Wasserfläche ist nirgends
schmäler als 1200 Meter, ihre Länge von Südwest nach Nordost
beträgt zwanzig Seemeilen. Unten gegen die Mündung sieht man
noch etwas Meereshorizont, in der anderen Richtung, oberhalb
Hickorytaun auf dem rechten und Daibotaun auf dem linken
Ufer, schwillt der Fluß zu einem runden Becken an, von dem
aus die Verästung zu dem Netzwerk der Kanäle und Inseln
beginnt.

Eine eigenartige Staffage bilden die sieben auf der weiten
Wasserfläche verankerten Hulks, alte abgetakelte Segelschiffe, die
nicht mehr seetüchtig und deshalb verurtheilt sind, den Rest ihrer
Tage als schwimmende Faktoreien abzuverdienen. Ihre gekappten
Masten ragen traurig mißgestaltet wie amputirte Glieder in die
Lüfte. Graue struppige Palmstroh=Dächer decken die müden
Leiber, deren Kiele in vergangenen Zeiten stolz die schäumende
Meeresflut durchfurchten. Sechs Stunden liegen sie mit ihren
Schnäbeln binnenwärts gewendet, dann kommt der Flutstrom,
kehrt sie um und läßt sie die nächsten sechs Stunden nach der
See zu schauen. So geht es Tag für Tag weiter mit der
Regelmäßigkeit einer Uhr, bis die alten Dinger so sehr lecken,
daß man sie ausräumen, auf den Strand setzen und ver=
lassen muß.

Daß ganz nahe, kaum einen halben Grad Länge entfernt,
einer der größten Berge unserer Erde von 14 000 Fuß Höhe

emporſteigt, davon nimmt man nur ausnahmsweiſe etwas ge=
wahr, und der ſtattliche Kamerun=Vulkan iſt deshalb zur Kamerun=
Landſchaft eigentlich nicht zu rechnen. Während der 310 Tage,
die ich dort zugebracht habe, kam er wohl kaum mehr als 30 mal
zum Vorſchein. Meiſtens bleibt er im trüben, graulichen Dunſt der
Atmosphäre völlig verſteckt[1]). Hie und da ſieht man blos ſeine
Spitze hoch aus den Wolken ragen. Selten enthüllt er ſich ganz und
dann wird er auch gleich ſo klar, daß man an ſeinen Hängen die
Einzelformen, Schluchten und Grate, ja ſelbſt die ſcharfe, aber
unregelmäßig gezogene Grenze ſeiner Waldbedeckung erkennt.
Dann taucht aber auch im Weſten Fernando Po aus dem Meere,
und nach Nordnordoſt zu werden die geheimnisvollen Kettenberge
des geographiſch noch unentſchleierten Inneren ſichtbar. Am
Morgen des 15. September 1884 zeigte ſich die Spitze des Kamerun=
Berges bis zur Hälfte ſeiner Höhe herab mit Schnee bedeckt;
bald nach Mittag, als die Sonne durchbrach, war die weiße
Kappe ſchon wieder verſchwunden.

Es wurde bereits geſagt, daß das Äſtuarium des Kamerun=
oder Dualla=Fluſſes zu mnemotechniſchem Zwecke ſich am beſten
einem fünfzackigen Ahornblatte vergleichen läßt, deſſen mittelſter,
ſchmalſter und längſter Zipfel den eigentlichen Kamerun=Hafen
bildet. Erſt oberhalb des Doktor=Krif, am ſüdöſtlichen Ufer,
taucht aus der monotonen Niederung grau=grüner Mangrove=
Dickichte feſtes Land empor, mit einem zehn Meter hohen roten
Steilrand bis an die weite Waſſerfläche vortretend, und damit
beginnen zugleich auch die Dualla=Dorfſchaften, um auf dieſer
geradlinig nach Nordnordoſt verlaufenden Seite, ungefähr zehn
Kilometer lang, nicht mehr aufzuhören. In kontinuirlicher Reihe,
nur zwei oder drei mal unterbrochen durch die breiten Thäler
von Bächen und abgegrenzt durch kaum bemerkbare Hecken, folgen
einander Belltaun, Akwataun, Daibotaun, Koantaun, John
Akwataun, Young Blacktaun und wie ſie alle heißen, die vielen

---

[1]) Das Kamerun-Panorama in Berlin iſt landſchaftlich überraſchend
gut gelungen und gibt ſehr wahr die ſchwüle Stimmung der Luft, die
dort meiſtens vorherrſcht.

Tauns der verschiedenen großen und kleinen Häuptlinge, unter denen eigentlich noch speziellere Unterabteilungen zu benennen wären. So geht es, wie gesagt, zehn Kilometer lang durch lauter Dualla-Dorfschaften fort, bis schließlich hinter einem größeren Zwischenraum freier Wildnis das Land der Wuri beginnt. Dabei handelt es sich aber nicht um geschlossene, eng bebaute Orte, sondern mehr um Haine von Oel- und Kokos- palmen mit Anpflanzungen aller Art, in welche die Hütten der Menschen anmutig eingestreut sind.

Diese Palmenhaine, welche gleichbedeutend sind mit Dorf- schaften, heben sich scharf ab von dem Vegetationsbild der Sawanne, die das Hinterland bedeckt, und es unterliegt keinem Zweifel, daß auch sie ihr Dasein künstlicher, wenn auch nicht immer absichtlicher Pflanzung, sowie der Düngung durch Abfall- stoffe des menschlichen Haushalts verdanken. Wo in die Sawanne Palmen eingestreut sind, hat sie der Zufall gesät als verlorene Kinder jener Siedelhaine. Das gilt sowohl von der Kokos- als von der Oelpalme. Erst dreißig Kilometer weiter im Innern, in Abo, findet man die letztere als heimisch den ganzen Land- schaftskarakter beherrschend, und Hügel und Thäler sind dort gleichmäßig von ihr ausgefüllt, während die Kokospalmen als indische Fremdlinge nach dem Inneren zu immer mehr ver- schwinden.

Auf der anderen, nordwestlichen Seite des Flusses tritt das feste Land erst an der Hickory-Spitze hervor, um alsbald wieder zu verschwinden, gleichfalls mit einer Dorfschaft, die aber ver- einzelt bleibt. Außer dieser „Hickorytaun" sind noch zwei an- dere vereinzelte Ortschaften zu erwähnen: Gibaré und Sorofu, die erstere auf der gleichnamigen Insel, die letztere am Bumano- Krik gelegen, und die roheste Übersicht über die Siedelungen der Dualla oder Kameruner im engeren Sinne ist fertig.

Man berechnet die Zahl der Dualla-Leute auf zwanzig bis dreißig Tausend. Blos vom Flusse aus möchte man die Bevölkerung allerdings stark überschätzen. Betritt man aber das Land, so ergibt sich, daß die dichtgedrängten Dörfer nur einen 100 bis 200 Meter breiten Saum des Ufers bilden, hinter welchem sogleich die freie, menschenleere Sawannen-Wildnis beginnt. Die Dualla-Sprache gehört gleich allen Nachbar-Dialekten oder Sprachen zur großen Bantu-Familie und zwar zu den wohllautendsten Gliedern derselben. Der Missionar Saker, dem wir eine Grammatik des Dualla verdanken, hat gefunden, daß es aus 52,3 pZt. Vokalen und 47,7 pZt. Konsonanten besteht. Die Dualla selbst aber gehören zweifellos zu den interessantesten Negern. Manche ihrer Eigenschaften und Fertigkeiten erinnern so lebhaft an die Berichte Stanley's über die Völker des mittleren Kongo, daß man sich dem Gedanken nicht verschließen kann, in ihnen die nächsten Verwandten oder eine Fortsetzung jener hochrespektablen Bewohner des innersten Inneren anzunehmen, gleichwie ja auch der größte weiße Fleck des Unbekannten gerade hier am dichtesten bis an das Meer vorspringt. Ihre bewunderungswürdigen, großartigen Kähne, ihre Trommelsprache, ihre ritterlichen Kampfspiele, die Kontinuität und der Garten- oder Hain-Karakter ihrer Dörfer sind kulturelle Eigentümlichkeiten, die man bei anderen Küstenstämmen nirgends findet. Und auch physiognomisch, sowie durch die auffallende Häufigkeit hellfarbiger, rötlicher bis gelblicher Individuen, an denen die oftmals reichliche Tätowirung um so hervorstechender zur Geltung kommt, erinnerten mich die Dualla vielfach an die Tuschilange, die ich auf meiner Lundareise leider nur an ihren südlichen Grenzen zu sehen bekam, die aber dafür von Pogge und Wißmann um so gründlicher durchquert worden sind. Daß die Dualla ein schöner Menschenschlag wären, läßt sich nicht behaupten. An wuchtiger Entwickelung des Skeletts und der Muskulatur, also an stattlicher Gestalt, stehen sie zwar keiner anderen Menschensippe nach, und in Bezug auf Schenkel und Waden gehören sie neben den Kru-Leuten der Liberia-Küste zu den bevorzugtesten Negern. Die von den Anthropologen behauptete Wadenlosigkeit der Neger wird von den Dualla schmä-

lich Lügen gestraft. Wohlgebildete, ja sogar edle, bedeutende
Gesichtszüge dagegen, wie man sie bei anderen Bantu=Stämmen,
bei den Kioko z. B. zuweilen trifft, haben unsere Dualla nicht
aufzuweisen. Die Physiognomien tragen fast alle den Stempel
des Gemeinen und nähern sich mehr oder minder dem trabi=
tionellen Negertypus. Noch mehr als von den Männern gilt
das von den Weibern, die man geradezu besonders häßlich nennen
kann, indem ihnen als merkwürdiger Kontrast zur imponirenden
Wohlgestalt ihrer Gebieter auch noch ein unscheinbarer kümmer=
licher Wuchs zu teil geworden ist. Ihre unsympathischen, breiten
Gesichter sind außerdem fast regelmäßig so sehr mit blauen, ein=
tätowirten Ornamenten verunziert, daß sie den Eindruck der
Schmutzigkeit machen, zumal wenn die natürliche Farbe der Haut
eine helle, gelbliche ist. Eine eigentümliche Unsitte besteht darin,
daß beide Geschlechter sich die Augenwimpern auszureißen pflegen,
was mittels eines kleinen eisernen Spatels und des Daumens
geschieht. Als Grund hievon wird angegeben, daß die Wimpern
eigentlich ganz unnütz seien und, wenn zu dicht wachsend, nur
lästig fielen. Selbst ganz vernünftige und zivilisirte Leute
huldigen dieser Mode und finden sie bequem. Doch gibt es
auch solche, die nichts davon wissen wollen.

Die hauptsächlichsten Nahrungspflanzen sind hier Bananen
und Yams, dann die Colocasia esculenta „Koko", das „Taro"
der Südsee, sowie die süße Kartoffel Convolvulus batata,
welche in den Dörfern als Unkraut über die Wege wuchert,
und erst in fünfter Linie die Maniok= oder Kassabe=Wurzel,
die bei den südlicher wohnenden Bantu der Angola= und
Lunda=Gebiete vorherrschend ist. Zu gewissen Jahreszeiten gibt
es Bohnen, Erdnüsse, welche „Mitoba" heißen, eine andere Art
oder Gattung als die gewöhnliche Arachis hypogea, und Mais.
Die drei echt afrikanischen Getreidesorten Sorgum, Eleusine und
Penicillaria habe ich nie zu Gesicht bekommen. Die Maniok=
wurzel wird, zerstampft und zu einem Brei mazerirt, in den=
selben zierlich gewickelten, stinkenden Blätterwürstchen verabreicht,

wie sie auch am Kongo und in Angola als „Kikoanga" beliebt sind.

Alles wird in Palmöl gekocht mit reichlichem Zusatz von
spanischem Pfeffer. Fische und Krebse liefern die Fleischkost des
gemeinen Volkes. Die Vornehmeren, die überhaupt auf gute Ernährung halten, lassen sich Hühner, Ziegen und Schweine
schlachten. Die Kameruner Ziegenrasse ist ausgezeichnet durch eine
auffallende Größe und Stärke. Die Böcklein werden kastrirt und
wachsen dann zu wahren Riesengestalten an Wuchs und Mastung
heran. Dafür sind die dortigen Rinder, die aus dem Innern
kamen und deren zwei Herden von je zwölf Stück existirten,
auffallend klein, aber ungemein fett und rundlich. Die wenigen
vorhandenen Schafe gehören der allenthalben im tropischen Afrika
zu findenden schlichthaarigen, meist schwarz und weiß gefleckten
Spezies an.

Auch Palmwein gibt es in Kamerun, welcher von den Eingeborenen „Mau", von den Weißen „Mimbo" genannt und sowohl
von der Raphia= als von der Ölpalme gewonnen wird. Dagegen
ist das Negerbier dort unbekannt. Um den Palmwein abzu-
zapfen oder um die großen schweren Fruchtbüschel der Ölpalme,
welche das Palmöl liefern, mit der Axt abzuhauen, müssen die
schlanken, oft zwanzig und mehr Meter hohen Stämme bis zur
Blätterkrone hinauf erklettert werden. Hierzu dient dieselbe ebenso
originelle als geschickte Vorrichtung, die für alle Bantu=Neger
karakteristisch sein und bei den Suban=Negern fehlen soll. Ein
zwei bis drei Meter langer Palmblattstengel ist zu einem steifen,
ovalen Rahmen zusammengezwungen; ein kunstvoll gefügter
Knoten, der sich leicht öffnen läßt, vereinigt die beiden Enden.
Dieser Rahmen wird nun um den zu erkletternden Stamm gelegt und wieder geschlossen. Dann begibt man sich gleichfalls in
ihn hinein, indem man ihn über Kopf und Schultern stülpt und
mit beiden Armen die langen Bogen des Ovales festhält.
Zwischen Stamm und Körper bleibt noch so viel Spielraum,
daß die Schultern in einem Winkel von 45 Grad sich zurück-

lehnen können, während die Füße an dem ersteren sich festsklemmen.
In dieser Stellung werden dann abwechselnd Rahmen und Füße
ruckweise emporgeschoben, wobei die alten Narben früherer
Blätterkronen als Leitersprossen oder Treppenstaffel mithelfen.

In seiner äußeren Erscheinung hat sich der Kamerun- oder
Dualla-Mann eine recht glückliche Treue gegen die Vorzüge der
altangestammten Nacktheit bewahrt. Reinlich mit europäischer
Seife abgewaschen und gesalbt mit dem angenehm brenzlich buf-
tenden Oele der Palmfrucht, das ihm eigens zu diesem Zwecke
bereitet wurde; um die Hüften ein buntes, gleichfalls reinliches,
neu aussehendes Tuch aus gutem europäischem Stoff, das ihm
bis zu den Knieen reicht; um die beiden Handgelenke breite,
schwere, gelbweiß schimmernde Manschetten aus Elfenbein, die
unteren hohlen Zylindersegmente je eines größeren Zahnes[1]);
um den Hals eine Perlenschnur; die Haare kurzgeschoren und
wohlausgekämmt, vielleicht durch einen Scheitel sorgsam von
vorn nach hinten geteilt; im Gesicht eines oder mehrere blau
tätowirte Ornamente: So steht er selbstbewußt, kraftvoll und
wohlgenährt am Strande, mit Waden und Muskeln, die uns
schwächliche Blaßgesichter zum Neide reizen, und hält über seinem
Haupte einen dunklen, soliden und gut aussehenden europäischen
Regenschirm ausgespannt, denn es regnet ja fast beständig.
Ungefähr ebenso wie die Männer verhalten sich auch die
ebenbürtigen Weiber in Bezug auf's Kostüm. Hüftentuch, Perlenschnur um den Hals und Regenschirm sind von derselben Beschaffenheit. Der Elfenbeinmanschetten erfreut sich zuweilen
auch das zarte Geschlecht, aber seltener und in kleineren, schwäch-
licheren Dimensionen. Statt ihrer treten häufiger Perlenschnüre
ein, deren etliche bereits an den Fußgelenken klirren. Einer
eigenen genaueren Beschreibung bedarf blos die Frisur. Wie

---

[1]) Ganz dieselben Elfenbein-Manschetten tragen nach Reichard auch die
Waniamuesi der Ostküste.

das kurze, gekräuselte Haar der Negerinen am vorteilhaftesten anzuordnen sei, das neu zu erfinden, wäre wohl keine ganz leichte Aufgabe. Hier sehen wir sie bestens gelöst. Daß die Formung verschiedener Wülste das Richtige ist, darauf sind auch schon andere schwarze Evatöchter gekommen. Aber die Wülste so kokett unsymmetrisch in Schnecken- und Mäandertouren über das schmale längliche Haupt zu ziehen, wie es die Kamerun-Weiber verstehen, übertrifft Alles, was ich derart kenne.

So etwa sehen die Normaltypen aus, von denen nun wieder manche Abweichungen stattfinden. Aber stets beschränken sich diese Abweichungen auf den Oberkörper und bestehen in Hemden und Jacken jeglicher Art, in Uniforms- und anderen Röcken, Mützen, Hüten und Helmen. Als kriegerischer Schmuck bei Pa-lavern und Wettfahrten, bei denen eine gewisse Kampflust zur Schau getragen werden soll, dient häufig eine eigens präparirte originelle Sturmhaube aus Ziegenfell mit einem nach vorne ge-wendeten Kamm. Zum Fischen und Rudern bei schlechtem Wetter wird ein schwerer breitkrämpiger Regenhut, aus Palm-blättern fest und solide zusammengebunden, auf das Haupt gesetzt.

Niemals wird man einen echten Dualla-Mann in Hosen er-blicken. Nur solche, die sich von ihrem Stamme losgesagt und den Missionaren überantwortet haben, sind damit behaftet. Und ebenso wagen es nur die von den Missionaren bekehrten Weiber, sich in langsamer Metamorphose der europäischen Tracht zu er-geben, indem sie mit einem taillelosen, vom Hals frei herab-fallenden Kleide beginnen. Je mehr man Gelegenheit hat, mit solchen Kultur-Negern zu verkehren, desto mehr lernt man die reinliche Nacktheit schätzen. Denn die Gewänder haben nicht blos den Nachteil, daß sie üble Gerüche konserviren, sie dienen häufig genug als bequeme Verdeckung der Unsauberkeit, und die Mühe des Aus- und Anziehens verleidet die Pflicht des Badens, der sich die nackten Neger mindestens einmal im Tage gewissen-haft unterziehen.

Während nun die Dualla bezüglich der Kleidung von der sie berührenden Zivilisation so wenig sich haben verändern lassen.

2*

trägt dafür ihre Häuslichkeit einen um so größeren Sinn für euro=
päischen Komfort zur Schau. Sie wohnen noch immer in ihren
alten Giebelhütten, deren Länge bei ungefähr acht Schritt Tiefe
bis zu hundert Schritt und mehr betragen kann, sobaß sie ganze
Straßen bilden, und die trotz ihrer äußerlichen Zierlichkeit im
Innern doch auch nach europäischen Begriffen hinlänglich Raum
gewähren, jedenfalls aber hoch erhaben sind über jenen erbärm=
lichen Vorrichtungen gleichen Zweckes des Lunda=Gebietes, in
denen man auf allen Vieren herumkriechen muß.

Diese langen Giebelhütten sind der Quere nach in Gemächer
geteilt, von denen mehrere einen eigenen Eingang besitzen und
deren mittelstes die Wohnung des Mannes ist, während die anderen
den zahlreichen Weibern und Kindern gehören. Eine zwei bis
drei Fuß hohe Plattform aus festgestampftem Lehm, zu der man
über einen als Thürstaffel eingeschlagenen Palmstumpf hinauf=
steigt, trägt die Wände, welche aus einem Gitterwerk von ge=
spaltenen Palmrippen gebildet und deren Zwischenräume mit
Rindenplatten ausgefüllt sind. Die Dachung ist aus mehreren
Lagen von Palmblatt=Ziegeln hergestellt. An den besseren Hütten
bestehen die Wände aus doppelten Schichten von Rindenplatten,
die zweierlei Bäumen entstammen und durch eigene Namen unter=
schieden werden. Derlei ausgesuchte Rindenplatten haben zu=
weilen ohne Risse und sonstige Fehler bis zu zwei Quadratmeter
Fläche. Die Palmblatt=Ziegel werden aus den Fieberblättern
der Ölpalme zusammengefügt, ungefähr so wie unsere Kinder
im Frühling sich Blätter=Girlanden verfertigen. An zwei Längs=
stäben wird ein Fieberblatt nach dem anderen übergreifend mit
Schilfsplittern wie mit Stecknadeln aufgereiht. Natürlich lassen
sich diese leichten, luftigen Ziegel, die bis zu zwei Meter breit sein
können, nur so lange das Material noch grün ist, zubereiten.

Betritt man das Zimmer des Mannes, so wird man er=
staunt sein über das europäische Aussehen desselben. Da steht
in der Mitte ein größerer Tisch mit mehreren guten Stühlen,
alles natürlich europäischen Ursprungs. Darüber hängt eine

schöne Petroleumlampe und dahinter an der Rückwand ein großer Spiegel. Außerdem sind die Wände mit Bildern, Lithographien und Ölbrucken, und nicht einmal immer ganz schlechten, sowie mit Gesimsen geschmückt, auf denen alle möglichen Flaschen und Gläser sich reihen. Links und rechts neben einer schön polirten Kommode, die vielleicht auf einem Blechschild den Namen des Besitzers preisgibt, steht ein Dutzend verschiedenartiger, wahrscheinlich mit Zeugen gefüllter Koffer aus Blech und aus Holz, alle sauber glänzend und wenig gebraucht, neben und über einander, und wo es nur immer angeht, ist jede horizontale Fläche mit Nippsachen, Prunkgeschirr u. dergl. bedeckt. Aus der Ecke aber, hinter einem Vorhang, sieht eine europäische eiserne Bettstelle hervor, auf welcher der Gebieter all dieser Herrlichkeiten zu schlafen pflegt, freilich ohne Matratze, überaus hart und unbequem.

So viele europäische Dinge im Hausstande eines Negers zu finden, gewährt Befriedigung. Verglichen mit dem anderwärts üblichen Schund afrikanischen Handels sehen auch die meisten Sachen so gut und solide gearbeitet aus, daß man nicht umhin kann, sich zu freuen über die Menge anständiger Bedürfnisse, die den schwarzen Menschenbrüdern zum Besten unseres Industrie = Elendes hier bereits beigebracht sind. Allerdings befinden sich unter jenen Bedürfnissen auch solche, die wir lieber nicht befriedigt sehen würden. Die intensive Konkurrenz der europäischen Kaufleute hat den Kamerunern zu einer so guten Ausrüstung in Schießwaffen verholfen, daß kriegerische Verwickelungen mit ihnen nicht mehr so ungefährlich sind, wie sie ehemals waren.

Ist derjenige, den wir besuchen, gerade gut gelaunt, so bietet er uns auch wohl eine Flasche Bier oder Rotwein oder Palmwein oder Kokusnußwasser an, freilich immer nur mit dem Hintergedanken, daß er uns morgen dafür ein viel größeres Gegengeschenk oder sonst einen Vorteil abringen werde. Das Gesagte gilt selbstverständlich nur von ersten Persönlichkeiten und nicht einmal von allen, insofern als die Vornehmsten angefangen haben, sich eigene, von den langen Hütten der Weiber und Kinder getrennte Häuser aus europäischen Fichtenbrettern zu erbauen.

In jeglicher Dorfschaft sind zweierlei Teile schon durch ihre Anordnung zu unterscheiden. Während zunächst dem Steilrand des Ufers die vornehmeren Quartiere der Häuptlinge liegen und sich durch breite gerade Straßen auszeichnen, deren jede einer bestimmten Familie gehört, geräth man abseits davon, nach der Sawanne zu, in eine Zone eingefriedigter Gärtchen und schmaler Pfade, welche das Viertel der Sklaven, die sogenannten „Slavetowns", bilden.

Viel weniger vorteilhaft als vom Äußeren unserer Dualla werden die Eindrücke ausfallen, wenn wir ihr Inneres, die Kundgebungen ihres Gemüthes, ins Auge fassen. Aufgeblasenheit, Jähzorn und Rachsucht, Neigung zu Raub und Gewalt sind ungemein stark ausgeprägte Züge, die den Verkehr mit ihnen unangenehm und gefährlich machen, und als englisch erzogene Neger gehören sie zu den schlechtest erzogenen Halbwilden, die der Erdball kennt. Während in Angola, im Lande der so häufig geschmähten Portugisen, die Neger, und wären es auch ihrer hundert, bescheiden vom Wege ins Gras treten, wenn ein Europäer kommt, hat in Kamerun häufig genug der Weiße dem Schwarzen auszuweichen, will er nicht roh gerempelt werden. Wohlthaten werden in der Regel mit brutaler Grobheit als etwas Selbstverständliches gefordert, ein Dankwort gehört zu den seltenen Ausnahmen, eine That des Dankes ist unerhört. Hat ein Kranker von mir Arznei erhalten, wobei ich noch aufpassen mußte, daß er mich nicht bestehle, so glaubt er daraus auch noch ein Recht auf eine Flasche Rum ableiten zu dürfen, und wenn ich ihn auch noch so lange mit aller Menschenliebe behandelt habe: Sollte ich einmal in die Lage kommen, von ihm eine kleine Gefälligkeit zu verlangen, so wird er mich erst voller Unverschämtheit fragen, was ich ihm dafür bezahle. Das Treiben in einer Faktorei nimmt gewöhnlich den Karakter einer vielstimmigen wüsten Zänkerei an, die jeden Augenblick in Thätlichkeiten

auszuarten droht, und was sich der weiße Händler hier manch=
mal des lieben Geldes wegen gefallen lassen muß, streift hart
an die äußersten Grenzen des Erträglichen. Offen und ohne Um=
schweife zu betteln, hält dementsprechend der erwachsene Kame=
runer meist unter seiner Würde. Diese erste naivste Äußerung
des beim Afrikaner doch so stark entwickelten Aneignungstriebes
läßt sich dafür um so häufiger bei den Kindern beobachten.
Kaum daß sie reden können, rufen sie beim Anblick eines Weißen
sofort „Sixpence". Jene beiden exotischen Begriffe scheinen sich
also bereits in den jüngsten Negergehirnen freundlich zu asso=
ziiren.

Wie schnell die stets vorhandene Lust am Rauben und
Plündern durchbricht, kann man bei jeder füglichen Gelegenheit
beobachten. Als einmal eine Hulk in Brand geriet, was zum
Glück bald wieder vorüber war, sah man hier und dort am
Strande kurz aufgeschürzte, fast nackte Kerle mit Haumessern und
Gewehren auftauchen und Kanuus ins Wasser schieben, offenbar
mit der Hoffnung, daß das Unglück größere Dimensionen an=
nehmen und gestatten werde, den Wirrwarr zu gewaltthätigem
Eingreifen zu benützen.

Von Zeit zu Zeit, angeblich jedes dritte Jahr, erscheinen im
Kamerun=Fluß unzählige Krebse, eine Squilla=Art, die übrigens,
nebenbei gesagt, von etlichen gelben Fetttropfen abgesehen, merk=
würdig inhaltslos und nach europäischen Begriffen ungenießbar
ist, die aber doch allgemein die größte Freude und sogar eine
Art Volksbelustigung hervorruft. Ganz Kamerun beginnt dann
von den Überresten dieser Tiere zu stinken. Gewöhnlich am
frühen Morgen werden sie gefischt und voll von zappelnder Beute
legen die Kähne an den Strand an. Unter fröhlichem Jauchzen
eilen die Weiber vom Dorfe herab, den Fang ihrer Männer in
Körben gehäuft auf den Köpfen nach Hause zu tragen. An
jeder passenden Ecke aber haben sich Rudel nichtsnutziger Bursche
aufgestellt, um die schwerbeladenen Weiber zu überfallen und
ihnen so viel als möglich von ihren Bürden zu entreißen. Mancher
Korb fällt da zu Boden und wird zertreten. Auch hier bethätigen

selbst die kleinsten, kaum dem Säuglingsalter entwachsenen Kinder bereits ihre schlimmen Instinkte, indem sie gleichfalls einen oder zwei Krebse wegschleppen. Schreckliches Gezeter, wie man es nur von entrüsteten Negerinen hören kann, erhebt sich; aus ihren Kähnen eilen mit Knütteln bewaffnet die Männer herbei und eine blutige Schlägerei entspinnt sich. Das scheint so Mode und ein stehendes Attribut der verhältnismäßig seltenen, perio= dischen Krebse=Bescherung zu sein.

Von den hundert verschiedenen Streitigkeiten, die stets aus Handelsursachen im Gange sind, ist kein Ende abzusehen, weil unaufhörlich Repressalien geübt werden. Eine alte Beleibigung wird noch nach Jahren plötzlich gerächt, indem der Gekränkte den lange erwarteten Zufall einer günstigen Gelegenheit wahrnimmt, seinem Feinde einen Angehörigen, gleichviel ob Freien oder Sklaven, wegzufangen und in Eisen zu legen, um damit ein Lösegeld zu erpressen. Der so Geschädigte rächt sich dann wieder an irgend einem Freunde des ersten und so geht es unabsehbar weiter. Schließlich wird zur Beilegung solcher Fehde ein Palaver zusammenberufen, an dem sowohl die beiden Widersacher nebst ihrem Anhange als auch unparteiische dritte Gruppen teil= nehmen, aber nicht selten endigen die Palaver statt mit einer Entscheidung nur mit einer Verwicklung und Verschlimmerung des Falles. Da der ganze Verkehr sich auf dem Wasser bewegt, so spielt das gegenseitige Wegnehmen von Böten oder Kanuus, womöglich beladener, eine große Rolle, und gewöhnlich werden die Insassen blos geprügelt und ins Freie gejagt. Derlei Akten des Faustrechts sind auch Weiße ausgesetzt, nur daß in solchem Falle die zuweilen tötlichen Prügel meistens den Kru=Jungen der= selben zukommen.

Die Erregbarkeit einzelner Individuen im Vergnügen, im Zorn, im Rausch, übersteigt oft jegliches Maaß. Bei einer Totenfeier in Akwataun, bei der es wie üblich ungeheuer lustig zuging und allgemeine Trunkenheit herrschte, kam es vor, daß ein junger Mann aus purer Raserei plötzlich sein Snider=Gewehr holte und unter die Menge losbrückte. Ein anderer junger

Mann, ein Freund des Tobsüchtigen, wurde getroffen und blieb sofort tot. Er selbst aber wurde mehrere Tage darauf regelrecht abgeurteilt und hingerichtet. Wenige Monate vorher hatte ein Bewohner von Daibotaun an einer ganzen Gesellschaft, die des Abends um ein Feuer sitzend, Übles von ihm sprach, seine Wut ausgelassen, indem er einen Pulversack mitten unter sie ins Feuer warf, wobei nebst sieben Opfern er selber zu Grunde ging. Beide Ereignisse haben sich noch im Jahre 1884 zugetragen.

In religiöser Beziehung scheinen unsere Dualla außerordentlich wenige Bedürfnisse zu haben. Fetische, Götzen und Amulette, jene zahllosen Vorrichtungen aller erdenklichen Art, wie sie bei anderen Negerstämmen so sehr dem Auge sich aufdrängen, vermißt man bei ihnen eigentlich ganz. Weder an den Wegen, noch in den Hütten, noch an den Menschen selber sind deren aufzufinden. Nur auf Feldern stecken hie und da Gerten, welche an ihrer Spitze ein kleines, aus Wurzeln und Blättern zusammengewickeltes Packet tragen.

Dagegen gibt es bei ihnen drei geheime Orden, namens Elung, Ekongolo und Mungi, die einen religiösen Inhalt beanspruchen. Schade, daß man so wenig Sicheres und Stichhaltiges über das eigenartige, uns so völlig fremde und deshalb eigentlich auch nicht recht begreifliche Getriebe derselben erfahren kann. Erst ein jahrelanges, mit Kritik und Vorsicht unternommenes Studium wird imstande sein, wirklich Wahres hierüber zur Erkenntnis zu bringen.

Am häufigsten nimmt man vom Elung etwas wahr. Vor der Thür irgend einer Hütte wird aus Palmen- und Bananenblättern ein dichter, halbkreisförmiger Zaun aufgebaut und der Weg zu beiden Seiten durch einen Strick abgesperrt. Zuweilen hört man dann hinter dem Zaun eine Anzahl Männer, etwa zwanzig oder dreißig, beten, winseln, heulen, singen und trommeln. Diesen mysteriösen Übungen näher zu treten, ist jedoch streng verboten und man wird schon von Weitem durch grobe, heftige Geberden und Scheltworte ermahnt, dem Heiligtume fern zu bleiben, oft ehe man es erblickt hat.

In jeder Dorfabteilung soll der Elung einen Hauptmann haben, dessen Hauptfrau dann auch als Mitglied dazu gehört, während Weiber sonst ausgeschlossen sind. Jeder Neueintretende hat dem Hauptmann für die Aufnahme und die Einweihung in das Mysterium ein Geschenk im Werth eines Kru (etwa 13 Mark) und sämtlichen älteren Mitgliedern ein Essen zu geben. Der Elung ist immer nur morgens oder bei Mondschein im Gang. Statt des Namens Elung hört man häufig auch das Wort Elomba, doch ist mir die Bedeutung desselben unklar geblieben. Das Gleiche gilt von dem Ausdruck Niengo oder Jengo.

Das oder den Ekongolo weiß ich vorläufig nicht anders zu definiren, als „Erschütterung des Gemüthes durch schreckhafte Fratzen". Allenthalben unter den sogenannten Wilden stößt man auf den Gebrauch, sich zeitweilig durch eine Art Teufel an= gruseln zu lassen. Bei Tänzen und sonstigen Feierlichkeiten zu Ehren eines Toten, der dem Ekongolo angehört hat, fahren hie und da Masken mit geschnitzten Antilopenhörnern auf den Köpfen unter die fröhliche Menge. Alles schreit dann „Ekon= golo, Ekongolo!" und stiebt kreischend auseinander. Diese Masken, deren Körper mit europäischen und afrikanischen Zeugen behangen sind und deren Hörnerschmuck häufig nach vorne zu in einer eisernen Spitze endigt, mit der sie zustechen können, er= halten von den Festgenossen beschwichtigende Geschenke. Ab und zu mischen sie sich auch wohl ganz friedlich unter das Publikum, und nur anfallsweise beginnen sie zu rumoren und mit weit, gleich Flügeln ausgebreiteten Ärmeln durch das Dorf zu rennen und die Menschen vor sich herzujagen. Solche Totenfeste, an denen der Ekongolo sich beteiligt, dauern neun Tage, dann geht der Ekongolo wieder nach Haus, und die betreffende Familie hat ihm zum Abschied noch eine Ziege zu zahlen.

Eine ganz schlimme Geschichte muß der Mungi sein, von dem man zuweilen hört, er werde in der Nacht durchs Dorf gehen, und kein weibliches Wesen darf sich dann auf die Straße wagen. Für gewöhnlich scheint er aber im Walde zu hausen und dort von seinen Dienern verehrt zu werden, wobei früher auch Menschenopfer eine Rolle gespielt haben mögen. Denn der Mungi kann töten, wen er will, was vielleicht mittels Vergiftung geschah. Auch er ist überall durch einen Hauptmann vertreten, Weiber können ihn aber nicht ansehen, ohne sofort zu sterben. Die Hauptleute gehen in den Wald und verwandeln sich in wilde Tiere, dann schreien sie heraus: „Der Mungi ist da und sagt so und so." Was er gesagt hat, bleibt ein strenges Gesetz, gegen das kein Widerspruch gilt; „der Mungi hat's gesagt" ist das kräftigste Argument. Mit dem Mungi identisch ist der Begriff Egbo, nur daß dieses Wort den benachbarten Kalabar-Leuten angehört.

Eine noch schlimmere Sache heißt Male, eine Art Eidschwur zum Bündnis, bei dem ein Mensch lebend verbrannt werden muß. Nach glaubwürdigen Berichten hat im Oktober 1884 als Folge der deutschen Besitzergreifung noch ein derartiger Fall stattgefunden. Die englisch gesinnten Rebellengruppen verbündeten sich gegen ihren King Bell und uns, indem sie eine alte Sklavin so an eine Stange schnürten, daß sie sich nicht mehr rühren konnte, und sie dann über einem Feuer aus Holz und dürren Bananenblättern langsam zu Asche verbrannten. Schließlich wurde die Asche als Wahrzeichen des Schwures an alle Verbündeten ausgeteilt.

Es gibt indeß auch noch mildere Formen des Male. Man zerteilt zum Beispiel eine lebende Ziege oder ein lebendes Huhn in zwei Hälften, verzehrt erst die Eingeweide gemeinsam und nimmt dann das Übrige mit nach Hause. Der Bruch eines Male zieht den Tod nach sich.

Ein vierter Orden namens Mukuku, eine Art Noviziat der Jünglinge, wahrscheinlich im Zusammenhang mit der Beschneidung, der sich die Knaben auch jetzt noch zwischen dem sechsten und zehnten Jahre allgemein unterziehen müssen, soll aufgehoben sein. Die jungen Leute wanderten auf ein Jahr in den Wald, um dort in Einsamkeit, unter Aufsicht eines Meisters, völlig

nackt, nur mit weißer Thonerde eingeſalbt, eine ganz andere
eigene Sprache zu reden und hie und da nächtlicher Weile Ein=
brüche in die Dörfer zum Zweck des Stehlens zu unternehmen.
Etwas Ähnliches ſcheint M u e m b a zu ſein. In Akwataun gab
es einmal einen großen Skandal, wobei es hieß Muemba=Leute
hätten ein Schwein totgeſchoſſen und fortgetragen und das
Schwein ſei infolge deſſen unerſetzbar verloren, denn Muemba=
Leute könne und dürfe man nicht belangen.

Außer den erwähnten iſt von Veranſtaltungen oder Feſten
irgendwie religiöſen Karakters höchſtens noch das Beſtatten der
Toten zu nennen. Die Toten werden von den Weibern be=
weint und beklagt, und zwar beginnt das laute Jammern ſofort
mit dem Erlöſchen des Lebens; dann werden ſie möglichſt bald,
meiſt noch an demſelben Tage, in derſelben Hütte, in der ſie
ſtarben, eingegraben, weshalb man auch niemals eigene Grab=
ſtätten ſieht[1]). Die Hütte bleibt noch für einige Zeit bewohnt
und wird erſt nach mehreren Wochen verlaſſen und dem Verfall
preisgegeben. Dem Leichnam, der mit dem Kopf nach dem
Meere zu liegen ſoll, gibt man Gewänder und Geſchirre zum
Eſſen und Trinken mit in die Erde; bei vornehmen Perſonen
wurden früher häufig genug auch Menſchen, nicht immer blos
Sklaven, zuweilen ſogar auch Freie, mit eingeſcharrt. Iſt die
Beſtattung vorüber, ſo folgt die eigentliche Feier, welche wie
geſagt regelmäßig die größte Luſtbarkeit des Negers bildet.
Hunderte von Menſchen ſtrömen da zuſammen, um ſich unge=
fähr eine Woche lang mit Tanz, Geſang und Getrommel,
Schnapstrinken und ſonſtiger Kurzweil zu unterhalten.

Über die geheimen Orden, Eidſchwüre und ſonſtige myſtiſche
Formen von Gemeinſchaften zur gegenſeitigen Unterſtützung und
Förderung wäre noch viel zu erforſchen. Sollen ja ſogar unter
den Sklaven, die aus dem Inneren ſtammen, landsmannſchaft=
liche Vereinigungen beſtehen, in denen heimiſche Zeremonien und
Kulte geübt werden.

---

[1]) Auch die Akrá=Leute an der Goldküſte ſollen ihre Toten in den
Hütten begraben.

Auch die zuweilen wirklich großartigen Tanzvergnügungen, die aus Anlaß bedeutenderer Todesfälle mit oder ohne Ekongolo abgehalten werden, tragen entschieden einen diabolischen Karakter. Nur Weiber, Kinder und Sklaven pflegen sich daran zu betei= ligen. Die Bewegungen und Geberden der einzelnen tanzenden Personen sind dabei immer dieselben: Langsames stampfendes Hin= und Her= oder Vorwärtstrampeln mit eingeknickten Beinen, Vorsichhinstoßen der Arme, halb knetend, halb borend, Becken= zuckungen, Augenrollen, schreckhaftes Stieren und Zähneknirschen. Ab und zu ergreift dann plötzlich die ganze Schar ein heftiges Schütteln des Körpers wie ein allgemeiner Fieberfrost, was na= mentlich bei den alten Weibern mit ihren schlotternden Formen wirkungsvoll ist, und wer sich am kräftigsten und schnellsten zu schütteln vermag, scheint darauf stolz zu sein.

Diese Übungen werden bald in einem sich knäuelartig ver= schlingenden Gänsemarsch, bald wieder dichtgedrängt in ge= schlossener Masse ausgeführt, wobei die Kinder immer ganz vorne, die alten Weiber ganz hinten zu stehen kommen. Mehrere Trom= meln, mit einer an Tobsucht streifenden Unermüdlichkeit bearbeitet, geben dazu weniger den Takt als vielmehr einen fortwährend auf= und abschwellenden Wirbel. Der Takt liegt mehr in dem allgemeinen Gesang und Gebrüll der umstehenden Zuschauer, und der Text zu diesen wahrhaft fürchterlichen Leistungen menschlicher Stimmen, wenn überhaupt ein solcher vorhanden ist, scheint eine stete Wiederholung desselben Satzes zu sein.

Die gesellschaftlichen Zustände der Dualla waren früher zweifellos einfacher als sie jetzt sind. Man unterschied Häupt= linge, Freie und Sklaven. Heutzutage sind diese Standesunter= schiede so sehr verwischt und ist die früher sicher vorhanden ge= wesene Subordination so sehr gelockert, daß man das herrschende System schon mehr als Polyarchie oder besser Anarchie bezeichnen muß. Die meisten Häuptlinge wissen sich kaum mehr genügende Achtung zu verschaffen; selbst Sklaven dürfen es wagen, öffent=

lich mitzureden, und wer das größte Maul hat, dem gehorcht momentan der Haufe. Hat ein Häuptling ein gutes Geschäft gemacht, so kommen alsbald seine Untergebenen, um ihren Anteil davon zu fordern. Gibt er ihnen nichts oder weniger, als sie wünschen, so rebelliren sie, indem sie sich mit Gewehren und sonstigen Waffen versammeln und ganze Nächte lang währende Entrüstungs-Palaver abhalten, bei denen unter wüstem Schreien und Lärmen und gelegentlichem Abfeuern der Gewehre die Person des Häuptlings verhöhnt wird: „Wenn du uns nicht das und das gibst, so kannst du morgen deine Kanuus selber rudern!" Wie man sieht, es ist die reinste Sozialdemokratie, von der man übrigens im Herdenleben des Negers auch bei sonst fest geordneten Verhältnissen allenthalben Spuren antrifft. Denn es muß hervorgehoben werden, daß bei den meisten Stämmen, die ich kenne, dem Herkommen gemäß die Untergebenen einen Anteil an den Gewinnen ihres Herrn, zu denen sie selber beigeholfen haben, als ihr gutes Recht beanspruchen dürfen, und daß ein geiziges Benehmen des Herrn bei solchen Gelegenheiten allgemein als etwas Unsittliches getadelt wird. Das rasche Dahinschwinden von Macht und Würde war für die Häuptlinge der wirksamste Beweggrund, ihre Souveränität, mit der sie doch nichts mehr anfangen konnten, an uns abzutreten.

Für den Begriff „Sklave" hat sich das englische Wort „Nigger" eingebürgert und auch als Schimpfwort Kurs erhalten, aber nicht in unserm europäischen Sinne, sondern so, daß es von zornigen Negern selbst auf Vollblut-Europäer angewandt wird, und auch diese haben das Wort samt seiner modifizirten Bedeutung adoptirt und sprechen ganz ernsthaft von „Negern" schlechtweg im Sinne von Neger-Sklaven als Gegensatz zu Neger-Freien. Zwischen Sklaven und Freien ist noch ein Mittelstand vorhanden, den man englisch allgemein als „Half and Half" bezeichnet, nämlich die Sprößlinge von Freien und Sklavinen. Denn auch unter den Weibern, obgleich sie alle ohne Unterschied durch Kauf erworben werden, bestehen die beiden streng geschiedenen Klassen. Sklavisches Blut in den Adern zu haben, ist ein

Vorwurf, den sich indessen selbst einzelne Häuptlinge gefallen lassen müssen.

Je nach dem Reichtum des Mannes richtet sich die Anzahl der Frauen, die er besitzt. King Bell soll, so viel ich weiß, deren achtzig haben, doch dürfte die gewöhnliche Ziffer sich zwischen zwei und acht bewegen. Die Weiber sind das Kapital des Mannes, und die Kinder, die er aus ihnen zu erzielen hofft, sind seine Zinsen. Unfruchtbare werden daher ihrem früheren Eigner, sei das der Vater oder ein ehelicher Vorgänger, gegen Erstattung des Kaufpreises zurückgegeben. Denn wie gesagt, alle, auch die vornehmsten Gattinen, werden gekauft. Um das zarter auszudrücken, könnte man vielleicht meinen: „Der Bräutigam bringt seine Braut durch eine Morgengabe, die er der Familie entrichtet, in seinen Besitz." Daß dabei vorher schmählich geschachert wurde, braucht ja der Feinfühlige nicht zu wissen. In Weibern werden auch alle größeren Zahlungen, von einem Palaver auferlegte Strafen zum Beispiel, geleistet, wobei je nach dem Stande erhebliche Wertunterschiede in Betracht kommen. Eine Häuptlingstochter kann bis zu 6000 Bars (nominell 6000 Shilling), kosten, eine gewöhnliche Freie bis zu 2000, Sklavinen bis zu 800 Bars.

Will ein Häuptlingssohn eine ebenbürtige Frau nehmen, so kauft er sich von einem befreundeten Häuptling eine Vollbluttochter. Der Preis, den ein solches Verheiratungsgeschäft dem Vater einbringt, dient dann gewöhnlich dazu, dem auf die verkaufte Tochter folgenden Sohne ein standesgemäßes Ehegespons zu erwerben. In Kamerun ist es also von Vorteil, Töchter und Schwestern zu haben. Im schlimmsten Fall, bei einer ideal gleichmäßigen Gruppirung der Geschlechter in beiden Familien, müssen sich Ein- und Ausgaben schließlich decken, aber die Väter behalten dann doch noch die angenehme Erinnerung an das schöne Schachervergnügen oder vielleicht das noch süßere Bewußtsein einer gelungenen Übervorteilung. Es scheint, daß allmälig die Unsitte eingerissen war, für das gekaufte Weib immer nur die Hälfte anzuzahlen und die andere Hälfte auf unbestimmte

Zeit schuldig zu bleiben. Eine Menge Klagen und Streitigkeiten
entsprangen aus dieser Ursache. Zwar bestand ein Gesetz, daß
jedes Frauenzimmer der „Half and Half"-Klasse 800 Bars
kosten und nicht eher an den Verwerber ausgehändigt werden
sollte, als bis der ganze Preis erlegt sei. Aber kein Mensch
kehrte sich daran.

Die Mädchen werden nicht selten lange vor Eintritt der
Reife vergeben, ohne deshalb sogleich zu ihrem künftigen Gatten
zu ziehen. Manchmal aber ist dieser mißtrauisch und nimmt
seine Errungenschaft, die ihm sonst etwa wieder entgehen könnte,
so bald als möglich in Beschlag. Eine Frau aus allererster
Familie wird natürlich höher gehalten, als andere Weiber geringerer Abkunft. Sie hat ihre eigenen Dienerinen, braucht
nicht zu arbeiten und ist niemals von der Gefahr bedroht, veräußert zu werden, es müßte denn sein, daß ihr Mann in einem
Kriege vernichtet würde. Aber auch die Stellung der Weiber
im Allgemeinen, die der Sklavinen mitgerechnet, ist trotz des Ge-
kauftseins und trotzdem, daß ihnen die ganze, übrigens nicht sehr
bedeutende Feld- und Hausarbeit obliegt, durchaus keine so ge-
drückte und niedrige, wie man denken möchte, und es wohnt hier
in diesen uns so sehr befremdenden Verhältnissen viel mehr
wahres Menschenglück als in Europa. Wenn auch die Sklavin
dutzendmal ihren Herrn wechselt, es macht ihr das bei ihrer
glücklichen heiteren Gemütsart viel weniger Kummer als unseren
Dienstmädchen das Antreten einer neuen Stelle. Die Negerin
läßt sich nicht so leicht zum willenlosen Werkzeug niederbeugen,
dazu hat sie einen viel zu selbständigen, der Opposition geneigten
Sinn. Auch die Weiber ganzer Dorfschaften thun sich gelegentlich zusammen, um zu streifen. So sollen vor etwa zwanzig Jahren
die sämtlichen Dualla-Weiber eines schönen Tages ausgezogen
sein und sich irgendwo im Freien ein Separat-Dorf gebaut haben,
um ihren Männern eine Vergößerung des ihnen bis dorthin nur
sehr dürftig zugemessenen Hüftentuches abzutrotzen, und der Erfolg
soll glänzend gewesen sein. Die Negerin ist überhaupt ein stark
veranlagtes, gern resolut auftretendes Wesen. Gynokratien sind

in Afrika ziemlich häufig und oft genug findet man auf Handels=
stationen Weiber postirt, die Interessen ihrer Gatten wahrzu=
nehmen und zu vertreten.

Eine eigentliche freie Prostitution existirt nicht, da es ja
keine Frauenzimmer gibt, die nicht in festen Händen wären.
Dieselbe wird dadurch ersetzt, daß die Männer ihre Weiber an
die Europäer als Konkubinen vermieten. Aus solchen unsauberen
Verhältnissen entspringen nicht selten Situationen von einer Ge=
meinheit, die jeder Beschreibung spottet.

In Bezug auf medizinische Kenntnisse und Fertigkeiten
ist von den Kamerunern ebenso wenig zu berichten, wie von den
Negern überhaupt. Der afrikanische Arzneischatz ist überall un=
gemein dürftig, und die Hoffnungen unserer Optimisten, daß wir
aus dem dunklen Kontinent neben anderen fabelhaften Bereiche=
rungen auch größere Gewinne für die Heilkunde zu erwarten
hätten, möchten kaum erfüllt werden. Der Neger hat nicht ein=
mal zuverläßige Abführmittel. Nur in jenem Teil der Heilkunde,
den wir als „Kleine Medizin" zu bezeichnen pflegen und der die
Obliegenheiten unserer Bader und Lazaretgehilfen, wie Schröpfen,
Aberlassen, Abszesse=Aufschneiden, Verbinden u. dgl. umfaßt, sind
den Negern einige beachtenswerte Fertigkeiten eigen. Allein die
Kameruner scheinen auch hierin eine Ausnahme zu bilden.
Bei den zahlreichen großen Fußgeschwüren namens „Pola", die
eine wahre Landplage sind, wirken sie durch einschnürende, an
sich allerdings ganz zierlich aussehende Verbände aus frischen
Blättern und Baststreifen geradezu schädigend ein.

Blos eine einzige Leistung medizinischer Art blüht in Kame=
run, die wegen ihrer Geschicklichkeit und Originalität rühmend
hervorgehoben werden muß. Das ist die Kunst des Klystirens,
wie sie die Kamerun=Weiber an ihren Säuglingen üben. Das
hierzu dienende Instrument ist ein Flaschenkürbis mit langem
Hals. Vorn an der Spitze des Halses, also an der Narbe des
Stils, ist ein Röhrchen aus Holz eingepaßt, und hinten am
Körper des Kürbisses ist ein rundes Loch ausgeschnitten, so groß
etwa wie ein Fünfmarkstück. Soll die Operation vollzogen wer=

ben, so legt die Mutter ihren kleinen, hellbraunen Nacktfrosch
mit dem Bauch nach unten über ihre Kniee. Dann wird das
Röhrchen sorgfältig eingeführt. Nebenan auf dem Boden steht
ein gewöhnlicher Kochtopf mit der heilkräftigen Medizin, die
meistens ein Pflanzendekokt zu sein scheint. Aus diesem wird
nun der Kürbis halb voll gegossen. Dann preßt die Mutter
ihren Mund auf die fünfmarkstück=große Öffnung und bläst die
Flüssigkeit ihrem kleinen Balg in den Leib. Ist sie mit der
Kraft ihres Atems zu Ende, so gurgelt nicht selten die
Flüssigkeit wieder zurück. Diese Prozedur, die mehr den Zweck
einer Reinigung als den einer arzneilichen Wirkung hat, wird
öfter noch wiederholt, manchmal stundenlang fort. Die Kinder
scheinen sich bald daran zu gewöhnen und ertragen das kleine
Ungemach heiteren Sinnes, ja manchmal sehen sie drein, als ob
es ihnen zum Vergnügen gereiche.

Alle Knaben werden beschnitten, aber erst im sechsten bis
zehnten Lebensjahre. Wie das ausgeführt wird, habe ich weder
sehen noch erfahren können. Doch beobachtet man häufig die be=
treffenden kleinen Patienten, wie sie nach geschehener That reihen=
weise am Ufer sitzen, um sich ihre Verwundungen zu reinigen
und frische Verbände aus grünen Blättern anzulegen, wobei Hühner=
federn die Rolle unserer Schwämme spielen.

Alles was außer dem Vorgeführten zur Pathologie und
Therapie gehört, beruht bei dem Neger auf Aberglauben und
Zauberei. Läßt sich für eine Erkrankung nicht ein bestimmter
Kobold als Anstifter ausfindig machen, so hat ein übelwollender
Nebenmensch schädlichen Zauber geübt, und für beide Arten der
Behexung muß dann ein Gegenzauber eingeleitet werden. Merk=
würdigerweise trifft man auch von dieser religiösen Seite der
Medizin bei den Dualla kaum Spuren an.

Die vorzügliche Entwicklung, die den Muskeln der Dualla
zu teil geworden ist, äußert sich in einer Vorliebe für sportmäßige
Bewährung körperlicher Gewandtheit und Kraft, von der ich
sonst bei Negern kaum eine Spur wahrgenommen habe. Es ist
das ein ritterlicher Zug, der mit manchen anderen Zügen ihres

Karakters aussöhnt. Fast den ganzen Tag treibt sich die heran=
wachsende Jugend auf dem Strande herum, badend, fischend und
in Scheingefechten gegeneinander wetteifernd. Häufig kommt es
dann auch zu regelrechten Ringübungen, und hie und da werden
in den Dörfern sogar öffentliche Ringkämpfe als eine Art
Volksbelustigung abgehalten, bei denen es streng kunstgemäß zu=
geht. Mitten in der zahlreichen Korona der Zuschauer ist ein
Viereck freigelassen, innerhalb dessen die Kämpfer aufeinander
loseilen. Mehrere Männer mit Peitschen in den Händen halten
die Ordnung aufrecht und unterbrechen sofort das Ringen, sollte
ein falscher Griff versucht werden. Ist der Sieg entschieden und
wieder einer tabellos in den Sand gestreckt, so belohnt den Sieger
ein gellendes Johlen, das selbst den Lärm der nirgends fehlenden
unermüdlich geschlagenen Trommeln auf einen Augenblick übertäubt.

Noch glänzender zeigt sich der ritterliche Sinn für kriegerische
Übungen in dem Kanuu=Sport der Duala. Es ist bereits ge=
sagt, daß der Verkehr von Kamerun sich fast ausschließlich auf
dem Flusse und dessen Verzweigungen bewegt. Dieser Umstand
hat nun zu einer Ausbildung der Eingeborenen in der Nautik
geführt, die unsere Bewunderung hervorrufen muß. Die
schlanken Kanuus der Dualla, deren stattlichste bis zu 25 Meter
lang und an der stärksten Anschwellung, welche stets um ein be=
trächtliches hinter der Mitte liegt, bis zu 1,70 Meter breit sind,
gehören ohne Zweifel zu den ausgezeichnetsten Fahrzeugen der
Erde, und die Geschicklichkeit, mit der sie gehandhabt werden,
übertrifft Alles, was man sonst von Küstenstämmen zu sehen und
zu hören gewohnt ist, ausgenommen allein das Brandungsfahren
der Kru=Jungen. Jeder, der sie zum ersten Mal sieht, wird un=
willkürlich an die Erzählungen Stanley's aus dem Zentrum
des Kongobeckens erinnert, und mit solchen Kähnen und Leuten
lassen sich allerdings Bilder verwirklichen, wie sie im Stanley[1])

---

[1]) Der Missionar Comber, einer der gründlichsten Kenner sowohl
des Kamerun=Gebietes als auch des mittleren Kongo, teilte mir mündlich
mit, daß die auf dem Kongo gebräuchlichen Kanuus an Großartigkeit sich
keineswegs mit den Kanuus unserer Kameruner messen könnten.

3*

vorkommen. Von fünfzig bis sechzig Mann gerudert, schießen sie mit der Schnelligkeit eines Dampfers über die Wasserfläche hin, und trotz ihrer Länge und Schmalheit drehen sie mit einer geradezu erstaunlichen Präzision.

Ein Kamerun-Kanun ist stets etwas breiter als der Baum, aus dem es entstand. Denn die Höhlung wurde an dem horizontal niedergelegten Stamm oberhalb seines größten Längsschnitts begonnen, und sind die übrigbleibenden Wände nur mehr zollbick, so werden die Ränder durch Feuer und Spreizen gewaltsam auseinander gezwungen. Die meisten Kanuus sowie auch die dazu gehörigen Pagaienruder sind aus rotem Holz gefertigt.

Ein Wettfahren mehrerer größerer Dualla-Kanuus bietet denn auch ein Schauspiel ethnographischer Art, wie es deren auf der ganzen Erde nicht mehr viele zu genießen gibt. Die Kanuus sind dann meistens festlich geschmückt. Vorne auf dem Schnabel tragen sie dann gewöhnlich eine großartig aussehende, mehr oder minder komplizirte Schnitzerei, die fast stets eine ungemein naive Verschlingung aller möglichen Tiere darstellt. Sollte dieses Hauptornament etwa fehlen, so steckt an seiner Statt ein frischgrüner Blätterbusch. Zur Kompletirung des Schmuckes gehören ferner zwei Phantasieflaggen, eine möglichst große, buntfarbige, mit dem Namen des Eigners versehene hinten, und eine kleine, unserer Gösch nachgeahmte vorne. Vollständig bemannt taucht das leichte Fahrzeug so tief ein, daß außer den zierlich verjüngten Enden, welche höher emporragen, nur ein ganz schmaler Bord noch trocken bleibt, und man sieht von dem Körper desselben eigentlich weiter nichts als die taktmäßig arbeitende Doppelreihe der Insassen, wie sie ihre spitzen Ruder in's Wasser stechen oder in kräftigem Bogen wieder emporheben. In der Mitte steht aufrecht der Kommandant mit irgend einem altertümlichen bizarren Federschmuck auf dem Haupte, wie es früher Sitte gewesen, und vor ihm sitzt der eifrig hämmernde Trommler. Die Ruderer begleiten den Takt ihrer Arbeit mit einem kriegerischen Gesang; lustig flattern die Fahnen im Winde, und die ganze seltsame Erscheinung schneidet durch die

Wellen, wie ein märchenhaftes Ungetüm. Dichte Schaaren be=
geisterter Zuschauer folgen am Strande, eifrig für das Kanuu
ihres Dorfes Partei nehmend, und fällt ihm der Sieg zu, was
die Sieger durch Emporheben der Ruder kund thun, so kennt ihr
Triumph kein Maaß mehr. Gellendes Geschrei auf allen Seiten
erfüllt die Luft, man streitet sich wütend mit den Gegnern, welche
behaupten, übervorteilt worden zu sein, und nicht selten kommt
es wieder zu Prügeln.

Etwas ganz Exquisites, ja wie ich glaube Einziges, ist die
Trommel=Sprache der Dualla. Durch sie vermag sich ein Mann
kilometerweit mit einem andern zu unterhalten, und zwar über
alles Mögliche, ihn um etwas zu fragen, ihm irgend eine Ge=
schichte zu erzählen, ihn zu rufen, zu höhnen, zu schimpfen. Es
handelt sich dabei nicht etwa um ein Signalsystem, sondern um
eine richtige Wortsprache, auch nicht etwa um eine rhythmische
Übertragung von Dualla=Reden, sondern um ein eigenes, für
sich selbst zu erlernendes Idiom. Das Instrument ist ein hori=
zontal zu legendes zylindrisches Stück eines sehr harten, intensiv
roten Holzes, etwa $1\frac{1}{2}$ Meter lang, $1/4$ Meter dick. In einer
Längslinie des Zylinders befinden sich zwei 20 Zentimeter lange
Schlitze, von welchen aus das Innere ausgehöhlt worden ist.
Die beiden Schlitze sind von Wülsten eingefaßt, die mit zwei
Schlägeln angeschlagen werden, was entsprechend einer verschie=
denen Dicke des Zylinders an diesen Stellen zwei verschieden
hohe Töne ergibt. Das ist der ganze mechanische Apparat.
Dessen Handhabung zu erlernen und die Art der Wortbildung
mittels desselben zu erforschen, wäre ungeheuer schwierig, und
ohne einen übergroßen Aufwand an Zeit und Mühe müßte man
auf jede Idee eines Verständnisses verzichten, wenn nicht noch
eine Eigentümlichkeit der Trommelsprache bestände, durch welche
sie leichter faßbar wird. Das Getrommelte oder zu Trommelnde
läßt sich nämlich auch mit dem Munde wiedergeben, wozu ganz
bestimmte Silben gebraucht werden, und bildet so eine Art Ge=
heimsprache, deren sich die Eingeborenen oft bedienen, um von
einem des Dualla kundigen Weißen nicht verstanden zu werden.

Hie und da pfeifen sie übrigens auch das getrommelt Gedachte oder sie trommeln es sich leise bei geöffnetem Mund auf die Wange.

„Waffer, Fluß" heißt im Dualla madiba, in der mündlichen Trommelsprache tókoulókoloúlo; „ich will", Dualla na= pula, heißt kólokúlu; „essen", Dualla da, heißt tókolo= kúlokolóto; „ich will essen" also: kólokúlutókolokúloko= lóto. Getrommelt bestehen diese Worte aus ebenso vielen Schlägen als sie gesprochen Silben haben, wobei die Zweitonig= keit des Instruments nur einen ornamentalen Wert zu besitzen scheint. Bedenkt man nun, daß alle diese einander so ähnlichen Wort=Teile äußerst rasch gesprochen und getrommelt werden, so wird man begreifen, wie auch trotz der Erleichterung durch das mündliche Verfahren die Trommelsprache noch genug der Schwierigkeiten bietet. Auch von den Eingebornen sind ihrer nur die vornehmeren mächtig. Mir war diese merkwürdige Fertigkeit vollkommen neu, doch glaube ich jetzt Rudimente davon auch schon 1879 in Lunda gehört, aber wegen ihrer rudimentären Undeutlich= keit unbeachtet gelassen zu haben.

———

Wie man sieht, in Bezug auf originelle Eigenart können sich die Dualla dreist mit irgend einem anderen Volk der Erde messen. Viel interessanter jedoch waren sie zweifellos früher. Denn der gewinnreiche Handel mit den Europäern hat sie ethno= graphisch abgeflacht, so daß manche Thätigkeiten, deren sie ehemals für ihren Haushalt gewiß nicht entbehren konnten, immer mehr in Vergessenheit gerieten. So ist zum Beispiel das Schmieden, jene vorzüglichste, selbständig erfundene Hauptkunst der Neger, bei den Dualla und sämtlichen Nachbarstämmen längst ver= gessen. Bogen und Pfeile sind ihnen unbekannte Geräthe, und wenn man zuweilen in ihren Händen als Prunk=Waffen sonderbar gestaltete Äxte und Schwerter oder große Lanzen sieht, so kamen dieselben aus dem fernen Inneren. Zwischen die niedlichen Giebelhütten der Kamerun=Dörfer mischen sich immer mehr Häus=

chen und Häuser aus europäischen Brettern, und je mehr dieser neue, vornehmere Baustil sich ausbreitet, desto mehr wird der alte als nicht mehr würdig vernachläßigt. Um eine echte, un- verfälschte Neger-Baukunst kennen zu lernen, wird man bald in's Innere gehen müssen.

Der Ersatz, den die sogenannte Kultur für so viel Ent- gang gebracht hat, ist ungemein dürftig. In Akwataim gibt es ein paar schwarze Zimmerleute und einen schwarzen Maurer. Aber die Leistungen dieser Handwerker lassen sehr viel zu wünschen. Auch eine Ziegelei scheint früher bestanden zu haben, aber eigentlich bloß zum Bau der Baptisten-Mission betrieben worden zu sein. Die Ziegelsteine die daraus hervorgingen, sind unübertrefflich schlecht. Ein von ferne recht stattlich wirkender Hausbau aus demselben Materiale, der in Koantaim steht, droht mit Einsturz und ist eine Lebensgefahr für jeden der sich hineinwagt.

. Eines der wenigen alten Gewerbe, das die eingerissene Faulheit noch nicht ganz verdrängt hat, ist das Fischen, das zum größeren Teile den Weibern obliegt und den Jungen als lustiger Zeitvertreib dient. Die Männer, meist sind es Sklaven, legen Reusen aus und errichten feste Fischfallen.

Diese letzteren Vorrichtungen sieht man zur Ebbezeit allent- halben unter dem Buschwerk des Ufers stehen. Auf den ersten Blick machen sie den Eindruck zierlicher Schilderhäuschen. Ein zylindrisches, enggeschlossenes Gittergeflecht, ungefähr mannshoch, hat unten am schlammigen Grunde eine kleine quabratische Öffnung und senkrecht darüber eine aufgezogene Fallthür, die ein Strick mit dem in der Mitte des Innenraumes liegenden Köber verbindet. Da der Zylinder oben offen ist, muß er etwas höher sein als die gewöhnlichen Abstände zwischen Ebbe und Flut.

Die Weiber fischen mit Handnetzen, die sie im seichten Wasser auf den Grund legen und von Zeit zu Zeit emporheben, die Jungen dagegen mit einem Kehr-Apparat aus aneinander gebundenen Bananenblättern, mit dem sie den seichten Grund förmlich abwischen und Alles, was sich innerhalb des umschlossenen Halbkreises in den Fasern desselben fängt, auf's Trockene ziehen. Freilich liefern die beiden letzteren Hantirungen immer nur ganz schmächtige, höchstens fingerlange Fischchen, deren Menge die Kleinheit ausgleichen muß.

Auch Holzschnitzereien werden noch immer betrieben. Es ist das eine der vielen unnützen Beschäftigungen, die dem tändelnden Sinne des Negers besonders zusagen. Am hervorstechendsten unter den Erzeugnissen dieser Kunst sind die erwähnten komplizirt aussehenden Ornamentstücke, die bei Wettfahrten vorne an den Kanuus befestigt werden. Als Motive derselben findet man hauptsächlich europäische Formen, phantasievoll untermischt mit afrikanischen Tiergestalten. Jeder Häuptling oder Kanuu-Besitzer trägt dabei eine andere Gruppirung der verschiedensten Gegenstände zur Schau, so daß man von einem kleinen, dunkeln Beginn afrikanischer Heralbik sprechen könnte.

Das am häufigsten wiederkehrende Inventarstück eines solchen Schmuckes ist ein rundes Krebenzbrett mit einer bauchigen Flasche, um welche sechs oder acht kleine Schnapsgläser stehen. Dieses sinnige Emblem der Zivilisation nimmt gewöhnlich den Schwerpunkt des Ganzen ein. Dicht unter dem zierlichen Sockel, auf dem das Krebenzbrett ruht, strecken halb links und halb rechts zwei Schiffskanönchen ihre hölzernen Rohre nach vorne. Hinter ihnen ragen vielleicht zwei blumenartige Gebilde höher empor, die man als Sonnenschirme deuten muß, und nach unten hängt eine Glocke herab. Mitten zwischen diesen durch häufige Wiederholung schon mehr konventionell gewordenen Motiven drängen sich dann die unterscheidenden individuellen Merkzeichen vor, die oft eine reizende Naivetät der Erfindung zur Schau tragen, Menschengestalten mit Flinten, die eine mächtige Schlange würgen, löwenartige Bestien mit weit aufgesperrtem Rachen, in eifriger Begattung begriffene Elefantenpärchen, Krokodile, die einen Vogel beim Schwanze packen und dgl. mehr.

Eine schwere Konkurrenz ist übrigens der einheimischen Holzschnitzerei durch die Einfuhr europäischer Ölfarben entstanden. Sowohl die stattlichen Kähne selber als auch namentlich die er-

wähnten Schnabel-Ornamente derselben sowie die kurzen, lanzett-
förmig zugespitzten Pagaienruder, mit denen sie vorwärts getrieben werden, sind heutzutage über und über mit bunten Öl-
farben-Mustern bemalt. Früher scheinen derlei Verzierungen
kunstvoll eingeschnitten worden zu sein.

Als weitere Erzeugnisse der Schnitzereikunst, durch die Häufigkeit ihres Vorkommens merkwürdig, sind massive Sitzbänkchen,
aus einem Holzblock herausgemodelt, und Wanderstäbe mit vier-
kantigen, mannigfach fassettirten, sockelartigen Füßen zu nennen.
Nach dem Geschmack der Neger setzt man nämlich den Wander-
stab mit dem dickeren Teil auf den Boden. Häufig sind ferner
Kanu-Modelle, bis zu einem Meter und darüber lang, mit
rudernden Figuren, welche heutzutage wohl nur mehr als Ex-
portartikel für die Passagiere der Dampfer angefertigt werden
und deshalb wenig ethnographischen Wert besitzen.

Eine beträchtliche Rolle spielt noch immer die Töpferei,
die zugleich von Weibern und Männern gehandhabt wird. Die
Kameruner pflegen in ihren Hütten eine Menge großer, kugel-
runder, bis zu einem halben Meter starker Töpfe anzuhäufen.
Auf den Lehmplattformen der niedergebrannten Rebellendörfer
lag Alles voll von solchen Töpfen. Der Regen füllte sie mit
Wasser, und jeder wurde ein kleiner Moskitotümpel. Moskitos
waren vorher in Belltaun und in Joßtaun fast unbekannt gewesen, und ich glaube, daß ihr merkwürdig zahlreiches Auftreten
zur fraglichen Zeit nur dieser eigentümlichen Liebhaberei der
Eingeborenen für große Töpfe zu verdanken war, wobei allerdings auch der Umstand mitwirkte, daß die Kochfeuer fehlten,
deren Rauch die Wohnstätten sonst zu erfüllen pflegte.

Von irgend einer Art Lederbereitung habe ich bei den
Dualla' niemals etwas wahrgenommen. Felle sieht man überhaupt eigentlich nicht im Gebrauch. Dazu ist die Fauna des
ganzen Gebietes zu arm an Antilopen und sonstigem Haarwild,
und außerdem hat der europäische Handel schon zu viel Baumwollenzeuge in's Land gebracht. Aus demselben Grund sind
die Dualla auch keine Jäger.

Der Felbbau, den die Duala betrieben, ist gleichfalls im
Rückgang begriffen. Sie erzielen damit nicht einmal das, was
sie selber essen, und müssen deshalb einen Teil ihres Lebens-
unterhaltes aus dem Innern oder selbst von den Faktoreien
kaufen. Mancher Duala=Mann ist bereits mit seinem Nahrungs=
bedürfnis auf Zwieback, Salzfleisch und Stockfisch aus Europa
angewiesen. Die Ursachen dieser Erscheinung sind einerseits der
leichte Gewinn, den der Handel ihnen als Vermittlern zwischen
den Produktionsgebieten und den Faktoreien abwirft, und anderer=
seits die schlechte Beschaffenheit des Bodens in den Dörfern
und deren Umgebung, wo er durch fortgesetzte Ausbeutung er=
schöpft zu sein scheint, sodaß immer weiter entlegene Flächen
in Angriff genommen werden mußten, da ja die Agrikultur
des Negers von Düngung nichts weiß.

Ohne den Handel könnten somit die Duala gar nicht mehr
existiren. Es ist aber auch ihr einzigster Lebensberuf, wenn von
einem solchen überhaupt die Rede sein kann. Wie fast alle
westafrikanischen Küstenbewohner haben auch sie es verstanden, sich
fest zwischen das produzirende Innere und die europäischen Kauf=
leute einzudrängen, und nur von ihnen dürfen die Letzteren
kaufen.

Sobald die Duala=Dörfer aufhören, heißt das Land „Bush=
country" oder „Country" schlechtweg: in Bezug auf den Handel
ein Begriff ähnlich dem Tabu der Polynesier, und die verschiedenen
Völkerschaften, die dort beginnen, werden verächtlich mit dem
Kollektivnamen „Bushmen" zusammengefaßt. Die „Bushmen"
einerseits, die Weißen andererseits zu schrauben und zu betrügen,
scheint nun ein sehr lukratives Geschäft zu sein und soll Gewinne
bis zu 200 und 300 pZt. abwerfen. Nur so läßt sich auch bei soviel
Müßiggang der relative Wohlstand unserer Duala erklären und
einsehen, wie diese wohlgenährten, niemals arbeitenden Tauge=
nichtse Monate lang vegetiren können, ohne etwas anderes zu
treiben als um Weiber herumzuschachern, Schnaps und Palm=
wein zu zechen, Tänze, Wettkämpfe und Palaver abzuhalten.

Es erübrigt nur noch, auch jener ethnographischen Umgestaltung kurz zu gedenken, die sich auf das Sprachliche bezieht. Während die Dualla unter sich ihr angestammtes Dualla reden, herrscht im Verkehr mit den Weißen dasselbe englische Kauderwälsch, welches als „Neger=Englisch" überall in Westafrika Kurs hat. Wahrscheinlich sind die an jener Küste als kontraktliche Arbeiter allenthalben wiederzufindenden Kru = Jungen aus Liberia die sprachlichen Lehrmeister der Kameruner wie überhaupt der meisten Westafrikaner gewesen.

Das Neger=Englisch hat manche kosmopolitische Beiklänge, und entsprechend der großen Freigebigkeit, mit welcher die See= leute das Schimpfwort „Nigger" auf alle andersrassigen Erden= bewohner anzuwenden pflegen, könnte man vielleicht auch „Nigger= Englisch" sagen. Jedenfalls haben die Seeleute, indem sie mit den sogenannten Wilden möglichst kindlich und albern reden zu müssen glaubten, manchen Anteil an der Entstehung des be= treffenden Kauderwälsches, und ebenso wie sie auf ihren Schiffen Gesteine und Muscheln der verschiedensten Küstenstriche verschleppten, sehr zum Unbehagen der Geo= und Zoologen, ebenso haben sie auch sprachliche Küstengerölle hierhin und dorthin verfahren.

Wie mit den meisten, wenn nicht allen Misch=Sprachen, ver= hält es sich auch mit dem Neger=Englisch. Das grammatische Skelett, welches die Art des Denkens ausdrückt, gehört der ein= heimischen Redeweise an und wird starr fest gehalten. Nur die Fleischteile, das Vokabular, werden dem fremden, höheren Idiom entnommen und den Formen des Skeletts angefügt. Wenn eine junge Dame in München französisch parlirt und sagt „Je crois déjà" (J glaub schô = Ich glaube ja) gehorcht sie genau dem= selben Gesetze. In diesem Umstande liegt eine für den Forscher sehr erfreuliche Gelegenheit, schon aus dem Neger=Englisch, gleich= wie aus dem Neger=Portugisisch manches von der Neger=Gram= matik zu erlernen. Zugleich bietet die naive Unverschämtheit, mit der unser dunkelhäutiger Menschenbruder europäische Sprachen seinem eigenen primitiven Gedankengange anbequemt, eine reiche Quelle des Vergnügens, eine Hauptkomponente seines ganzen drolligen Wesens. Die im Anhang gegebenen Beispiele werden

das näher erläutern. Die dort vorgeführten Vereinfachungen
und Abänderungen, deren die engliſche Weltſprache im Munde
der Neger teilhaftig geworden iſt, beweiſen, wie ſehr dieſes
wahre praktiſche „Volapük" als handliches Werkzeug auch den
primitiven Bedürfniſſen der ſogenannten Wilden ſich anzuſchmiegen
vermag. Das allgemein Menſchliche macht ſich überall auf der
ganzen Erde geltend, und das engliſche Kauderwelſch der Natur=
völker zeigt überall ſo viel Gemeinſames, daß man in ihm die
Keime eines wirklichen kosmopolitiſchen Rede=Inſtrumentes er=
kennen kann.

Aus dem Geſagten ergibt ſich, daß die Dualla, wie über=
haupt die ſämtlichen Negerſtämme der weſtafrikaniſchen Küſte,
wirtſchaftlich vor einem Wendepunkt ſtehen.

Während unter den gegenwärtigen Verhältniſſen, bei dem
fortdauernden Steigen der Einkaufspreiſe draußen in Afrika und
dem ſtetigen Fallen der Verkaufspreiſe in Europa, die Bilanzen
der Faktoreien bereits ganz nahe der ſcharfen Kante zwiſchen
Gewinn und Verluſt ſtehen und oft genug von der einen Seite
zur anderen ſchwanken, können wir blos dadurch, daß wir dem
Monopol=Unfug der Dualla ein Ende machen, wieder einen
weiteren Spielraum zu unſeren Gunſten erringen. Ebenſo wie
unſere Kaufleute ſind auch die Produzenten des Innern ſeit
lange darauf geſpannt, endlich einmal in eine direkte Verbin=
dung mit einander zu gelangen. Dieſer Wunſch iſt zu berechtigt,
als daß er nicht in Erfüllung ginge, und unſere Kaufleute werden
ſich mit den Produzenten in den wucherhaften Gewinn teilen,
den bisher die Dualla aus ihrer gewaltſamen Mittlerrolle ge=
zogen haben.

Wie ſich die Dualla mit ſolcher Einbuße abfinden werden,
iſt ihre Sache. Der Handel mit den Europäern hat ihnen
leichten Gewinn und dadurch das Faulenzen beigebracht. Dieſer
nämliche Handel, der ſie verbarb, läßt ſie aber jetzt im Stich.
Es gilt jetzt allgemein, billiger und beſſer zu produzieren.
Werden die Dualla ſich nun bequemen, ſtatt des ſchnöden
Schachers auch noch etwas produktive Arbeit zu leiſten? Ob

ben im Banne der Trägheit Verkommenen das gelingen wird,
erscheint zweifelhaft. Wahrscheinlich werden auch sie im Kampf
um's Dasein denselben unerbittlichen Gesetzen unterliegen, wie
vor ihnen hundert andere unnütze Menschensippen. Aber neue,
bessere Geschlechter werden aus dem Innern an ihre Stelle sich
vordrängen, bis auch sie wieder noch neueren und noch besseren
weichen müßen.

Über die Herkunft der Duala ist wenig Sicheres herauszu-
bekommen. Sie sind wahrscheinlich schon zu oft darüber aus-
gefragt worden, haben als Antwort bald dieses bald jenes zum
Besten gegeben und wißen jetzt selber nicht mehr recht, wie es
sich damit verhält. Das gilt von fast allen geschichtlichen Forschungen bei den Negern.

Die häufigste Annahme sagt, die Duala seien aus dem
Innern hervorgewandert. Und zwar sollen sie früher, vor sieben
Generationen etwa, längere Zeit am oberen Lungasi gewohnt
haben, bis die heutigen Lungasi-Bewohner sie von dort nach der
Meeresküste hinabbrückten, von wo aus sie dann flußaufwärts
an ihre heutigen Sitze gelangten. Diese waren damals von
den Bassá eingenommen, welche vor den Duala binnenwärts
zurückweichen mußten, aber blos etwa zwanzig Kilometer weit,
wo sie heute noch hausen.

Am Rumbi-Fluß gibt es einen Volksstamm namens Kale.
Nach einer alten Überlieferung sollen diese Kale mit den Duala
identisch sein, ja ein gewisser dortiger Häuptling soll noch heute
ständig den Titel Dualla führen. Wie es sich damit auch
verhalten mag, als nahezu vollkommen zuverläßig wird blos
der im Anhang gegebene Stammbaum unserer beiden Duala-
Herrscherfamilien gelten dürfen.

In der gegenwärtigen Hierarchie der Duala-Häuptlinge
haben wir zunächst zwei Kings und zwei Headmen zu unterscheiden. Die beiden Kings, Bell und Akwa, sind die Häupter

der beiden erst seit sieben Generationen getrennten Stammeshälften.

Von jeder dieser zwei ersten Stammeshälften haben sich
dann in neuerer Zeit zweite Hälften, also Viertel vom Ganzen,
abgetrennt, an deren Spitze je ein sogenannter Headman[1]) steht.
Lock Prifo ist der Headman des Bell, Jim Jkwalla der Headman des Akwa. Neben diesen Abtrennungen, die durch den
offiziellen Titel Headman gleichsam legitimirt sind, haben aber
auch noch andere stattgefunden, die sich dadurch kennzeichnen,
daß die betreffenden Dörfer von Zäunen umgrenzt sind und die
Namen ihrer speziellen Oberhäuptlinge führen. Stets aber
blieben auch solche kleinere Gemeinwesen einem der beiden
Kings untertan, wenn auch hie und da Gelüste und Versuche
zur völligen Selbständigwerdung vorgekommen sein mochten.
Durch fortgesetzte Kolonienbildung haben sie sich an den Verzweigungen des Fluß-Systems immer mehr nach dem Innern,
so namentlich in der Richtung nach Abo und Wuri hin vorge-
schoben, so daß man heutzutage etwa fünfzehn einzelne Dörfer
zählt, von denen sechs zu Bell und neun zu Akwa gehören.

Ich möchte vorschlagen, den King-Titel beizubehalten, da
er karakteristisch und historisch ist. Ihn in den Ausdruck „König"
zu übersetzen, halte ich für unpassend wegen der gänzlich unbe-
rechtigten Freigebigkeit, mit der die Engländer ihren King-Titel
an die unbedeutendsten Neger-Häuptlinge verschwendet haben.
Das geschah meistens beßhalb, weil die verschiedenen Marine-
kapitäns, die mit schwarzen Potentaten zweifelhaften Ranges
Verträge anzufertigen hatten, solchen Staatsaktionen dadurch
eine höhere Bedeutung und Würde beizulegen vermeinten. In
Wirklichkeit kann gar manchem „King" höchstens das Gewicht
eines mittleren Dorfschulzen oder besser noch eines kleinen
Ritterguts-Besitzers zuerkannt werden. King Bell und King Akwa

---

[1]) Für den Begriff „Headman" in dieser Bedeutung habe ich kein
eingeborenes Wort erfahren können. Derselbe ist also vielleicht erst aus
dem Verkehr der Europäer entstanden.

machen allerdings davon eine gewisse Ausnahme, indem sie zusammen etwa 20,000 bis 30,000 Untertanen haben. Statt
„Headman" könnte man vielleicht sagen „Unter=King", oder man
nehme diesen neuen Begriff als „Hedmann" in unsere Sprache
über. Die Vornehmen, welche eigenen Dorfabteilungen vorstehen,
könnte man „Häuptlinge" schlechthin heißen.

Der erste und beste Neger von ganz Kamerun ist ohne
Zweifel King Bell, und gleich nach ihm kommt in der Qualität
als Mensch sein Sohn und Nachfolger Manga Bell.

King Bell mag ein Fünfziger sein. Seine Gestalt ist stattlich und wuchtig, sein Gesicht wenig negerhaft, würdevoll, ernst
und ruhig, sehr regelmäßig geformt, fast europäisch, aber ohne
hervorstechende Eigenart, die Farbe angenehm braun von mittlerer
Tiefe. Sein Benehmen zeigt Selbstbewußtsein und eine gewisse
vornehme Reserve. Wenn er will, kann er recht angenehm und
verbindlich lächeln. Im Geschäft genießt er den Ruf, solide zu
sein. Er weiß, daß man mit der sogenannten Ehrlichkeit schließlich doch immer am besten fährt.

Natürlich hat auch King Bell seine Fehler. Namentlich ist
sein Erwerbssinn für einen König allzusehr ausgebildet, und oft
genug vergißt er über dem Schacher jede andere Rücksicht.
Freilich darf man sich nicht verhehlen, daß er keine Zivilliste
hat und der Lebensunterhalt seiner mindestens 200 Köpfe starken
Familie ihn auf den Handel hinweist. Man hat ihm auch Feig=
heit vorgeworfen. Aber Jeder, der die Neger kennt, wird von
ihnen niemals fanatische Tapferkeit und Selbstopferung erwarten.
Ihr realistischer Sinn heißt sie Gefahren um jeden Preis meiden.
Und King Bell war auch wirklich und ist vielleicht noch von
allen Seiten gefährdet durch den Haß, den die tiefer stehenden
anderen Häuptlinge und Untertanen bis zum erbärmlichsten
Sklaven herab gegen ihn, das höhere Individuum, hegten und
schürten. King Bell ist eben auch ein Neger, aber der beste, den
ich je gekannt, verhältnißmäßig treu und ehrlich, so zu sagen
ein Gentleman. Mit mehr Berechtigung wird man ihm eine bis
an Schlaffheit grenzende Nachsicht gegen seine Untertanen vor=

werfen dürfen. Diese sind denn auch alles andere als wohler=
zogen und respektvoll.

Gewöhnlich trägt King Bell blos ein gutes wollenes Hemb
von solidem Muster und ein Stück schwarzen Sammts um die
Hüften. Oft auch habe ich ihn ohne Hemb blos mit dem Hüften=
tuch herumgehen sehen. Auf Photographien aus früheren Zeiten
prangt er, ebenso wie auch andere Häuptlinge, Lock Prijo zum
Beispiel, in europäischem Gesellschaftskostüm mit Zylinderhut.
Diese Epoche der Modernisirung scheint aber schon längst wieder
aus zu sein; heutzutage ist nichts mehr davon wahrzunehmen.
In der letzten Zeit schmückte King Bell sich gerne mit einer
Marineoffiziers=Mütze, die man ihm zum Geschenk gemacht hatte.

Die Besuche afrikanischer Potentaten kosten in der Regel
ungeheuer viel Zeit. Meistens kommen die schwarzen Herrn
irgend eines Zweckes halber, den sie zu verbergen suchen, und
wäre es auch nur die Absicht, ihren Untertanen gegenüber eine
gewisse Intimität mit den Weißen zu zeigen. King Bell macht
auch hievon eine sehr schätzbare Ausnahme. Ja selbst wenn
man ihn zum Essen einladet, läßt er sich erst lange bitten.

Ein würdiger Sohn seines Vaters, aber vermöge seiner
Jugend noch nicht so ruhig und vorsichtig im Benehmen, gleich=
falls eine stolze Figur mit mächtigen Muskeln und Waden und
ausgezeichnet durch ein auffallend schönes Judengesicht mit üppig
geblähter Adlernase und dem Ausdruck einer interessanten kernigen
Wildheit, ist Manga Bell, ein angehender Dreißiger, von dem
Hugo Zöller sehr richtig behauptet, daß er unter den Damen
der ersten Salons Erfolg haben würde.

Freilich, tritt man ihm näher und hat man Gelegenheit
länger mit ihm zu verkehren, so wird man finden, daß auch er
blos ein Negerprinz ist, kindisch eitel und bettelhaft. In der
letzten Zeit trug er stets ein wertloses europäisches Masken=
zeichen als Orden an sein wollenes Hemb geheftet. Meine wohl=
gemeinte Belehrung, daß er sich damit in unsern Augen lächer=
lich mache, ließ ihn gleichgültig. Vielleicht hielt er das Masken=
zeichen für ein wundertätiges Amulett. Noch in Europa ver=

folgte mich Manga Bell brieflich mit Bettelei, indem er behauptete, ich hätte versprochen, daß die Regierung ihn mit einem eisernen Haus oder mit einem Dampfer belohnen werde.

Manga Bell ist eigentlich Christ und in Bristol auf Kosten der Firma R. u. W. King gut englisch erzogen worden. Doch macht er, sein häufiges Briefschreiben abgerechnet, keinen Gebrauch mehr von diesen Vorzügen. Karakteristisch, ja typisch und ungemein drollig ist die Geschichte seines Rückfalls ins Negertum. Als er, noch nicht zwanzig Jahre alt, von Bristol zurückkam, hatte er auf dem Kopf einen schwarzen Zylinderhut, am Halse zwei Vatermörder und eine schwarze Kravatte, auf dem Leibe aber einen strenggläubigen schwarzen Anzug, an den Füßen gewichste Stiefel. Selbst ein Velozipeb soll er damals besessen und hie und da kunstgerecht getummelt haben. Sogleich auch ließ er sich von den Missionaren ein eheliches Weib, eine untadelhafte Negerlady, kirchlich antrauen. Es dauerte nicht lange, da spotteten seine Kameraden, daß ein so hoher Jüngling wie Manga doch unmöglich mit einer einzigen Gattin auskommen könne, und siehe, er nahm eine zweite. Kirchlich konnte er sich diese allerdings nicht mehr antrauen lassen, er nahm sie aber doch, und zugleich zog er für immer die Stiefel aus. Bald folgte eine dritte, und die Vatermörder nebst der schwarzen Halsbinde schwanden dahin. Eine vierte kam und mit ihr gingen Frack und Hose. Heute hat Manga Bell ungefähr zwanzig Weiber und geht wieder ebenso nackt oder halbnackt wie sein Vater.

Über die Kleiberabstreifung unseres Manga gibt es übrigens noch eine andere Lesart die kürzer lautet. Diese behauptet, der christliche Jüngling sei alsbald nach seiner Rückkehr von Bristol über den Harem seines Vaters hergefallen. Sein Vater habe ihn unter völlig beweiskräftigen Umständen ertappt und nicht blos tüchtig durchgeprügelt, sondern auch auf immer seines schwarzen Anzuges beraubt um sich selber damit zu schmücken.

Weder King Bell noch Manga Bell trinken jemals Schnaps. Manga Bell verschmäht grundsätzlich alle Spirituosen indem er sagt: „Ich bin einmal betrunken gewesen und habe dann nicht mehr gewußt, was ich that". King Bell hält sich gutes Hamburger Bier und trinkt auch ganz gern ein Glas Rotwein. Man kann beide zu Tisch einladen, ohne befürchten zu müssen, daß sie einen Verstoß gegen europäische Sitte begehen. Manga spricht und schreibt ein fast untadelhaftes Englisch, sein Vater dagegen versteht nicht zu schreiben und spricht mehr negerhaft englisch.

Nächst King Bell und Manga Bell ist der Bruder des ersteren, London Bell, zu nennen. In seiner Erscheinung ist London Bell eine unangenehme Karikatur des King Bell. Die bei letzterem ganz wohlgeformte Nase ist ihm unrichtig in's Gesicht gesetzt, so daß sie häßlich emporstrebt. Die Würde hat sich bei ihm zur plumpen Aufdringlichkeit verwandelt, die Intelligenz zur mißtrauischen Falschheit und Spitzbüberei. Sein Wesen bekundet Mißbehagen und Bosheit aus unbefriedigtem Ehrgeiz. Denn London Bell muß häufig erfahren, daß man ihn viel geringer schätzt als er wünscht. Im Geschäft scheint er unbedeutend zu sein.

Man sagt, daß auch er dem King Bell nach dem Leben trachte. Daß er hinter unserem Rücken, namentlich englischen Missionaren gegenüber, viel über uns Deutsche, die Besitzergreifung und über King Bell, unseren treuesten Vasallen, schimpfte, weiß ich aus bester Quelle. London Bell ist ein notorischer Meuchelmörder. Angehörige der Feinde aus dem Hinterhalte feige niederzuschießen scheint gerade ihm besonders geläufig zu sein. Konstatirt sind zwei Fälle dieser Art, von denen der zweite noch im Jahr 1884 passirte; einige andere kursiren als mehr oder minder vage Gerüchte. King Bell mit seinem Anhang handelt hauptsächlich auf dem Mungo-Fluß von Bakundu an bis nach der Mündung bei Bimbia hinab. Er hat es bisher verstanden, alle sonstige Konkurrenz der Dualla-Händler von dort fernzuhalten.

Zu den Bell-Leuten gehören die beiden Rebellengruppen

von Joßtaun und Hickorytaun. Mit der ersteren habe ich nie=
mals einen freundschaftlichen Verkehr gehabt und kenne sie deßhalb
nur oberflächlich.

Als ihr erster Häuptling gilt Elami Joß, ein Jüngling
von zwanzig Jahren, dessen Haupteigenschaft brutale Unver=
schämtheit zu sein scheint. Ihr vorzüglichster Krieger soll Kalabar
Joß gewesen sein, der im Kampfe gegen unsere Matrosen fiel.
Die übrigen hervorragenden Joß=Häuptlinge heißen: Scott Joß,
Bonni Joß, Davis Joß, Ekambi Joß, Mat Joß, Colin Joß,
Mangabe Joß. Als auch sie sich schließlich unterwerfen mußten,
kamen sie ängstlich zitternd und voller Demut, auf Schlimmes
gefaßt, zum Admiral. Kaum hatten sie eingesehen, daß es ihnen
nicht an den Kragen ging, ja daß sie eigentlich ganz unverdient
milde behandelt wurden, waren sie wieder frech und anmaßend.

Zu den Anhängern Bells gehören noch Jacko von Jacko=
taun und Togoto von Togototaun, die aber mitten in Joßtaun
wohnen oder wohnten. Rings umgeben von Joß=Leuten waren
sie ihrer Zeit von diesen gezwungen worden, sich scheinbar der
Rebellion anzuschließen, im Herzen aber waren sie King Bell
und damit auch uns treu geblieben.

Lock Prifo von Hickorytaun, des King Bell rebellischer
Headman, seiner Zeit unser Hauptfeind und von Anfang Haupt=
widersacher unserer Besitzergreifung, macht auf den ersten Blick
einen ganz günstigen Eindruck. Stattlich und wohlbeleibt, mit
gewaltigen Muskeln und ungewöhnlich breiter, kräftiger Brust,
dabei ziemlich hellfarbig, mit einem auf den Stiernacken gut
aufgesetzten Kopf und mit regelmäßigen, festen Zügen, gehört er
zu den besten, gelungensten Typen eines Negerfürsten. In
seinen Augen leuchtet es öfter unheimlich auf, man weiß nicht
ob aus Freude, Zorn oder Falschheit. Seine Freundlichkeit hat
etwas Bitteres, Gezwungenes. Daß wir ihm sein Dorf nieder=
gebrannt und einige Leute erschossen haben, ja daß wir ihn selber
wahrscheinlich hingerichtet hätten, wäre er rechtzeitig in unsere
Hände gefallen, das zu vergessen, wird ihm nur langsam ge=

4*

lingen; und seine Freundschaft für den König Bell, den verhaßten Vetter und Herrn, zu der wir ihn zwangen, ist auch noch nicht fest gekittet.

Neben Lock Prijo ist von Hickorytaun der alte Green Joß zu erwähnen, ein hagerer Greis, fanatischer Christ, in Streitig= keiten komisch verstockt und verbissen, aber sonst sozusagen bieder, was natürlich nicht hindert, daß er im Geschäft auch gerne lügt und betrügt. Die dritte Größe von Hickorytaun, den alten Bell Old King, habe ich nie zu Gesicht bekommen. Er will, ich glaube noch heute, absolut nichts von uns wissen.

Lock Prijo, Green Joß und Bell Old King waren von Anfang englisch gesinnt, nicht aus Sympathie für England, sondern aus Haß gegen König Bell, unseren Hauptvasallen. Aus dem gleichen Grund schloßen sich ihnen die Joß=Leute an, obgleich sie für uns unterzeichnet hatten. Diese waren also Rebellen, die Lock Prijo= Leute dagegen nicht. Wenn auch die Rebellion weiter keinen Er= folg hatte, war sie doch ein lehrreiches Beispiel, welch großen Einfluß selbst in Kamerun, wo unsere Sache doch so fest zu stehen schien, die weltbeherrschenden Britten ausübten, schon allein durch ihre Sprache, deren wir uns ja selber bedienen mußten, um mit unseren neuen Untertanen zu verkehren.

Betrachten wir uns nun die andere staatliche Gruppe des Dualla=Stammes. Ein scharfer Gegensatz zu König Bell ist König Akwa. König Akwa ist ein Schuft von Geburt, aus Instinkt, Gewohnheit und Überzeugung. Ein kurzer, gedrungener Dick= wanst, der die gänzlich mangelnde Würde dadurch zu ersetzen sucht, daß er sich mit gespreizten Beinen hinstellt. Je mehr man mit ihm zu thun hat, desto mehr lernt man ihn verachten. Sein Gesicht ist nicht auffallend häßlich, einfach gemein und sagt weiter nichts als bornirte Gefräßigkeit. Spricht man mit ihm, so wechselt er zwischen Unverschämtheit und Unvernunft unsicher hin und her. Sein englisches Kauderwälsch versteht niemand. Er liebt es, die Faktoreien zur Essens=Zeit zu besuchen und setzt sich dann dreist mit zu Tisch. Sein widerliches Schmatzen und Rülpsen, überhaupt sein gänzlich ungebildetes Benehmen, wie er sich gierig den Teller häuft und zuweilen gleich mit der Hand in die Schüssel greift oder den Inhalt seines Tellers wieder in die Schüssel zurückwirft, weil er ihm nicht mundet, wie er zugleich die aufwartenden Kru=Jungen kommandirt, sind dabei harte Geduldproben für alle Anwesenden. Aber was will der Faktorist dagegen thun? Ist ja Ring Akwa doch derjenige, der ihm Schutz verleiht, der ihm Geschäft bringt und in übler Laune hundertfach schaden kann. Damit soll durchaus nicht gesagt sein, daß man ihn etwa respektvoll behandelt. Im Gegenteil, er wird in der Regel möglichst schlecht behandelt. Am besten ignorirt man ihn erst gänzlich, damit er die nachträglich doch noch ge= spendete Aufmerksamkeit als eine Gnade empfindet.

Als im Oktober 1884 ein Angehöriger der Akwa=Familie des Mordes angeklagt war, schickte man mehrmals nach dem gerade auf einer Handelsreise begriffenen Ring Akwa. Ring Akwa blieb aber fern und wartete, bis der Verbrecher von den Häuptlingen brauchgemäß und gesetzlich abgeurteilt und hinge= richtet worden war. Erst nachdem das geschehen, kam er sogleich zum Vorschein und forderte eine Sühne in Geld für den toten Verwandten. Allgemein herrschte die Ansicht, daß Ring Akwa nur deshalb nicht gekommen sei, damit die Hinrichtung ohne ihn vollzogen werde und ihm dann zum Vorwand für seine Hab= sucht diene.

Sind schon im Stamme des Bell die Bande der Disziplin bedenklich gelockert, so herrscht bei den Akwa=Leuten erst recht die bare Unbotmäßigkeit und Frechheit. Häufig genug wird Ring Akwa von seinen Untertanen ganz offen geschimpft und gehöhnt, und kommt er im Palaver mit seinem Onkel, dem alten En= benne, zusammen, so geht es ihm schlechter als je. „What, you be King? You be boy for me, you no sabe fashion. You be bloody boy and foolish too much" (Was, Du willst König sein? Du bist für mich ein Junge und verstehst nichts von Lebensart. Ein elender Junge bist Du und überaus albern) heißt es dann in den verschiedensten Wendungen. Alles lacht, der alberne Dickwanst wird wütend, stottert und ballt die Fäuste und kommt doch nicht zu Wort. Das Rühmlichste, was ich von König Akwa weiß, ist eine ziemlich verbürgte Geschichte, daß er sich einst aus gekränktem Gemüt habe aufhängen wollen. Ich hätte ihm niemals den Mut eines Selbstmordes zugetraut. Freilich, ob der Strick, an dem er bereits gebaumelt haben soll, ganz solide war, oder ob es sich nicht vielleicht blos um ein schreckhaftes Manöver handelte, kann niemand sicher behaupten. König Akwa macht Geschäfte hauptsächlich in Dibamba.

Der ebengenannte alte Eudenne oder „Prinz Daibo Akwa" ist eine der gewiegtesten Persönlichkeiten. Klein und schon etwas verrunzelt, steht er im Ruf, der beste Kamerun-Redner zu sein. In schwierigen Rechtsfällen hört man gerne auf seinen Rat. Mit den Europäern hat er sich immer gut zu stellen gewußt, und auch diese schätzen ihn oft als klugen Vermittler. Bei der oben erwähnten Hinrichtungs-Geschichte gab er den Ausschlag.

Nicht so sehr, weil er es etwa dem Rang und Wert nach verdiente, möge hier gleich Manga Akwa, des König Akwa Bruder, angereiht werden. Das Wort „Manga" ist ein bloßer Name und soll „Salzwasser" oder „Meer" bedeuten. Manga Akwa ist nicht fett wie sein Bruder, der König, sondern mager im Gesicht und am ganzen Leibe. Seine gleichfalls schuftigen Züge sehen deshalb mehr tückisch und gefährlich aus, und der Umstand, daß das eine Auge durch eine große weißliche Hornhautnarbe entstellt und blind ist, macht sie nicht angenehmer. In König Akwas Staatszimmer hängt eine große Photographie seines Vaters, des berühmtesten aller Akwa, dem bedeutende Eigenschaften nachgesagt werden. Diesem sieht Manga Akwa viel ähnlicher als der Dickwanst König Akwa.

Manga Akwa ist der nämliche Missethäter, der wegen fortgesetzter Widerspänstigkeit von Admiral Knorr zur Deportation verurteilt wurde und zweimal glücklich entkam. Da er glaubte, gelegentlich des „Dasch" (Geschenk) für die Souveränitäts-Abtretung zu kurz gekommen zu sein, hatte er sämtliche Unzufriedene gegen König Akwa aufgewiegelt, und mehrmals war es dabei zum Schießen gekommen.

Die Geschichte seines zweimaligen Entweichens gibt der überlegenen Schlauheit des Negers ein gutes Zeugnis. Wegen seiner aufrührerischen Schandthaten gegen unsere Oberhoheit an Bord S. M. S. „Olga" internirt, wußte er trotz der schärfsten Bewachung einen günstigen Moment zu benutzen, um sich seiner Hand- und Fußschellen zu entledigen, in den Fluß zu tauchen und an's Land zu schwimmen. Längere Zeit hielt er sich darauf in Dibumbari verborgen, bis ihn eines schönen Tages der Übermut kitzelte, nicht bloß überhaupt wieder nach Kamerun zu kommen, sondern auch noch, begleitet von mehreren Freunden, in der Faktorei des Herrn Zink zu erscheinen und Schnaps zu begehren. Durch die mutige Geistesgegenwart des genannten Kaufmanns wieder festgenommen, wurde er jetzt an Bord S. M. S. „Bismarck" zur körperlichen Züchtigung und zur Deportation verurteilt und nach der fernen Togo-Küste gebracht. Man glaubte ihn dort sicher aufgehoben, als er plötzlich abermals in Kamerun gesehen wurde, wo er sich wohl noch heute herumtreibt. Ein englischer Dampferkapitän hatte ihn zum Hohn zurückgebracht. Für einen Neger, der nie über Kamerun hinaus gewesen und des Englischen kaum einigermaßen kundig war, gewiß eine nicht geringe Leistung von Findigkeit.

Ein ruhiger, sehr besonnen auftretender Mann, mit dem man gerne zu thun hat, ist Black Akwa, auch ein Onkel des King und nach dem alten Endenne die einflußreichste Person der Familie. Ebenso gehören die beiden Gebrüder Mukuri, Vettern des King, zu den besseren Elementen der Kameruner. Auch von dem vorigen Black Akwa, dem Vater des jetzigen und Bruder des erwähnten bedeutsamen alten King Akwa, hört man große Dinge erzählen. Ein Daibo-Mann hat ihn 1874 durch Zufall erschossen. Zur Sühne dafür sollen bei der Bestattung ein Daibo-Freier und ein Daibo-Sklave geopfert worden sein, indem man den beiden erst Arme und Beine zerbrach und sie dann lebend mit dem Toten eingrub.

Ein ganz hervorragender Mann, weniger durch Geburt als durch Intelligenz, Geschicklichkeit und Verschmitztheit, ist David

Meatom, der neben dem Dorf der Gebrüder Mukuri ein Wohnhaus aus Hamburger Brettern und ein Gehöft von drei oder
vier langen Negerhütten besitzt. David Meatom ist, was man
in Amerika „smart" nennt. Ein ehemaliger Missions=Schulmeister
hat er diese Würde dem Handelseifer zu Liebe aufgegeben,
unterläßt es aber nie, sein Christentum zu betonen, schreibt
Briefe für alle Landsleute, die ihn darum angehen, natürlich nicht
ohne Nutzen, betitelt sich deshalb gern Sekretär und Anwalt
des Kamerun=Volkes, erscheint häufig, so stets an den Sonntagen, in Hose und Stiefeln, mit Jacke und Hut auf dem
Kopf, nennt seine Frau „Missis Meatom", die sich deshalb am
Sonntag gleichfalls mit Stiefeln abquälen muß, und nimmt
hie und da eine Tasse Kakao zu sich, den er selber gezogen hat.
Er hatte den Ehrgeiz, offizieller Regierungs=Dolmetsch zu werden,
wozu er sich vortrefflich eignen würde. Hoffentlich hegt er keine
allzu großen Erwartungen, einen eventuellen Gehalt betreffend.

Unter den eigentlichen Akwa=Häuptlingen sind noch John
Angua von John Anguataun, dann William Koan von Koantaun und Joe Garner zu nennen. John Anguataun birgt die
Hauptmission der Baptisten und ist deshalb als Hauptgebiet der
frommen Missionare zu betrachten. Dafür übertreffen denn auch
die als Christen geltenden Untertanen des John Angua alle anderen Kameruner an Nichtswürdigkeit, und der alte John Angua
hat viel von ihnen zu leiden. Die meisten Fälle von Diebstahl,
Frechheit und Prügelei betrafen diese Gemeinde, und in keiner
anderen Dorfabteilung von ganz Kamerun stößt man auf soviel
Schmutz und Gestank wie in dieser Missionstaun. John Angua
ist vielleicht ursprünglich gar nicht schlecht veranlagt. Aber
mancherlei schlimme Erfahrungen, die er gesammelt hat, die
vielen Schläge, denen er, mitten zwischen seinen eigenen Leuten,
den Missionaren, den Faktoristen und den anderen Häuptlingen stehend, fortwährend ausgesetzt war, haben ihn feige, ver-
logen und falsch gemacht. Als Manga Akwa in dem Dorfe
seines Bruders King Akwa unmöglich geworden war, fand er
noch Aufnahme und Helfershelfer in John Anguataun. Von

William Koan ist wenig zu sagen. Er ist jung, albern und gutmütig, aus Friedfertigkeit loyal, seinen Untertanen ziemlich gleichgiltig. Auch der alte Zoe Garner scheint ungefährlich zu sein. Als Hauptmann des Ordens Elung nimmt dann noch John Hawkin, der Sohn des Yellow Hawkin, eine angesehene Stellung ein, obgleich seine Abstammung ihn sonst nicht dazu berechtigte. Beide Hawkins besitzen eine angenehme, versöhnliche und kluge Gemütsart.

Als weitere Akwa-Häuptlinge sind zu nennen: Zim Akwa, Parrot Akwa und Duke Akwa, drei sehr zweifelhafte Karaktere, Sam Peter, ein freundlicher Biedermann, Barrow Peter, den ich nicht näher kenne, Joß Bell, ein richtiger Bruder des King Bell, der es vorzieht, unter Akwa-Leuten zu wohnen, ohne aber mit King Bell verfeindet zu sein, und „Mister" Collins, ein schmutziger Hosenneger und fanatischer Anhänger der englischen Missionare, der seiner Zeit keine Gelegenheit versäumt hat, gegen uns zu hetzen.

Viel besser als King Akwa ist sein Headman Zim Zkwalla von Daibotaun. In den ersten Verträgen hatte er sich als „King Daibo" stilisiren lassen und so einen tieferen Einblick in seinen Ehrgeiz gewährt. Aber die anderen Kamerun-Häuptlinge nahmen Anstoß daran und er mußte von der Würde eines King wieder herabsteigen zu der eines Headman. Er macht den Eindruck eines klugen, lauernden Beobachters und ist sicherlich ernster zu nehmen als mancher Andere. Er hat etwas Stolzes, Zurückhaltendes, Unbefriedigtes in seinem Wesen. Im Geschäft soll er sicher und gut sein. Während jener Zeit der Bedrängnis, während jener kriegsschiffslosen vier Monate, die auf die Flaggenhissung folgten und in denen der Umschwung zu Gunsten der englisch gesinnten Opposition immer mehr anwuchs, versuchte auch er, eine Erpressung zu üben, indem er bedeutete, er wolle seine ganze Deutschwerdung rückgängig machen, wenn er nicht eben so viel „Dasch" (Geschenke) bekäme, wie King Bell. Ich ermahnte ihn, sich in Acht zu nehmen und wohl zu bedenken, was er thue, seine Unterschrift sei einmal da und nicht so leicht wieder zurückzuziehen. Er blieb vorsichtig und hat sich nicht weiter kompromittirt. Als berühmtester Ahnherr der Daibo-Gruppe lebt in den Überlieferungen der Weißen Charly Daibo, genannt „der alte Seeräuber" fort. Mit ihm gab es 1876 den „Daibo-Krieg".

Die hervorragendsten Daibo-Häuptlinge heißen: First Tom Daibo, Bonny Daibo, Jack Daibo, Lawton Daibo, Mungo Daibo, Dick Daibo, Ned Daibo, Koffee Daibo, Bob Daibo, Big Tom Daibo Common Daibo, Kalabar Daibo, Fish Tom Daibo, Doktor Tom, Philipp Daibo, Sampson Daibo, Gorman Daibo, Will Daibo. Doch habe ich keine Gelegenheit gehabt, sie näher kennen zu lernen. First Tom Daibo scheint der wichtigste zu sein. Es herrscht in der Daibo-Gemeinde entschieden noch am meisten Disziplin und Zusammenhalt, und im Benehmen machen die Daibo-Leute einen viel besseren Eindruck als alle anderen Kameruner. Als Rebellen und Feinde wären sie wahrscheinlich nicht so ganz ungefährlich. Ausgesprochene Schufte, wie sie die Majorität des Akwa-Gesindels bilden, wüßte ich unter ihnen nicht zu nennen. Die Daibo-Leute handeln vorzüglich in Wuri und Abo.

Das wären so ungefähr sämtliche wichtigeren Häupter des Dualla-Volkes. Die vorgeführten Gestalten sind hart gezeichnet, ich glaube aber, daß sie ähnlich und wahr sind. Mit weichen Tönen kann man die Neger nicht porträtiren. Licht und Schatten verteilen sich scharf auf ihren Gesichtern. Dabei ist die Masse, einmal geformt nicht wieder umzumodeln. Erst kommende Generationen werden sich biegen und glätten lassen durch wahre Kultur. Darin besteht eine unserer größten Aufgaben.

Die Dualla oder Kameruner im engeren Sinne, deren es nicht mehr als 20 bis 30 000 gibt, bilden nur den geringsten Teil der Bevölkerung des ganzen Küstengebietes vom Rio del Rey bis Batanga, welche sich ohne das Hinterland, dessen Stämme nach nicht genauer bekannt sind, auf 200 bis 300 000 Köpfe schätzen läßt. Aber keine einzige Bevölkerungsgruppe dürfte die der Dualla an Zahl erheblich übertreffen.

Nach Westen zu, hinter dem Mangrovegürtel des Flußsystems am steilen Ufer des Gebirges, sitzen zunächst die Bimbia-Leute, die sich selber Isubu nennen, mit drei Dörfern, King William-, Money- und Dikullutaun. Woher der Name Bimbia kommt, ist mir unklar geblieben. Die Eingeborenen selbst sagen „Bimbi" und halten diese Bezeichnung für englisch.

Die wichtigsten Bimbia-Häuptlinge heißen: Ndumbe King William, Mate King William, Bimbia Priso, Freeborne, Koan, Ekongolo, John Priso und Never Wish von King Williamtaun; Money, Dick Bimbia, Jacko und Djumbo von Moneytaun; Bob Dick, Big Duke und Small Duke von Dikullutaun. Die Untertanenschaft dieser fünfzehn kleinen Beherrscher zählt kaum 700 Seelen, die sich so verteilen, daß gegen 200 auf King William, gegen 400 auf Money und etwa 100 auf Dikullu treffen. Trotz der Bescheidenheit ihrer Stärke standen indessen die Bimbia-Häuptlinge an frecher Dreistigkeit ebenbürtig neben den schlimmsten Dualla-Potentaten. Selbst nachdem sie bereits manche Bekanntschaft mit unseren Kriegsschiffen gemacht hatten, wurde der deutsche Faktorist in King Williamtaun von Ndumbe King William und Bimbia Priso aus seiner eigenen Faktorei an die Luft gesetzt, bloß weil derselbe mit dem Plane umging, eine Zweigfaktorei in Dikullutaun zu errichten, die sie ihren Nachbarn nicht vergönnten.

Was westlich von Bimbia als die englische Kolonie Viktoria verzeichnet stand, ist eine Schöpfung der neueren Zeit. Der betreffende Grund und Boden gehörte zum Machtbereich des 1877 ermordeten King William von Bimbia und war vor der Gründung von Viktoria unbewohnt.

Die Bimbia-Bevölkerung nahm in der letzten Zeit stetig ab. Ein kleiner Teil siedelte sogar nach Viktoria über, das durch die Baptisten-Mission aus einem Nichts zum Schwerpunkt und Marktplatz der ganzen Gegend geworden war. Und in gleichem Sinne mit dieser Anziehungskraft wirkten dann auch noch vertreibende

Momente mit. Verschiedene Streitigkeiten und Fehden hatten den Bimbia=Leuten ihren Haupterwerb, den Handel, lahmgelegt, nicht blos mit den wilden Bergbewohnern, den Bakwiri, die sie als ihre „Country=people" betrachteten und demgemäß ausbeuteten, sondern auch mit King Bell, der wieder sie ausbeutete.

Im Jahre 1877 war der alte mächtige King William von Bimbia auf Anstiften des Bakwiri=Häuptlings Buloa von Sopo bei Bokonange meuchlings erschossen worden. Seit dieser Unthat wagen es weder die Bergbewohner nach Bimbia herabzukommen, noch die Bimbia=Leute in die Bergregionen hinaufzusteigen. Fällt irgend einmal ein armseliges, unschuldiges Individuum des einen Feindes in die Hände des anderen, so wird es ebenso feige ab= gemordet, als man sich gegenseitig vor einander fürchtet. So soll noch im Jahre 1883 ein Junge aus der Sopo=Gegend, blos weil er von dort oben herstammte, am Strande von Bimbia zur Rache für den King William öffentlich hingerichtet worden sein. Um dieselbe Zeit ungefähr hatte King Bell wegen einer Schuld von so und so viel Weibern, welche sie durch ein Palaver auferlegt bekommen hatten, aber nicht bezahlen konnten oder wollten, den Bimbia=Leuten einfach die ganze Insel Nikoll weg= genommen.

Die Bimbia = Leute haben Handelsstationen in Nianie und in Bibundi, nördlich, also jenseits von Viktoria. Bis dorthin und noch weiter wagen sie sich in ihren leichten und schmalen Kanuus an der freien Meeresküste entlang, wobei sie freilich nur die windstillen Morgenstunden benutzen und schleunigst an Land gehen, sobald die tägliche Südsüdwest=Brise sich einstellt. Doch mag dort, so dicht am Gebirge, auch häufig ein anderer über Land kommender und deshalb minder gefährlicher Wind vorherrschen.

Das kleine Bimbia=Land samt dem Inselchen Nikoll, das die Bimbia=Bucht mit bilden hilft, also die südlichste Ecke des Kamerun= Gebirges, war gleich von Anfang an deutsch geworden, während die Ambas=Bucht mit Viktoria vorläufig englisch blieb. Wir mußten uns damals zufrieden geben, daß wir doch wenigstens den östlichen

Teil des Gebirges und damit das Flußsystem für uns retten konnten. Durch die Verhandlungen des Grafen Herbert von Bismarck mit Gladstone in London erhielten wir erst später, anfangs März 1885, die Anerkennung unserer Oberhoheit über das ganze Gebirge bis zum Rio del Rey mit Ausschluß des Viktoria-Gebietes, und auch dieses ist uns 1886 glücklich noch zugefallen.

Überall westwärts von Bimbia steigen die schwarzen Lava-Felsen steil aus dem Meere empor. Aber fast von der Brandungslinie an sind sie so dicht überwuchert mit der unvergleichlichen Fülle tropischer Waldung, daß nirgends eine nackte Stelle hervortritt, bis hinauf zur Grenze der Wolken. Denn selten sieht man diese Höhen unverschleiert. Nur in Viktoria treten die dunklen Laubwälder soweit zurück, daß sie nicht bloß eine geräumige Bucht, sondern auch einen Halbkreis nahezu ebenen Thalbodens aufkommen lassen. In Bimbia dagegen thut die Natur ihrer gründlichen Abneigung gegen die Horizontale nicht den geringsten Zwang an. Gleich vom Ufer an geht es steil aufwärts.

Wenn auch diese Schroffheit des Bimbia-Landes der Anlage europäischer Niederlassungen einige Schwierigkeiten bereitet, so ist als Ersatz dafür die kleine Bimbia-Bucht ein viel besserer Hafen als die breite, stattliche Bai von Viktoria. Große Schiffe müssen beiden fern bleiben, kleinere Fahrzeuge aber, von nicht mehr als acht Fuß Tiefgang, können in Bimbia bis auf hundert Meter an's Land heran, während in Viktoria so viele Klippen harten Basalts das Ufer besäumen, daß auch sie ungefähr eine Seemeile (1850 Meter) weit draußen ankern müssen.

Den Ostabhang des Gebirges von Viktoria und Bimbia nordwärts bis nach Bakundu, am Mungo-Fluß, bewohnen die Bakwiri unter zahlreichen Häuptlingen, lauter einzelne Gemeinden ohne staatlichen Zusammenhalt. Das Gebirge erhebt sich dort mit seiner sanften Vulkanböschung über einer Staffel, die schätzungsweise ein Viertel der ganzen Höhe, also tausend Meter, beträgt.

Jenseits oder nordwest von Viktoria liegen die Bakwiri=Dörfer Bokonange, Bonatanga, Boando, Attome, Basse und Mapania, und es herrschen dort die Häuptlinge: Nija Tomé, Mukasse, Monika und Mukumbe.

Von Bakundu in Südsüdwest=Richtung bis nach Jkata, dem ersten Bakwiri=Dorf, das man von dieser Seite her antrifft, steigt man durch unbewohnten Urwald, abgerechnet mehrere tiefe Schluchten, langsam und stetig aufwärts. Ist man oben auf jener Staffel, so wird man überrascht durch eine außerordentlich dichte Bevölkerung. Südwärts bis nach Bonjongo hin, von wo aus der Weg nach Viktoria wieder hinabführt, geht es dann fast ununterbrochen durch Kulturland, durch frische Felder, durch robuste Schilf=gras=Bestände, die aus ehemaligen Feldern emporschossen, durch zahlreiche Dorfschaften und nur ausnahms= weise auf kürzere Strecken durch Wald: Das ist das Land der Bakwiri.

Die Bakwiri sollen gute Jäger sein, was voraussetzt, daß es in ihren Bergregionen mehr Wild gibt, als unten im Thale. Auch besitzen sie auffallend zahlreiche Rinderherden. Doch sollen sie ebenso wie die Jsubu oder Bimbia=Leute mit Vorliebe Hunde essen. Die Bakwiri=Dörfer reichen bis auf die höchste Erhebung der erwähnten Staffel, bis zu 1000 Meter hinauf. Aber die nackten Menschen haben schon unterhalb dieses Niveaus genug von Kälte sowie von Wassermangel zu leiden.

Das westliche Ufer des hinter dem Berge aus Norden herabkommenden Mungo=Flusses gehört den Bakundu, den Balung und den Mungo=Leuten, drei verschiedenen Stämmen, gleichfalls ohne festen staatlichen Zusammenhalt, von denen der erste der größere zu sein scheint. Von den Balung sind noch die Pundu= Leute, ein einziges Dorf, als Gemeinde besonderer Selbstänbig= keit abzuscheiden, ferner die Basulla, welche mehr mit den Bak= wiri verwandt zu sein scheinen. Für die Dörfer Jkata und Massuma zum Beispiel kann man beide Bezeichnungen hören.

Über die Mungo=Leute herrschen die Häuptlinge Suna und Esso, die durch Verschuldung und erlittene Gewalt in ein ge=

wisses Vasallen-Verhältnis zu King Bell und dessen Leuten geraten sind. Man sieht es den elenden Subjekten, die sich beide durch Bettelsucht und eine gewisse halberheuchelte Stupidität aus- zeichnen, auf den ersten Blick an, daß es mit ihrer Souveränität niemals weit her sein konnte. Sie unterscheiden sich hauptsäch- lich dadurch von einander, daß Esso ein dickes Elefantenbein (Elefantiasis) und Suna einen geräumigen Nabelbruch mit sich herumschleppt. Das Wasser des schönen Mungo-Flusses, der dicht an ihnen vorbeifließt, scheinen sie weder innerlich noch äußerlich zu lieben. Ihr höchstes Entzücken ist Schnaps; ihre Haut aber deckt eine Schmutzkruste von respektablem Alter. Die Mungo-Leute sollen noch immer das echt afrikanische Palmfaser- zeug auf eigenen Webstühlen anfertigen, was ich leider erst nach- träglich erfahren und deshalb nicht gesehen habe. Das Material dazu liefert der in glatte Bändchen geteilte Bast der Raphia- palme. Diese buntgemusterten Gewebe werden hauptsächlich zu Säcken zusammengenäht, die, mit je zwei geflochtenen Strippen aus demselben Stoff zu einer Art Tornister hergerichtet, auf dem Rücken getragen werden. Überall am Mungo-Fluß findet man solche Rucksäcke, in denen zuweilen auch die Säuglinge auf dem Rücken ihrer Mütter untergebracht sind. Die Tragfähigkeit der- selben ist indeß eine sehr geringe.

Als ich einmal genötigt war, Mungo-Leute als Träger zu dingen, mußte ich mir gestehen, daß ich niemals vorher ein niederträchtigeres Diebsgesindel kennen gelernt hatte. Von ihnen galt fast wörtlich der karakteristische Satz, den, wie ich glaube, Kapitän Burton einmal niedergeschrieben hat: Hatte man Rum bei sich, so wollten die Träger nicht eher marschiren, als bis er ausgetrunken und sie völlig berauscht waren, so daß sie doch nicht marschiren konnten, und hatte man keinen, so wei- gerten sie sich von vornherein, überhaupt zu marschiren.

Bei den Bakundu traf ich im März 1885 einige hundert Fremdlinge an, die sich Barombe nannten und als ihre Heimat das Thal des Rumbi-Flusses bezeichneten. Sie wollten durch-

aus, daß ich sie dorthin begleiten möchte. Da ich aber Wich=
tigeres zu thun hatte, mußte ich dieser Lockung Widerstand leisten.
Ungefähr in derselben Richtung will Pastor Schwarz einen
größeren, ungemein kriegerischen und gefährlichen Volksstamm der
Bafarami entdeckt habe.

Schon bei den Balung, bei den Bakundu und bei den
Bakwiri stößt man auf Andeutungen, daß die Neger um so
besser und interessanter werden, je weiter von der Küste entfernt
sie wohnen. Persönlich allerdings sehen diese drei Menschen=
sorten recht ungünstig aus: klein, mager, schmutzig und erbärm=
lich. Um so stattlicher sind dafür ihre Hütten, oder man kann
sogar sagen Häuser, bis zu 50 und 60 Schritt lange und 8 Schritt
tiefe, aus soliden Bäumen, Palmstengeln und Rindenplatten
konstruirte Gebäude mit schönen, regelmäßigen Giebeldächern,
die so hoch sind, daß man innen die Firstbalken gerade noch
mit der Spitze des Spazierstockes berühren kann.

Es sind die besten Bauwerke, die ich jemals bei Wilden
gesehen habe. In den meisten derselben würden mehrere Euro=
päer nebst größerem Gefolge mit aller Bequemlichkeit zum Über=
nachten Platz finden.

Die Mitte einer jeden Langseite nehmen sorgfältig aus
Rinde gefertigte Schiebethüren ein, durch deren quadratische Öff=
nung man durchtritt, ohne sich bücken zu müssen. Rings an den
Wänden, die ebenso wie die Innenseite des Daches vom bestän=
digen Rauch schwarzbraun lackirt erglänzen, laufen oben breite
starke Gesimse entlang, auf denen regelrecht gespaltenes Brenn=
holz aufgestapelt liegt. Darunter sind hier und dort in den
Ecken eigene Verschläge zum Schlafen abgesondert, mit dem all=
gemein üblichen afrikanischen Bett, zwei geraden Baumstämmen
auf bloßer Erde, über die ganz lose, aber dicht aneinander, Quer=
stäbe gelegt und mit Matten bedeckt sind. Ein Europäer würde
zum Schlafen sicher die Brennholz=Gesimse vorziehen, aber auch
so bietet das Ganze einen solchen Grad primitiven Komforts,
wie ich bei Negern niemals erwartet hätte.

Der nach ethnographisch=religiösen Merkwürdigkeiten Lüsterne, der sich unten bei den Duala arg enttäuscht sah, wird hier auf dem ersten Schritt ins Innere reichlich entschädigt. Götzen= figürchen, Fetische und Amulette, Zaubergeräte, geweihte Wurzel= chen und Beinchen in den seltsamsten Anordnungen sind bei diesen „Buschleuten" (wie sie von den Duala verächtlich genannt wer= den) so zahlreich vorhanden, daß manche Hütten, namentlich der Vornehmen, für sich allein schon ein kleines Museum darstellen.

Im Balung= und Bakundu=Gebiet sind die Dörfer mittels starker Palissaden=Zäune befestigt und nur ganz schmale, in Zapfen sich drehende Thüren aus massivem Holz gewähren den Zutritt. Ob diese Vorrichtungen gegen Elefanten oder andere wilde Tiere oder gegen menschliche Feinde schützen sollen, läßt sich schwer entscheiden. Jedenfalls aber handelt es sich auch hier wieder um weiter nichts als ein echtes, nichtsnutzig mangelhaftes Negermachwerk. Denn sieht man näher zu, so stellt sich heraus, daß derlei Befestigungen blos auf der einen Seite, nach dem Flusse als der großen Verkehrsstraße zu, vorhanden und die drei übrigen Seiten völlig frei sind. Da hatte entweder die Aus= dauer gefehlt, um das Begonnene zu vollenden, oder die eine Palissadenreihe genügte der kindlichen Vorstellungskraft gewisser= maßen als Grimasse.

Im Bakwiri=Gebiet, in welchem geschlossene Dörfer meisten= teils fehlen und die Ansiedelungen zu kleineren Gruppen von zwei bis zehn Hütten zerstreut sind, durchziehen ebenso hohe aber viel leichter konstruirte Zäune kreuz und quer Hänge und Thäler. Wahrscheinlich sind diese Abgrenzungen, die man auf senkrecht in Baumstämme eingekerbten Treppen überklettern muß, des zahlreichen Viehstandes wegen da, gerade wie in unseren Alpen. Während bei den Balung und bei den Bakwiri jede Hütte einzeln steht, reihen sich bei den Bakundu die Hütten dicht aneinander= stoßend zu einer langen, meist etwas krummen, aber ziemlich breiten Straße zusammen.

Die Bakundu handeln zum Teil bereits ins Kalabar=Gebiet hinüber. Sie überschreiten damit nicht blos eine politische, son= dern auch eine viel interessantere sprachliche Grenze. Denn die

Kalabar-Leute gehören sprachlich bereits zu den Suban-Negern. Obwohl die Bakundu somit auf dieser Seite Afrika's die nörd- lichsten Bantu-Neger zu sein scheinen, zeigen doch auch sie schon einige Übergänge in linguistischer Beziehung. Karakteristisch ist für die Bantu, daß sie die Sinnesmodifikationen der Begriffe, namentlich Singular und Plural, durch Vorsilben oder Präfixe ausdrücken, während wir Europäer und ebenso die Suban-Neger hierzu Nachsilben gebrauchen. Wir sagen „Mensch", „Menschen", die Bantu würden ungefähr sagen „Mensch", „En mensch". Auch im Bakundu gibt es schon Suffixe hiefür. Inun heißt „Vogel" sowohl im Bakundu als auch im Dualla. „Vögel" heißt im Dualla binun, im Bakundu aber inuni.

Die beiden wichtigsten Nachbarstämme der Dualla sind die Abo und die Wuri. Beide sprechen zwei vom Dualla und unter sich deutlich verschiedene Sprachen oder Dialekte.

Die Abo bewohnen das hügelreiche Palmenland des kurzen Abo-Flusses und reichen nach Ost und nach West bis an die Parallel-Flüsse von Wuri und von Balung oder Mungo. Den Mungo erreichen sie mit einem vorgeschobenen Posten in Bunin, von wo aus unsere Rebellen, die mit ihnen gegen King Bell verbündet waren, längere Zeit eine Flußsperre unterhielten. Ihre vornehmsten Häuptlinge sind Leoa in Manbuka, Kotto in Man- gamba, Muelle in Miang und Elembe in Dapaki. Dann wird auch noch als solcher ein gewisser Essuffua genannt, der am wei- testen unten, in der Nähe von Dibumbari, hausen soll.

Der bedeutendste unter den vieren ist Leoa von Manbuka, der deßhalb auch „King Abo" genannt wird. Dieser Leoa ist der- selbe gefährliche Mann, der im Vereine mit Muelle von Miang seinerzeit versucht hat, unseren Admiral Knorr samt dessen ganzem Stabe, zu dem auch Schreiber dieses gehörte, mittels eines quer durch den Fluß gezogenen Zaunes abzufangen. Sein Haupt- ärger, an dem er schon lange krankte, war der Niedergang seines ehemals blühenden Handels in Palmöl und Palmkernen, die er aus dem Hinterlande bezog und an die Dualla verkaufte, und die Schuld daran war kein geringerer als unser getreuer King

Bell. Dieser hatte nämlich am Mungo= oder Balung=Fluß, der dem Abo kaum zwanzig Kilometer westlich parallel läuft, seine Handelsstationen bis zum Ende der Schiffbarkeit empor= geschoben und bezahlte dort so gute Preise, daß die Produkte des Landes zwischen den beiden Flüssen, die bisher dem Leoa gebracht worden waren, sich naturgemäß dem Bell zuwandten. Durch die Admiral Knorr bereitete Verlegenheit, die aber glück= lich beseitigt wurde, glaubte der geifernde, boshafte Negergreis ein Handelsverbot gegen King Bell erpressen zu können.

Der Muelle von Miang schien ein ähnlicher Herr zu sein. Kotto von Mangamba aber, ein jüngerer, der Zivilisation mit einer gewissen Gier entgegenstrebender Emporkömmling, war uns bei derselben Gelegenheit sogleich ein biederer Vasall geworden und ist es auch wohl geblieben. Kotto behauptet, daß ihm folgende Dörfer unterthan seien: Bonambulle, sein Residenzdorf, dessen Gau Mangamba heißt, dann Bonakwaß, das unweit davon auf einem Hügel dicht am Flusse liegt, Singabuttu, Bonaiang, Bonakó, Fiko, Kuná, Mukuma. Solche Mitteilungen über die eigene Macht und Größe afrikanischer Potentaten sind indeß immer mit Vorsicht aufzunehmen. Kommt man zum Häuptling von Singabuttu, so behauptet dieser vielleicht ein umgekehrtes Verhältnis, nämlich, daß der Kotto zu ihm gehöre.

Die Wuri, welche die Ufer des gleichnamigen Flusses be= wohnen, stehen unter zwei Oberhäuptlingen namens Etuka (auch King Toka genannt) und Koamakembe. Dem Koamakembe sollen die Dorfschaften Bonakó (vergl. Kotto's Besitzangaben), Fika= buniu und Bonamenge gehören; dem Etuka gehört Kunang. Hugo Zöller hat sie näher kennen gelernt; auch sie haben später mit uns Verträge abgeschlossen.

Während die Abo sich am liebsten hoch oben auf Hügeln ansiedeln, sollen die Wuri ihre Dörfer unten in dem weiten Inundationsbett bauen und alljährlich viel von Überschwem= mungen leiden. Zur Regenzeit soll zeitweise jedes der Wuri= häuser eine Insel sein. Von ihnen stammt denn auch wohl der bei den Dualla übliche, aber dort fast nie motivirte Baustil.

die Häuser auf meterhohen, künstlichen Plattformen zu errichten.
Und von ihnen stammen auch wohl die häufig den Kamerun-Fluß
herabschwimmenden, alles verpestenden Menschenleichen; denn wenn
jedes Haus eine Insel ist, werden die Toten einfach über Bord
geworfen. Die Wuri haben große Kanuß, wie die Dualla, die
Abo jedoch haben keine und können nicht einmal schwimmen. In
Abo und Wuri gibt es viel schöne, glatthaarige Schafe.

Oberhalb Jerulabakum, der letzten Dualla-Siedelung, die
unweit des Zusammentreffens der Flüsse Wuri und Abo liegt,
sind rechts vom Abo die Jabiang unter den beiden Häuptlingen
Matekke und Epupanjum und links davon ein verstecktes Dorf
der Koko oder Kwakwa, namens Diffongo, deren Hauptmasse
nahe der Kamerun-Mündung in der Gegend von Malimba, am
Kwakwa, sitzt, als kleinere ethnographische Bruchstücke eingestreut.
Noch ungefähr zwanzig Kilometer oberhalb, mitten im Abo-
Land, stößt man auf die Handelsstation Mussoko, die von Daibo-
Leuten, also echten Dualla, unterhalten wird. Hinter den Wuri
sitzen die Bubiman, die Endokoko und schließlich die Baiong.
Hinter den Abo folgen zunächst die Missurukang.

Nicht zu vergessen sind ferner die Leute von Dibumbari und
Bumano, die als ganz nahe Nachbarn der Dualla links von den
verschiedenen Wasserwegen, welche nach Abo führen, und noch
im Bereiche oder hart an der Grenze des Mangrove-Labyrinthes
wohnen. Es muß eine ganz geringfügige Volksgruppe sein. Doch
machen sie durch ihre ewigen Handelszwiste mit den Dualla viel
von sich reden. Dualla-Verbrecher flüchten am liebsten nach
Dibumbari oder Bumano.

Kehren wir nun wieder zum Kamerun-Haff zurück. Von
dem Ankerplatz desselben, der für die größten Schiffe zugänglich
ist, soll eine Dampfbarkasse bis zum Kwakwa und dessen Ortschaften, für welche der Kollektivname Bakoko gilt, (wahrscheinlich
mit Hülfe des Flutstroms) fünf Stunden brauchen, und vom
Kwakwa- bis zum Ebea-Fluß soll die Entfernung ebenso weit
sein. Am Kwakwa regieren zwei Kings, zuerst Kalaki, dann
weiter oberhalb Toko. Der Dibamba oder Lungasi, wie er an

seinem unteren Ende heißt, soll des ganzen Kamerun-Systems längster Fluß sein. Man erreicht ihn, indem man durch den Doktor-Krik geht und eine Nacht in Japuma schläft. Vom Kwakwa wurde behauptet, daß es dort ungeheuer viele Kokos= palmen gäbe, die niemand und allen gehörten, seitdem die eigen= tumsberechtigten Familien infolge von Krieg vernichtet worden oder geflüchtet seien.

Westlich von Japuma am Lungasi-Fluß sitzen die Bassá, welche die früheren Bewohner der eigentlichen Kamerun=Ort= schaften sein sollen, erst durch die Einwanderung der Duala nach dem Binnenlande zurückgedrängt. Dort in der Nähe liegen dann auch die Dörfer der Jabakalaki und der Jansoki. Die oberen Lungasi-Leute sollen vom Handel so wenig beeinflußt sein, daß sie noch völlig nackt gehen.

Die genannten Völkerstämme umfassen ein halbkreisförmiges Gebiet, das kaum mehr als hundert Kilometer Radius hat, die Meeresküste als Halbmesser betrachtet. Was dahinter liegt, ge= hört bereits zu den Fabelländern. Nur durch Sklaven, die aus jener Richtung herstammen, kann man einige Andeutungen dar= über erfragen. Die Sklaven der Kameruner pflegen sogar in Landsmannschaften sich zusammen zu thun, und so die Erinne= rung an ihre Herkunft zu wahren. Derlei Vereinigungen scheinen auch bei ihnen leicht den Karakter geheimer Orden anzunehmen. So sollen die Baiong dem K o s s o , die Makumkum dem B u ä, die Ba= neng dem D i m b u n g huldigen. Die genannten drei Bezeichnungen hört man dann manchmal auch als die Namen von Lokalgott= heiten nennen. Baneng soll im Innern von Dibamba, Baiong sehr weit gerade gegen Osten, Makumkum über Abo hinaus liegen, und zwar über nicht weniger als weitere drei Völker= schaften hinaus. In Baiong soll King Fomu herrschen. Wenn Sklaven dorthin zurücklaufen, werden sie einfach nochmal verkauft.

Das hier Vorgebrachte will weiter nichts sein als eine flüch= tige Skizze, ein grobgezogener Rahmen, in welchen künftige Forschungen noch manches Detail einzutragen haben werden. Mit Absicht habe ich die mancherlei Völkerschaften des Südens, wie auch

ben von Hugo Zöller aufgefundenen Moania=Fluß unberührt ge=
lassen, weil ich selber niemals in jenen Gegenden gewesen bin.
Es sind dort noch Entdeckungen zu machen. Möge dem Reiz
des so nahe winkenden Geheimnisvollen der Preis wirklicher
Werte folgen. Wenn irgendwo in Afrika, berechtigt gerade dort
unsere Unkenntnis zu Hoffnungen. Die vulkanische Natur des
Bodens, die Sicherheit unerschöpflicher Regenmengen, namentlich
aber auch die jungfräuliche und noch erziehungsfähige Ursprüng=
lichkeit der eingeborenen Bevölkerungen: Das sind drei Faktoren,
die Günstiges versprechen, ohne daß dabei die große Sünde
eines leichtfertigen Optimismus allzusehr gefürchtet zu werden
braucht.

———

In dem Vorstehenden sind unsere neuen Vaterlandsgenossen
des Kamerun=Gebietes gruppenweise einer flüchtigen Betrachtung
unterzogen worden. Es bleibt jetzt die Frage zu beantworten:
Durch welchen staatsrechtlichen Vorgang haben wir dieselben
gewonnen? Bekanntlich durch Abschließung von Verträgen,
über deren moralischen Wert schon manche Zweifel erhoben
worden sind.

Man stößt bei uns oft auf die Meinung, daß Verträge mit
Negerpotentaten sehr wenig ethische Bedeutung hätten, ja eigent=
lich eine Frivolität seien. Dem ist jedoch Folgendes entgegen=
zuhalten. Geschriebenes respektirte der Neger von jeher als
etwas heiliges, unheimliches, das eine gewisse Macht über ihn
auszuüben imstande wäre, falls er sich dagegen versündigte. Wie
wir noch sehen werden, beruht der ganze Handel Westafrikas auf
geschriebenen Anweisungen. Daß solche Augenblicks=Dokumente,
die im Neger=Englisch book, im Dualla kaladi (wahrschein=
lich das portugiesische carta) im Angola mukanda (Haut,
Papier) heißen, gefälscht werden, kommt verhältnismäßig selten
vor. Auf derartige Erschütterungen des gerade in Afrika so
ungemein nötigen Vertrauens stehen schwere Strafen. In der Kongo=
gegend sollen noch vor nicht sehr langer Zeit Book=Fälschern beide

Hände abgehackt worden sein und zwar nach einheimischem, von den Häuptlingen ausgeübtem Rechtsgebrauch.

Soviel bloß über die Hochschätzung von Geschriebenem über= haupt. Wie nun wird ein Staatsvertrag mit Neger=Potentaten angefertigt? Man schreibt zuerst auf schönem weißem Papier womöglich von richtigstem Kanzleiformat in so und so viel Para= grafen einen Text, der möglichst bündig alle Hauptpunkte ent= hält, über die man sich vorher mit vollster Deutlichkeit geeinigt hat. Bei längerer Übung bildet sich hiefür, immer mehr ver= bessert, zugefeilt und geglättet, eine Schablone heraus, die sich auf die meisten Fälle anwenden läßt. Dann zirkelt man unter dem Datum zwei oder mehr senkrechte Reihen ab für die zu unterzeichnenden Namen. Links in der ersten senkrechten Reihe kommt der Name des King oder Oberhäuptlings zu stehen, dar= unter in der Folge des Ranges die der übrigen „Chiefs" oder „Headmen". Rechts unterzeichnet der europäische Vertrag=Schließer samt seinem Dolmetsch und sonstigen Parteigenossen. Da die betreffenden Potentaten nur ausnahmsweise selber ihren Namen schreiben können, so thut das der Vertrag schließende Europäer und jene müssen an ihre Namen, entweder vornehin oder hinten oder, wenn derselbe aus zwei Worten besteht, zwischen hinein je= ein Kreuz malen, und da selbst dieses kleine Kunststück oft nur schlecht gelingen möchte, so führt am besten der Europäer die Feder und läßt den jeweilig Aufgerufenen bloß die Spitze des Federhalters berühren, während er das Kreuz hinmalt. Man denke nicht, daß dieser Akt leicht genommen wird. Gewöhnlich herrscht dabei eine feierliche Stille; nicht selten zögert der Auf= gerufene seine Finger an das Tinten=Instrument zu legen, und frägt erst noch um dieses oder jenes, ehe er sich dazu entschließt. Derlei Schriftstücke werden gewöhnlich doppelt ausgestellt und doppelt von allen Beteiligten unterschrieben. Ein Exemplar behält der Oberhäuptling, auf daß er es überall vorzeigen und kontrolliren lassen kann.

Freilich darf nicht unerwähnt bleiben, daß ohne Geschenke irgend ein Vertrag niemals zu stande kommen dürfte. Aber ohne solche materielle Beweise des Wohlwollens läßt sich mit den Afrikanern überhaupt nicht verkehren. Jeder einfache Freundschaftsbesuch eines Häuptlings kostet Geschenke. Das hindert durchaus nicht, daß die babei niebergeschriebenen und u n t e r schriebenen Ab= machungen einen binbenben ethischen Werth besitzen. Es ist ein wahres Glück, daß die Neger bei all ihrer eigenen Verlogenheit noch so viel Vertrauen in das Wort, namentlich aber in das g e s ch r i e b e n e Wort des Weißen haben, und wehe dem, der bieses heilsame Vertrauen zerstören wollte.

II.

Die Europäer und der Handel.

In Kamerun sind sieben englische und blos zwei deutsche Firmen thätig. Doch haben die beiden letzteren so erfolgreich gearbeitet, daß sie schließlich ungefähr eben so viel Geschäfte machten, wie die sieben ersteren zusammengenommen. Freilich in früheren Zeiten, bis vor zehn Jahren etwa, war das Verhältnis weniger günstig für uns. Damals herrschten, wie überhaupt allerwärts in Westafrika, die Engländer nicht nur in der Firmen-zahl, sondern auch im Betrage der Umsätze vor.

Ehe es ein Deutsches Reich gab, galten die deutschen Kaufleute bei den Eingeborenen als eine Art Engländer zweiter Klasse und mußten es sich gefallen lassen, demgemäß etwas schlechter behandelt zu werden. Seitdem nun die Schwarzen erfahren haben, daß auch der „King of Hamburg" Kriegsschiffe

und Kanonen besitzt, ist das anders geworden; ja manche hervorragende Intelligenzen unter ihnen sind in ihrer Erkenntnis bereits an der Thatsache angelangt, daß der „King of Hamburg"
nur ein Unterhäuptling des „Emperor of Germany" ist.

Die ersten Europäer waren natürlich auch hier, wie schon
der Name „Kamerun" besagt, die Portugisen. Von dieser kleinen
Großen Nation ist heutzutage in Kamerun außer dem angedeuteten und einigen anderen etymologischen Überbleibseln keine
Spur mehr vorhanden. Ebenso wenig ist heutzutage vom
Sklavenhandel, der auch hier wie überall an der westafrikanischen Küste den Anfang europäischer Interessen bildete, etwas
wahrzunehmen. Die Portugisen wurden in scheinbar friedlichem
Wettkampf vertrieben von den Engländern und mit den Engländern kamen die Deutschen.

Nachdem die Firma C. Woermann bereits 1852 in Liberia
und 1862 in Gabun sowie in Eloby und in Batanga Faktoreien
errichtet hatte, wurde im Jahre 1868 von derselben Firma
eine weitere Faktorei in Kamerun angelegt, und zwar unter
Leitung des Herrn Johannes Thormählen, des späteren Gründers
der Firma Jantzen u. Thormählen. Derselbe vertrat die
Firma C. Woermann in Kamerun bis zum Sommer 1874.

Noch vor zwanzig Jahren muß die Stellung der europäischen Kaufleute, namentlich aber der deutschen, dem unverschämten Hochmut der Kameruner gegenüber zuweilen eine recht
unerquickliche gewesen sein. Herr Johannes Thormählen weiß
davon zu erzählen, und es ist lebhaft zu bedauern, daß dieser
erfahrene Afrikaner seine Aufzeichnungen, die sicherlich mehr
Interessantes und mehr Gediegenheit enthalten als gar viele Erzeugnisse unserer modernen Afrika-Literatur, noch immer nicht
der Öffentlichkeit übergeben hat.

Bis zu unserer Besitzergreifung übte England, dessen große
Verdienste um die Ordnung und Sicherheit ferner Küsten man
niemals vergessen sollte, in der Person des „Her British Majesty's
Consul for the Bights of Benin and Biafra" auch in Kamerun

eine Art internationaler Gerichtsbarkeit aus[1]). An dem im Jahr 1856 gegründeten Cameroons Court of Equity zum gütlichen Ausgleich von Streitigkeiten beteiligten sich ursprünglich nicht bloß sämtliche Hauptagenten der angesessenen Firmen, sowie das Oberhaupt der Baptisten-Mission, sondern auch die beiden Kings Bell und Akwa, deren beide Headmen Lock Prifo und Jim Ikwalla und die zwanzig bis dreißig hervorragenderen Häuptlinge. Den Vorsitz führte ein frei gewählter, gewöhnlich der älteste europäische Hauptagent, und jeden Monat einmal sollte Sitzung gehalten werden. Von Zeit zu Zeit kam auf seinem Kriegsschiff der englische Konsul, um nachzusehen und schwierigere Fälle, die der Court of Equity nicht bewältigen konnte, unter dem Druck der bewaffneten Macht selber zu schlichten.

Selbstverständlich mußte es Angehörigen anderer Nationen oft schwer fallen, mitten in einer englischen Majorität solcher Gewaltsausübung sich zu entziehen und stets zu vermeiden, daß sie nicht zu „Schützlingen" wurden. An dem Court of Equity brauchten unsere deutschen Kaufleute durchaus nicht teil zu nehmen, wenn sie nicht wollten. Aber man stelle sich ihr Verhältnis zu den Eingeborenen vor, wenn sie als Minorität außerhalb der Rechtswohlthat desselben blieben. Herr J. Thormählen hat allerdings einer derartigen Isolirung Jahre lang getrotzt, was jedoch nur bei besonderer Geschicklichkeit im Umgang mit Negern gelingen konnte.

Den Kaufleuten folgten die Missionare und diesen die Forscher. Zur Zeit unserer Besitzergreifung waren in Kamerun, einschließlich Bimbia und Viktoria, folgende Gruppen von Europäern vorhanden:

1. Die deutschen Kaufleute, etwa zwanzig Personen. 2. Die englischen Kaufleute, etwa dreißig Personen. 3. Die englische Baptisten-Mission, vertreten durch fünf Personen rein europäi-

---

[1] Her British Majesty's Consul for the Bights of Benin and Biafra hatte seinen Wohnsitz früher auf der spanischen Insel Fernando Po, später siedelte er nach Duketown am Old Calabar über.

scher Raffe, drei Herren und zwei Damen. 4. Die schwedische
Expedition Knutfon und Walbau, zwei Perfonen. 5. Die Expedition Paffavant aus Bafel, zwei Perfonen. 6. Die polnische
Expedition Rogozinsky, gleichfalls zwei Perfonen. Zu diefen
fechs Gruppen, von denen übrigens die beiden letzteren wieder in
Europa fich befinden, kamen dann noch zwei weitere, nämlich: 7. Die
Mannfchaften des jeweilig ftationirten deutfchen Kriegsfchiffs mit
einem Beftand von durchfchnittlich zweihundert Perfonen. 8. Die
deutfchen Regierungsbeamten, vier Perfonen.

———

Über die Wirkfamkeit der Kaufleute als des Hauptftocks
der europäifchen Intereffen wird etwas ausführlicher zu berichten
fein. Diefen Hauptgegenftand wollen wir deshalb bis zuletzt
verfchieben, um vorher die anderen Gruppen einer flüchtigen
Mufterung zu unterziehen und zwar zunächft die der englifchen
Miffionare als der zweitwichtigften Körperfchaft älteren Datums.
Die im Jahre 1843 von Fernando Po aus in Kamerun
eingedrungene Baptift Miffionary Society, welche 1792 gegründet und außer in England auch noch in Oft- und Weft-
Indien, China und Japan, am Kongo und auf dem Europäifchen Kontinent thätig ift, befitzt oder befaß im Kamerun-Gebiet
folgende zehn Stationen:
1. Bethel in John Anguataun; 2. Difolo in Black Akwataun; 3. Belltown Station in Belltaun; 4. Mortonville in
Hickorytaun; 5. Gibaré Station in Gibaré; 6. Dibumbari
Station in Dibumbari; 7. Viktoria am Fuße des Berges;
8. Bonjongo oberhalb Viktoria am Abhang des Berges; 9. Bakundu am Mungo-Fluß; 10. Malimba an der gleichnamigen
Mündung des Ebea-Fluffes.
Von diefen zehn Stationen waren zur Zeit unferer Befitz-
ergreifung blos zwei, nämlich Bethel und Viktoria mit je einem
weißen Miffionar und einer weißen Miffionarin befetzt. Die
betreffenden Perfonen waren aber nicht etwa mit einander ver-
heiratet; allerdings das Pärchen von Viktoria foll fich fpäter
verlobt haben. In der Belltaun-Station, die ich nach den Kriegs-

läuften selber bewohnte, hauſte gleichfalls ein echter Weißer, jedoch noch ganz einſam, weßhalb ihm demnächſt eine weiße Gattin, die er indeß gar nicht kannte, hinausgeſchickt werden ſollte. Bakundu, der am weiteſten nach dem Inneren vorge= ſchobene Poſten, wurde von einem Mulatten=Ehepaar aus Illi= nois verwaltet. Bonjongo und Malimba waren augenblicklich offen gelaſſen und unbeſetzt. Die übrigen Stationen ſtanden unter der Obhut von Negern.

Viktoria, gegenwärtig Hauptſitz, war bis vor Kurzem noch ein höchſt originelles kleines Staatsweſen, das zu allerhand völkerrechtlichen Betrachtungen Anlaß gab, eine Art Liliput= Kirchenſtaat, despotiſch nach innen und lächerlich trotzig nach außen.

Im Jahre 1858 war das betreffende Stück Land durch den Miſſionar Saker im Namen der Baptiſt Miſſionary Society dem King William von Bimbia, dem Häuptling Dick Merchant von Dikullu und dem Prinzen Nako von Dualla um den Preis von angeblich 2000 Pfund Sterling in Waaren abgekauft und Viktoria darauf angelegt worden. Nach hiſtoriſchem Recht war und blieb King William von Bimbia Souverän der ganzen Bergküſte, und die Bergbewohner waren von je, wenigſtens handelspolitiſch, ſeine Vaſallen. Im Jahre 1855 hatte ihn ſogar gelegentlich eines Vertrages der damalige ſtellvertretende engliſche Konſul von Fernando Po als „rightful King and Ruler of all the mainland and islands extending from Bimbia to Rumby" offiziell anerkannt[1]. Den Boden von Viktoria hatten die Baptiſten alſo blos privatrechtlich gekauft. Stillſchweigend hatten ſie ſich aber auch die Souveränität darüber angemaßt, die nach der Ermordung des King William 1877 überhaupt in Vergeſſenheit geraten war.

Die gedruckten „Rules and Regulations" des „Viktoria Sett= lement" ſind ein ergötzliches Dokument, wie weit man die naive Annaßung treiben darf, bis man eines ſchönen Tages darin

---

[1] R. F. Burton, Abeocuta and the Cameroon mountain Vol. II. p. 51.

geſtört wird. Erſt die deutſche Beſitzergreifung in Kamerun
hatte mittels eines nahe liegenden Zuſammenhangs die Hiſſung
der engliſchen Flagge in Viktoria zur Folge. Bis dahin war
Viktoria thatſächlich ſich ſelbſt ſouverän geweſen, weil niemand
das kleine Ding beachtete, und nur uns iſt es zuzuſchreiben,
daß die ſchöne Idylle pfäffiſchen Regiments durch den engliſchen
Konſul am 12. Auguſt 1884 auf immer beendigt wurde.

Der eigentliche Beherrſcher von Viktoria war und blieb
indeſſen ein alt ehrwürdiger Neger-Gentleman mit weißen Haaren,
Miſter Brew nämlich, der auf den erſten Anblick einen überraſchend günſtigen Eindruck macht. Doch hat auch er ſo manchen
perfiden Gewaltakt aus Schacher-Intereſſen auf ſeinem ſchwarzen
Gewiſſen.

Schlau wie ſie ſind machten die Engländer um die nämliche
Zeit herum den Verſuch, das oben erläuterte Verhältnis der
Souveränität ſogar auch noch umzukehren, indem ſie die Bimbia-
Leute, die bereits deutſch geworden waren, zu einem Palaver nach
Viktoria vorluden, damit es den Anſchein habe, als ob dieſe
zu Viktoria gehörten. Aber die Bimbia-Leute gingen doch
nicht hin.

Wenn man in Viktoria erhebliche Reſultate einer ungeſtör-
ten fünfundzwanzigjährigen Tätigkeit engliſcher Miſſionare zu
finden erwartet, wird man ſich getäuſcht fühlen. Eine gerad-
linige Straße, die durch ihren verlotterten Zuſtand an die Neger-
reſidenz Monrovia erinnert, etwa zwanzig Hütten mit verwahr-
loſten Gärten, ein größeres Bethaus und ein größeres ziemlich ſtattliches Wohnhaus für die Miſſionare ſelbſt bilden zuſammen ein nettes kleines Dörfchen, das der ſchönen Gegend
zum Schmuck gereicht, aber für das viele Geld, womit es her-
geſtellt iſt, doch eigentlich keinen Gegenwert abgibt. Die ſchwarzen
Untertanen des niedlichen Kirchenſtaates, die aus Kamerun,
Fernando Po und ſogar auch aus Angola zuſammengemiſcht
ſind, bauen etwas Kakao und treiben einen ſchwunghaften
Zwiſchenhandel mit den Bakwiri einerſeits und der deutſchen
Woermann-Faktorei, die in Viktoria beſteht, andrerſeits. Am

Sonntag einen Nagel einzuschlagen oder mit einer Flinte über den Strand zu gehen, zieht dort schwere Strafen nach sich. Überhaupt heißt es in Viktoria fromm sein, und auch der deutsche Faktorist mußte an Sonntagen zweimal zur Kirche gehen und Baptistenlieder singen, wollte er seine Stellung nicht allzu unerquicklich machen.

Von den Kirchenliedern der Baptisten ist schwer zu sagen, ob sie sich mehr durch Albernheit des Textes, Geschmacklosigkeit der Melodien oder Scheußlichkeit des Vortrags auszeichnen. Man merkt es ihnen an, daß sie demselben unheimlichen Sumpf eng- lischer Religiosität angehören, dem auch die duftige Blume „Heilsarmee" entsprossen ist.

Die Erfolge dieser Baptisten-Mission sind überhaupt gering. Die Kopfzahl ihrer Gemeinden im ganzen Kamerun-Gebiet dürfte die Ziffer 1000 nicht übersteigen, und selbst unter diesen dürften wahre Christen allerseltenste Ausnahmen sein. Von dem ganzen Christentum pflegen die Schwarzen gewöhnlich nur den englisch- christlichen Sonntag, jene schöne Institution, die das angenehme Faullenzen auch noch mit dem Nimbus einer verdienstlichen Tugend umgibt, voll in sich aufzunehmen und zu begreifen. Und von jener widerwärtigen Scheinkultur, die den Viktorianern durch die Baptisten zu teil geworden ist, besteht ein Hauptfaktor in einer höheren Begabung zur Schlechtigkeit. Gerade diesen so- genannten Christen sind alle möglichen Schandthaten zuzutrauen. Wo es ihnen nicht paßt, zu gehorchen, thun sie eben doch was sie wollen, trotz aller sonstigen Despotie der Missionare, welche dann blos der Vorwurf trifft, daß sie in den Negergemütern so viel Hochmut und Dreistigkeit großzogen, als zum Zustande- kommen der Schandthaten eben notwendig war.

Die Neger zur ersprießlichen Arbeit zu erziehen lehnen die Baptisten naserümpfend als etwas ihrer Unwürdiges ab. Da- gegen begünstigten sie von jeher die Gelüste der Neger nach An- knüpfung direkter Handelsverbindungen mit Europa, die freilich wegen Mangels an Kredit nicht zustande kommen wollen. Welch profane Vorsicht! Die europäischen Kaufleute an der Küste sind

den frommen Glaubensaposteln und ihrer Herrschsucht stets ein Dorn
im Auge. Daher ihr ewiges Altweibergezänk. Abgesehen von einer
Art Schule, in der etliche Kinder lesen und schreiben lernten, um
es danach schleunigst wieder zu vergessen, bestand ihre Thätigkeit
in zelotischen Predigten, im Hersagen von Gebeten und im Ab=
leiern von Kirchenliedern. Eine angenehme Ausnahme hievon
bildeten allein die Missionarinen, welche Unterricht in weiblichen
Handarbeiten bis zum Gebrauch der Nähmaschine gaben.

Dazu kam noch, daß das heimische Komitee in London
seit mehreren Jahren sein Hauptaugenmerk und seine Haupt=
kräfte an Personen und Geld auf den Kongo geworfen hatte und
demzufolge das früher viel besser gepflegte Kamerun=Gebiet mehr
und mehr vernachlässigte. Die Kamerun = Missionen gerieten
sichtlich in Verfall. Was an rein europäischen Baptisten=Missio=
naren im Kamerun=Gebiet noch vorhanden blieb, waren zwei
junge Bursche, von denen der Höhere im Range kaum 20, und
der zweite kaum 25 Jahre zählte. Man würde sie bei uns als
Hetzkapläne bezeichnet haben und nur in den intellektuellen Fähig=
keiten schien zwischen beiden ein Unterschied zu bestehen. Zum
Glück hat sich das schon damals entstandene Gerücht, daß seitens
des Baptisten = Komitees in London die Absicht gehegt werde
Kamerun ganz zu räumen, wenn die damals noch unglaublich
scheinende Thatsache unserer Besitzergreifung unerschüttert bliebe,
bestätigt. Auch Viktoria ist uns noch zugefallen, was politisch,
dank den Verhandlungen des Grafen Herbert von Bismarck mit
Gladstone, bereits im März 1885 zugesichert und nur von einer
privatrechtlichen Abfindung der Baptisten für ihre Liegenschaften
durch Geld abhängig gemacht worden war. Selbstverständlich
forderten dafür die bescheidenen Jünger Christi eine unverhält=
nismäßig hohe Summe. Daß die englischen Baptisten = Missio=
nare sich von unserm Kamerun=Gebiet zurückziehen möchten, war
nicht blos aus politischen Gründen wünschenswert, sondern na=
mentlich auch deshalb, weil sie überall die besten Punkte für
dominirende Gebäude in Beschlag genommen hatten.

Nach Nordwesten zu, im benachbarten Kalabar, beginnt das

Gebiet der „United Scotch Presbyterian Mission". Nach Süden zu, von Benito an, sind die nächsten Missionare anderer Art, teils nordamerikanische Presbyterianer, teils französische Jesuiten der „Congregation du Saint Esprit et du Sacré Coeur de Marie", deren Hauptstation in Gabun ist.

Zwei ganz ausgezeichnete Männer scheinen die beiden Schweden Knutson und Waldau zu sein, die schon seit 1883 in Mapania, hoch oben am Südabhang des Gebirges, ein idyllisches Natur=forscher=Dasein führen, sammelnd, handelnd und jagend. Nur mit bescheidenen Mitteln ausgerüstet haben sie, ohne Lärm zu schlagen, viel mehr geleistet als alle die anderen sogenannten wissenschaftlichen Expeditionen, die dasselbe Gebiet sich zum Ziel gesetzt hatten, und müde der ewigen Bosheiten, die sie seitens der baptistischen Viktoria=Republik erdulden mußten, haben sie sich schließlich unter deutschen Schutz gestellt und uns schon manchen wichtigen Dienst geleistet. Ihnen ist die Entdeckung und erste Ausbeutung der Kautschukliane im Kamerun=Gebiet zu verdanken. Für solche ruhig und sicher arbeitende Männer kann man nur die größte Sympathie empfinden. Im Anfang waren sie zu dritt; doch ist der dritte Gefährte am Fieber gestorben und hat somit den traurigen Beweis geliefert, daß auch in der hohen Bergregion die Gewähr eines gesunden Klimas nicht ohne Weiteres ge-geben ist[1]).

Berühmter, aber vielleicht minder nützlich, hausten als weitere interessante Fremdlinge auf dem Boden unseres Kamerun=Gebietes, auch schon seit 1883, die beiden polnischen Reisenden Rogozinski und Janikowski. Sie bewohnten die Insel Monbole und schienen

----

[1]) Den oben genannten beiden Schweden sind bald nach unserer Besitzergreifung weitere fünf Landsleute nachgefolgt, von denen auch schon wieder einer tot sein soll. Solche Thatsachen karakterisiren doch genug-sam die immer wieder aufgetischten Behauptungen über das gesunde Klima hoher Lagen.

sich gleichfalls mehr reell produktiven als platonisch wissenschaft=
lichen Strebungen zugewandt zu haben.

Herr Rogozinski war nächst ben beiden schwedischen Herren
zweifellos der beste Kenner des Gebirges bis zu den Quellenre=
gionen des Mungo=Flusses hinauf, also ein ziemlich wichtiger
Mann, der uns viel hätte nützen können, wenn er es nicht vor=
gezogen hätte, uns schaden zu wollen. Seine Feindschaft war
indeß weniger auf tiefere politische Motive zurückzuführen als
vielmehr auf eine Abneigung rein persönlicher Natur gegen
Herrn Schmidt, den Woermann=Agenten, der die ersten Schritte
zur Deutschwerbung Kameruns mit unternommen hat. Herr
Rogozinski machte sich bekanntlich nach unseren ersten Flaggen=
hissungen alsbald auf die Beine, um die Bergbewohner durch
Verträge der kleinen britischen Kolonie Viktoria einzuverleiben.
Da diesen Verträgen übrigens keine sonderliche staatsrechtliche
Bedeutung innewohnte, haben sie auch nicht viel Schaden an=
gerichtet.

Wenden wir uns nun dem für Kamerun und Westafrika
überhaupt immer noch wichtigsten und deshalb einer ausführ=
licheren Beschreibung am meisten bedürftigen Gegenstande, dem
Handel zu.

Weshalb begeben sich jährlich so viele Europäer nach jenen
Gestaden, um sich dort auf lange Zeit dem beschwerlichen, an
Unbequemlichkeit, Ärger, Fieber und sonstiger Mühsal so reichen
Leben eines Faktoristen zu unterziehen? Das Hauptgeschäft
früherer Zeiten, der Sklavenhandel nach Amerika hinüber, hat
aufgehört, das Elfenbein wird in Afrika immer teurer, in Europa
immer billiger und lohnt nicht mehr für sich allein. Die west=
afrikanische Küste würde also rasch verödet sein, wenn nicht als
Ersatz für die beiden genannten Handelsartikel, namentlich den
ersteren, neue Ausfuhrprodukte erstanden wären. Als solche sind
zunächst hervorzuheben:

1. Das vor dreißig Jahren noch kaum bekannte P a l m ö l,

welches jetzt eine Hauptrolle spielt, nicht blos für Kamerun und den Guinea-Golf überhaupt, sondern für die ganze west-afrikanische Küste, soweit sie zwischen den Tropen liegt. Das ursprünglich lebhaft gelbrothe, mit der Zeit und unter dem Einfluß des Lichtes immer mehr bleichende Palmöl oder besser Palm fett, da es bei gewöhnlicher Temperatur halbfest bleibt, ungefähr so wie Talg, wird bekanntlich durch Erhitzen aus den faserigen Fruchthüllen der Ölpalme Elaeis guineensis dargestellt. In Kür-bissen, Töpfen und Fässern verschiedenen Umfangs bringen die Eingeborenen diese wichtige Substanz nach den Faktoreien, wo sie nochmal in eigenen Kesseln geschmolzen und zum Transport nach Europa in größere Fässer umgefüllt wird. Sie hat die Bestimmung, uns Seife, Stearinkerzen, Maschinen- und Wagen-schmiere sowie sonstige Artikel, die aus Fetten in größerem Maßstab gewonnen werden, zu liefern. Der Preis einer Kilo-gramm-Tonne Palmöl (1000 Kilogramm) ist innerhalb der letzten zwanzig Jahre von 38 auf 19 Pfund Sterling herunter gegangen. (Gegenwärtig, Januar 1887, 22 Mark pro Zentner.)

2. Palmkerne, die harten haselnußartigen Kerne der näm-lichen Frucht, die man bis in die siebziger Jahre unbenutzt weg-warf. Diese Palmkerne erfordern ungemein viel Arbeit. Jeder einzelne muß aufgeklopft werden wie eine Haselnuß und ist kaum viel größer. Man denke sich den Aufwand von Kraft und Be-wegung, bis eine Tonne Palmkerne, die in Europa mit 10 Pfund Sterling bezahlt wird, aufgeklopft ist. Das gibt ein Beispiel, wie bei den Negern Arbeitsleistungen nach zufälliger Lust und bloßer Gewohnheit, nicht aber nach ihrem wirklichen Werte zu bemessen sind.

3. Die dritte Rolle spielt indessen immer noch das Elfen-bein. Nirgends an der westafrikanischen Küste sieht man so viele große, stattliche Zähne wie gerade in Kamerun. Hundert-pfündige sind durchaus keine Seltenheit, und die ganz kleinen Zähne unter zehn Pfund, die an andern Plätzen die Hauptmasse ausmachen, kommen viel weniger vor. Während der Elfenbein-Export in Ostafrika schon längst abnimmt, ist er an der West-

küste noch immer im Steigen begriffen. Diese Thatsache dürfte
dadurch zu erklären sein, daß es immer noch Länder gibt, die
vom Handel der Europäer noch gar nicht drainirt sind und erst
jetzt allmälig anfangen, ihre angesammelten Schätze nach den
großen Verkehrswegen abzulassen. Auch sind die Zähne, die weit
aus dem Innern kamen, in der Regel jahrelang aufgestapelt
gewesen. Von den Stämmen des innersten Innern wird der
Elefant zunächst seines Fleisches wegen erlegt und die Zähne
haben zunächst bloß den Wert von Trophäen. Für das Kamerun-Gebiet kann dagegen aufs Bestimmteste angenommen werden,
daß das Elfenbein aus der unmittelbar umgebenden Produktions-
zone stammt und meistens ganz frischen Datums ist. Die Elefanten kommen hier bis ans Meer herab, und die großen Wälder
sind von ihren riesigen Fußstapfen zerwühlt, ungefähr so wie bei
uns die Sauparks. Nach beinahe vierjährigem Bereisen von
Afrika habe ich erst in Kamerun, und zwar auf dem Mungo-
Fluß, einen lebenden Elefanten leibhaftig zu sehen bekommen und
ein andermal durfte ich den frisch abgeschnittenen Kopf eines
solchen, der unten bei Suellaba erbeutet worden war, konsta-
tiren. Übrigens auch die Kameruner schießen auf die Elefanten
schon des Fleisches wegen und würden sich durch gütliches Zu-
reden allein sicherlich nie verstehen, etwa die jüngeren und die
weiblichen Tiere zu schonen[1]).

4. Erst seit 1883, seitdem die beiden Schweden Knutson
und Waldau im Kamerun-Gebiete wirtschaften, ist als Export-
Artikel desselben auch Kautschuck zu nennen. Doch kamen davon
bisher immer nur kleinere Quantitäten zu Markte. Der Kamerun-
Kautschuck entstammt Landolphia-Arten.

5. Kakao-Kerne kommen bisher blos in Viktoria als Handelsartikel geringen Betrages vor. Das Pfund wird dort mit

---

[1]) Über den gegenwärtigen Stand der Elfenbeinfrage besitzen wir
einen ausgezeichneten Aufsatz von Westendarp in den Mitteilungen der
Geographischen Gesellschaft zu Hamburg 1878—79. Der gesamte Elfen-
bein-Konsum wird auf jährlich 800 000 Kilogramm = ungefähr 16 000 000 Mk.
geschätzt.

vier Pence bezahlt. Auf der Nachbarinsel Fernando Po ist Kakao bereits seit Jahren ein ständiges Ausfuhrprodukt und soll dort zur Verladung sechs Pence das Pfund kosten, aber an Güte beträchtlich hinter dem gleichen Erzeugnis Venezuelas stehen.

6. Ebenholz, das gleichfalls blos in geringeren Mengen und noch dazu in ziemlich schlechtem Zustand angeboten wird. Namentlich King Bell treibt oben am Mungo=Fluß eine arge Verwüstung unter den Ebenholzbäumen, die er möglichst geheim hält, damit die Weißen ihm keine Konkurrenz bereiten. Dabei wird natürlich das an sich kostbare Material durch negerhaft rohes und achtloses Verfahren beim Schlagen einfach verdorben.

7. Schließlich sei als weitere heimische Nutzpflanze auch noch die Kalabar=Bohne erwähnt, die Trägerin des in der Augenheilkunde geschätzten Physostigmin, die ja ihren Namen dem benachbarten Kalabar=Flusse verdankt. Auffallender Weise wurde mir einmal von einem Faktoristen ein Sack voll dieses interessanten Arzneistoffes zum Geschenk gemacht mit dem Bemerken, es verlohne sich nicht mehr, derlei zu kaufen und nach Hamburg zu schicken.

Über die jährlichen Exportmengen der genannten Produkte liegen blos für die drei ersteren und hauptsächlichsten einigermaßen zuverlässige Zahlen vor. In guten Jahren dürfte der mittlere jährliche Export an Palmöl 3000 Tons (= ungefähr 1 500 000 Mark), an Palmkernen gleichfalls 3000 Tons (ungefähr 750 000 Mark), an Elfenbein 12 bis 15 000 Pfund (ungefähr 120 000 Mark), in Summa 2 370 000 Mark betragen haben. Das ist, wie man sieht, nicht viel. Die benachbarten Flüsse Kalabar, Bonny und Niger sind in Bezug auf ihren Export weitaus bedeutender.

Von den sonstigen Artikeln Westafrikas, wie Wachs und Kopal, Felle, Erdnüsse, Sesam, ist in Bezug auf Kamerun nichts zu berichten. Sie fehlen entweder oder spielen doch keine Rolle.

Wie schon gelegentlich der Wohnverhältnisse unserer Dualla erwähnt wurde, hat der Handel ihnen bereits eine ganz stattliche Menge anständiger Bedürfnisse beigebracht. Die Mannigfaltigkeit der europäischen Waren, die wir ihnen liefern, ist denn auch ungemein viel größer als die der Produkte, die sie uns dafür zur Rimesse zahlen.

Als bedeutendste, sowohl merkantil sowie auch vom Kultur= standpunkt durch stetig zunehmende Nachfrage wichtigste Ware stehen obenan:

1. Die Gewebe. Jener erste primitivste Zustand des nackten Wilden, auf dem die Bekleidung als bloßer Schmuck dem Körper angehängt wird, nicht als Schutz gegen äußere Unbilden, ist bei den Dualla längst überwunden. Dementsprechend findet man im allgemeinen viel bessere Zeug=Qualitäten vertreten als anderwärts. Ueberwiegend, ja fast ausschließlich, herrschen englische Baum= wollenstoffe. Unsere deutschen Firmen haben zwar in patriotischem Eifer auch manchen Versuch, die Erzeugnisse der vaterländischen Weberei=Industrie einzuführen, gemacht, aber wie es scheint, ohne nennenswerte Erfolge. England steht eben mit seinen großartigen Rohstoff=Bezugsmitteln und Fabrik=Anlagen unüberwindbar schon seit Jahrzehnten da. Zu den gangbaren Artikeln in Kamerun gehören sogar Seide und Sammet.

2. Fertige Kleidungsstücke. Vor allem sind gute, solide wollene Hemden begehrt, in Farben und Mustern, die durchaus nicht schreiend zu sein brauchen, dann leichte Jacken und Sommer= röcke, wie sie auch bei uns getragen werden. Uniformen finden wenig Anklang, ebenso wenig komplete Anzüge. Am wenigsten gehen Hosen. Für die bunklen Ladies der Missionsgemeinde sind Damen= gewänder mit Spitzen=Taille und langer Schleppe vorhanden.

Daß an den afrikanischen Küsten mit allem möglichen europäischen Schund Geschäfte zu machen seien, ist eine ebenso falsche als vielfach verbreitete Meinung. Am alleraussichtslosesten wäre eine solche Spekulation bei den Kamerunern. Genommen wird alles, was man umsonst gibt, aber wirklichen Handelswert haben nur diejenigen Artikel, welche in die herkömmlichen

Schablonen passen. In den Faktoreien findet man nicht selten Maskengarderoben und anderen unnützen Tröbel als Ladenhüter aufgestapelt. Höchstens zu Extrageschenken oder Dareingaben lassen sich solche außergewöhnlichen Dinge verwerten, wenn man sie nicht ins ferne Innere schicken kann. Höheren Potentaten, wie zum Beispiel King Bell, kindischen Firlefanz anzubieten, wäre eine Taktlosigkeit. Durch den langen Verkehr mit den Europäern hat sich bei diesen ein ganz sicherer Instinkt ausgebildet, was bei uns für schicklich und würdig gilt. King Bell verehrte man einmal eine Seeoffiziersmütze, auf welcher vorne, über der Kokarde, sein Name „King Bell" mit goldenen Lettern eingestickt war. Er ließ die Stickerei sofort heraustrennen und dann erst trug er die Mütze.

3. **Kopfbedeckungen.** Blos unter dieser Rubrik geht auch Maskengarderobe, sofern sie kriegerischen Karakters ist. Denn obgleich der Neger für gewöhnlich, so zu sagen in Zivil, es vorzieht, barköpfig herumzulaufen, zum Kampfe und um sich fürchterlich zu machen, fühlt er das Bedürfnis, sein Haupt mit möglichst bizarren Formen zu schmücken. Deshalb hat der Kameruner selber bereits seinen geflochtenen, mit Ziegenfell überspannten Kriegshelm erfunden, und deshalb auch seine Vorliebe für euro= päische Helme. Mitten zwischen diese martialischen Embleme mischen sich aber häufig genug die friedlichsten Gestalten unserer Putzmachereikunst, und damit kommt dann selbst bei dem sonst viel ernsteren Kameruner der Affe zum Durchbruch, was durchaus nicht darwinistisch gemeint sein soll. Außer gewöhnlichen Filz= und Strohhüten sieht man nämlich nicht selten auf dem wolligen Schädel eines Kamerun=Mannes ganz kleine Kinderhütchen mit bunten Bändern sitzen. Man denke sich so ein rohes, schwarzes Gesicht und darüber, schief auf den Scheitel gestülpt, so ein zartes Flitterding!

4. **Regenschirme,** gerade nicht mit der besten Seide, aber doch mit solidem Baumwollenstoff überzogen, in Qualitäten, wie sie bei uns die anständigsten Menschen tragen können, sind für die Kameruner ein ebenso nützlicher als geschätzter Artikel.

Ich erinnere mich da eines eigenartigen, karakteristischen
Anblicks, der mir gelegentlich eines größeren, mehrere Tage lang
fortgesetzten Kanu = Wettfahrens geworden ist. Trotz des
strömenden Regens blieb der Ebbestrand bedeckt mit Zuschauern,
die gierig das wechselnde Glück des Kampfes verfolgten, für ihre
Freunde Partei nehmend. Hunderte von Menschen bewegten sich
auf den nassen Schlamm= und Sandflächen hin und her, lauter
halbnackte, nur mit dem Hüftentuch bekleidete, barköpfige Neger
und Negerinnen; aber fast alle hielten dunkle europäische Regen=
schirme über sich ausgespannt, gerade so wie bei uns.

5. Schmucksachen, die in anderen Gegenden Afrikas doch
oft so wichtig sind, spielen in Kamerun nur eine geringe Rolle
und zwar fast nur zum Einkauf von Lebensmitteln. Perlen ver=
schiedener Muster und billige Ohrringe sind namentlich eine be=
liebte Münze für Eier. Messingdraht geht in Kamerun gar nicht,
soll dagegen in dem benachbarten Kalabar ein unentbehrlicher
Artikel sein.

6. Feuergewehre. Als am 1. Dezember 1884 die rebellischen
Joß=Leute in einem langen, imponirenden Gänsemarsch über den
weiten Ebbestrand heranmarschirt kamen, um in die Wörmann=
Faktorei des Herrn Schmidt, in der ich wohnte, gewaltsam
einzubrechen und eine Erpressung zu versuchen, zählte ich 300
Gewehre. Darunter waren nur etwa 200 gewöhnliche Vorder=
lader, teils Steinschloß, teils Perkussion; von den übrigen
hundert mochten etwa 70 Snibergewehre, 20 Hinterlader anderer
Arten, so auch sechs Mauser, und zehn Winchester Repeating Rifles
mit je 17 Schuß sein. Dabei fehlte es durchaus nicht an Munition;
bei manchem der kriegerisch aufgeputzten Feinde sah man Metall=
kartuschen dutzendweise im Gürtel stecken. Daß neben den ein=
heimischen Fetischmützen mit Federschmuck auch preußische Pickel=
hauben und französische Kürassierhelme vorhanden waren, versteht
sich von selbst. Zum Glück sind nun auch diese Kamerun=Neger
nicht so fürchterlich, wie sie sich gerne machen möchten. Nach
einigen Stunden wüsten Geschreis zog die drohende Heerschar
unverrichteter Sache wieder ab und begnügte sich, auf dem Rück=

weg, den sie durch die Dorfschaften nahm, mittelst Abfeuerns
der Gewehre in die Luft ihren Muth zu beweisen. Entgegen
einer vielfach verbreiteten Annahme muß ich indessen betonen,
daß es auch unter den Dualla einzelne recht gute Schützen gibt.
Manga Bell sah ich einmal ein schwimmendes Krokobil erlegen,
wobei er an Sicherheit, Gewandtheit und Schnelligkeit des Zielens
durchaus nichts zu wünschen ließ.

Die alten Steinschloßmusketen, die heutzutage in gewissen
Fabriken Belgiens und Englands für den afrikanischen Bedarf
noch immer neu angefertigt werden, hatten also bereits an=
gefangen, unseren Dualla=Leuten ein überwundener Standpunkt
zu sein. Nur als Handelsartikel für die „Buschleute" des Inneren
wurden dieselben noch immer begehrt. Man unterscheidet von
den Steinschloßmusketen zwei Sorten, „Danish Black Guns" und
„Bucaneer Guns", deren Preis sich in Belgien auf sieben bis neun
Franken stellt. Die Waffe des gemeineren Dualla=Mannes waren
zur Zeit unserer Besitzergreifung größerenteils Perkussionsgewehre
mit Zündhütchen. Den Vornehmeren galten nur mehr Hinter=
laber oder siebzehnschüssige Winchester=Repetirgewehre als standes=
gemäß. Unter den gewöhnlichen Hinterladern waren neben den
englischen Snibers namentlich auch sogenannte „Albini Marbutt
Rifles", ein jenem ähnliches System, beliebt. Durch Abmiral
Knorr wurde ein Verbot aller Nichtvorderlader erlassen und vom
Gouverneur später auf immer bestätigt. Während deßhalb die
verschiedenen dazu gehörigen Metallkartuschen als Handelsartikel
fortan verschwinden müssen, haben dagegen Zündhütchen und
Pulver ihre bisherige Bedeutung sich erhalten oder vielleicht
selbst erhöht.

7. Nahrungsmittel. Da die Duallaleute nicht mehr ge=
nügend Feldbau betreiben, um ihre Ernährung selber zu decken, haben
sie angefangen, sich einen Teil ihres Lebensunterhalts auf dem
Wege des Handels mit den Europäern zu verschaffen. Zwieback
und Reis, getrocknete Fische und Salzfleisch sind deßhalb gleich=
falls Faktorei=Artikel. Vier runde Zwiebackscheiben, „Biskuits"
genannt, enthalten ungefähr ein Pfund lufttrockenen Stärkemehls.

8. Salz, ein sehr wichtiger Artikel, der für ein Staats-monopol passen möchte. Die an der westafrikanischen Küste gangbare Qualität entspricht ungefähr unserem Viehsalz. Ein natürliches Vorkommen dieses Lebensbedürfnisses scheint im Kamerungebiet ausgeschlossen, und Meerwasser abzudampfen, dazu sind die Kameruner zu faul.

9. Tabak aus Virginia, kommt über Bremen und Hamburg in großen Fässern verpackt und dient vielfach als Kleingeld. Ein ganzes Blatt samt Stil und Rippen bildet die Einheit und kleinste Münze. Bei den Bewohnern des Innern, bei den Balung, Bakundu und Bakwiri zum Beispiel, ist dieser Artikel zum Einkauf von Lebensmitteln unentbehrlich. Dort wird er übrigens mehr zum Schnupfen als zum Rauchen begehrt. Fünf Blätter mit ihren Stilenden zu einem Büschel vereinigt, werden ein „Heab" genannt.

10. Spirituosen. Es sind vornehmlich drei Qualitäten, Rum, Gin und Gilka vertreten. Der erstere Stoff wird in Demijohns (Korbkrügen) von fünf und zehn Liter Inhalt, oder auch maßweise, der zweite in Kisten zu je zwölf Flaschen, der letztere in einzelnen großen Literflaschen verabreicht. Der Wert-schätzung nach bildet die gegebene Reihenfolge eine Steigerung. Die an der Westküste Afrikas gangbaren Schnäpse entstammen fast ausschließlich deutschen und holländischen Fabriken. Nagel in Hamburg, Peters in Hamburg und Herwegh in Altona sind unter den deutschen Firmen die Hauptlieferanten. Für einige höhere Potentaten geht auch gutes Hamburger Bier und Rot-wein.

11. Seife zum Reinigen der Kleidung und des Körpers. Dieser Maßstab der Kultur spielt selbst bei den Kamerunern bereits eine nicht zu verachtende Rolle und geht nicht blos im Detailverkaufe ab, sondern auch schon kistchenweise.

12. Als diverse Artikel aller erdenklichen Art sind zu nennen: Fichtenbretter und Planken zum Bau von Hütten und Häusern, Ölfarben in Zinnbüchsen zum Bemalen der Kähne und Ruder, polirte Möbel, Kommoden, Schränke, Tische und Stühle aus

Hamburg, eiserne Bettstellen, Englische und Berliner Blechkoffer, Taschenmesser, Haumesser und Beile, Bilder in Gold- und anderen Rahmen vom mittleren Oelfarbendruck bis zur nichtswürdigsten Lithographie; desgleichen Spiegel bis zu den stattlichsten Größen, Berliner Petroleum-Lampen und, um sie zu füllen, Petroleum nebst Dochten. Schöne, große Laternen und Lüster, Stearinkerzen, Zündhölzer; Steingut-, Glas- und Thonwaren, die feinsten Teller, Prunkgefäße bis zu den schönsten Vasen; Wein-, Bier- und Schnaps-Gläser in den buntesten Farben. Eine recht unangenehme Rolle spielen ferner verschiedene Lärm- und Musik-Instrumente wie Glocken, Zieh- und Mundharmonikas, Trompeten und schrille Pfeifen. Derlei Dinge werden meistens bei größeren Umsätzen als ermunternde Dreingaben verabreicht, und kaum sind die Neger in den Besitz derselben gelangt, als sie auch schon damit Unfug zu treiben und alle nicht gänzlich stumpfen Gehörwerkzeuge in der entsetzlichsten Weise zu quälen beginnen. Als besondere Kuriositäten trifft man in den Magazinen der Faktoreien schließlich auch noch Hamburger Prachtsärge von einer gewissen unsoliden Pracht zur Bestattung von Häuptlingen und Europäern.

Man hört und liest gewöhnlich, daß an der westafrikanischen Küste Tauschhandel getrieben werde. Dieser unklare Ausdruck führt leicht zu falschen Vorstellungen. Denn jene Zeiten, da der Kaufmann, sobald er auf die Wilden stieß, ein paar Stücke Zeug und etliche Stränge Perlen emporhielt, worauf die Wilden eiligst wegliefen, um ihrerseits Goldstaub und Elefantenzähne zu holen, jene Zeiten sind, wenn sie jemals irgendwo auf die Dauer bestanden haben, längst vorüber.

Überall in West-, Inner- und Ost-Afrika haben sich für den Austausch der Güter ganz bestimmte, manchmal sogar recht komplizierte Normen herausgebildet, ebenso wie bei uns, nur mit dem Unterschied, daß das gemünzte Geld meistens fehlt, was durchaus nicht verhindert, daß trotzdem eine Valuta von Zwischenwerten vorhanden ist, wenn auch blos in Begriffen und Worten.

Jedes Geschäft ist zugleich Einkauf und Verkauf und bringt in Folge dessen doppelten Gewinn. Statt des rollenden Geldes ver= mittelt eine Anweisung, ein Wertversprechen, auf einen Zettel geschrieben, den Ausgleich, sowohl für eine gewisse Quantität des Einkaufs, als auch für eine andere gewisse Quantität des Ver= kaufs: Bei näherer Betrachtung also ein kürzeres, intensiveres und deshalb höher zu achtendes Verfahren. Solche Anweisungen können sogar an dritte und vierte Personen als Zahlungsmittel abgegeben werden.

In Kamerun verhält es sich damit folgendermaßen: Ein Kru (engl. croo), nominell als ein Pfund Sterling gerechnet, in Wirklichkeit aber, d. h. in Waren, nur 12 bis 13 Mark wert, = 4 Kegs = 8 Piggins = 20 Bars, ist dort die gebräuchliche Valuta [1]).

Unter „Bars" sind ursprünglich eiserne Stangen, von der Form eines platten Lineals und ungefähr zwei Meter lang, zu verstehen, die noch heute unter den Eingeborenen des Inneren als Geld kursiren, während sie im eigentlichen Kamerun=Handel fast gänzlich verschwunden sind. Es ist keine Nachfrage mehr nach ihnen, und man sieht sie in Kamerun selbst eigentlich nur als altes Gerümpel in den Hütten liegen. „Piggin" bedeutet ein kleineres, „Keg" ein größeres Fäßchen, wahrscheinlich Schnaps oder Pulver. Was etymologisch unter „Kru" zu verstehen ist, vermag ich leider nicht anzugeben. Das Wort kehrt an verschiedenen Punkten der Küste, so z. B. in Liberia, wieder. Doch soll man dort als ein Kru nur fünf Gallons Palmöl bekommen, während dasselbe in Kamerun zehn Gallons gleichwertig ist. Ob und wie das Wort mit den Kru=Jungen (croo boys) zusammenhängt, wäre mir angenehm zu erfahren.

---

[1]) Mit Absicht spreche ich von dieser Valuta noch heute (Januar 1887) in der Präsensform, obgleich nach einer Verordnung des Gouverneurs schon seit dem 10. Oktober 1886 die deutsche Reichsmarkwährung gelten sollte. (S. Anhang.) Derlei Neuerungen lassen sich nicht so rasch durchführen, am allerwenigsten in Afrika, und das Alte wird, wenn auch immer schwächer, noch lange fortwirken.

Laien gegenüber werden von den Kaufleuten der Kürze halber statt der fremden Begriffe „Bars" und „Krus" mit Vorliebe die Bezeichnungen „Shillings" und „Pfunde in Waren" gebraucht, sehr zur Erschwerung des Verständnisses. Denn wenn es heißt, ich zahle so und so viel Pfund Sterling in Waren, so ist das ein unbestimmter Ausdruck, eine Zifferngröße mit unbekanntem Renner, bei der man immer die Hälfte bis ein Drittel abziehen darf, um die entsprechenden Pfunde Sterling in wirklichem Geld zu er= halten. Das Gleiche gilt von den Dollars, nach denen in Liberia und anderwärts gerechnet wird. Und doch wird diese unklare aber bequeme Ausdrucksweise auch in dem vorliegenden Berichte nicht immer vermieden werden können.

Obgleich bei größeren Geschäften europäisches Geld völlig ausgeschlossen bleibt, kursiren doch ziemlich viele englische Silber= münzen, die als Belohnung kleinerer Dienste oder als Löhne für Arbeit unter die Eingeborenen kamen. An der großen Beliebtheit dieser Münzen sind hauptsächlich die englischen Dampfer schuld. Auf diesen ist nämlich die Unsitte eingerissen, daß das gesamte Unterpersonal, so lange die Schiffe an den vierzig und mehr Stationen der Küste hinfahren, sich eines regen Privathandels mit Kleinigkeiten jeglicher Art befleißigt. Matrosen, Heizer, Stewards und Unteroffiziere räumen dann ihre Schlafstellen aus, schlafen wahrscheinlich auf Deck und füllen die Kojen mit allem möglichen Krimskrams. Das Mannschafts=Logis sieht dann aus wie eine bunte Weihnachtsbescheerung: Stiefel, Strohhüte, Mützen, Trompeten, Ziehharmonikas, Messer, Spiegel, Bilder, farbige Gläser und Töpfe, Jacken, europäische Anzüge, Konserven, Bier, Wein, Schnaps, schlechte Schmucksachen, kurz, was nur des Negers schlichtes Gemüt zu erfreuen vermag, findet sich da zusammen.

Übrigens nicht blos der Neger, auch der Weiße kauft sich an Bord der englischen Dampfer gewisse Notwendigkeiten, wie Seife, Zahnbürsten, Schuhe und Kleider, und insofern ist jener vom Standpunkt der Schiffsinteressen eigentlich nicht recht begreifliche Unfug auch für ihn von Nutzen. Ganz besonders aber rief jener Unfug die Popularität des englischen Geldes hervor, die bei

Einführung unseres deutschen Münzfußes sicherlich fühlbar sein wird.

Die überall im Verkehr der Menschen gar bald sich einstellende Notwendigkeit, den wilden Konkurrenzkampf auf einen bestimmten Spielraum einzuschränken, hat auch in Kamerun schon längst sich geltend gemacht, und zwar bis zum Zustandekommen eines förmlichen Preistarifs der Waren und der Produkte. Die Produkte haben ihre Maße und die Waren ihre Klassenschablone. Kommt aus Europa ein neues Muster, so wird es sofort irgend einer der bereits vorhandenen Klassenbezeichnungen eingefügt, was namentlich bei den Zeugen von Wichtigkeit ist. Versucht hie und da einmal ein Kaufmann durch Abweichungen von dem Hergebrachten zu Gunsten der eingeborenen Händler, also durch irgend eine Art Preiserhöhung der Produkte, die gleichbedeutend ist einer Herabsetzung der Waren, sich außerordentlich beliebt zu machen, so erregt das die schärfste Opposition der anderen Kaufleute. Derjenige Agent, der solche Unthat zuerst erfährt, schreibt dann sofort ein Zirkular an alle anderen: „Mister Shark hat heute Morgen Big Mabras als Small Mabras ausgezahlt. Das ist gegen den Brauch. Ich bitte, Mister Shark auf gütlichem Wege eine Fortsetzung dieses Manövers abzurathen, eventuell eine Sitzung des Court of Equity berufen zu lassen." Mister Shark aber wird sich wohl hüten, der Solidarität seiner Kollegen dauernd zu trotzen, sonst thun diese schließlich dasselbe und die Preise sind für alle verdorben. Freilich gibt es da Fälle, die zu berechtigten Meinungsverschiedenheiten führen können. „Small Mabras" ist eine schmälere Kattunsorte, „Big Mabras" eine breitere; von der ersteren werden 16 Faden als ein Kru gerechnet, von der letzteren blos zwölf. Ein neues Muster kann in der Breite ein mittleres Maß haben und willkürlich beiden Klassen eingereiht werden. Oder ein älteres Muster Big Mabras will nicht mehr gehen und wird dann als Small Mabras losgeschlagen. Solche Ungleichheiten und Schwankungen der Valuta aufzuheben ist nur einer Geldwährung möglich.

Als ein Gallon Rum, eigentlich 4½ Liter, wurden früher·

vier gewöhnliche Bierflaschen voll, also etwa drei Liter, verab=
reicht. Später gaben einige Engländer fünf Flaschen voll als ein
Gallon. Dieser Satz erregte aber, weil schädigend, den Wider=
spruch der anderen Beteiligten, und man einigte sich, wieder zu
dem Vierflaschen=Maß zurückzukehren. Zuwiderhandlungen gegen
derlei Kompromisse sind indeß doch nicht ausgeblieben und werden
insgeheim so lange weiter getrieben, bis sie ans Tageslicht
kommen.

Am gewinnreichsten für den Europäer ist das Salz als Be=
zahlungsmittel. Ein 125 Pfund schwerer Sack desselben, in
Hamburg 0,80 bis 1 Mark wert, gilt in Kamerun als ein Keg
= nominell 5 Shillings (4 Säcke = 1 Kru). Die Fracht be=
trug 30 bis 40 Shillings pro englische Tonne oder bis zu 2½
Shillings pro Sack. Ungefähr ebenso günstig soll sich Seife als
Zahlungsmittel verhalten. Den geringsten Profit ergeben die
Baumwollen=Zeuge und Kleider, von denen das Kru auf 13 Mark
zu stehen kommen mag.

Noch viel weniger genau läßt sich die Größe des Gewinnes
berechnen, den die Kameruner von ihren Hinterleuten im Handel
erzielen, weil bei diesen sogar die Maße ihrer Produkte und
Waren fortwährend schwanken.

Für das Keg Palmkerne, welches eine Quantität von 40
bis 50 Pfund Gewicht sein soll, zahlen die Europäer den Dualla
fünf Bar, die Dualla den Abo=Leuten vier und diese ihren Busch=
leuten, die noch weiter hinten wohnen, blos zwei Bar. Dabei
gebrauchen aber die Dualla zweierlei Maße, größere beim Ein=
und kleinere beim Verkauf, so daß die genannten Zahlen das
richtige Verhältnis nur noch mehr verdunkeln. Zugleich dürften
aber auch die entsprechenden Mengen europäischer Waren als
Zahlungsmittel nach dem Inneren zu immer mehr zusammen=
schrumpfen. Solche Unregelmäßigkeiten erregen übrigens bei den
Negern viel weniger Aerger, als wenn es heißt: King Bell hat
sich erlaubt, direkt mit den Buschleuten der Abo zu handeln und
diesen vier Bar für das Keg zu zahlen. Jener Fall spielte seiner
Zeit eine wichtige Rolle. Die Abo, die nicht mehr konkurriren

konnten und sich auf die Seite geschoben sahen, wollten deshalb sogleich Krieg machen. Wie viel größer die betreffenden Reg-Maße unseres biederen King Bell dabei waren, vermochte ich leider nicht zu erfahren.

Jedenfalls würde King Bell es ebenso übel nehmen, wenn die europäischen Kaufleute unter Umgehung seiner Person sich direkt mit den Abo oder Wuri oder Balung und Bakundu in Handelsverbindung zu setzen versuchten. Denn ein solches Vorgehen würde gegen das Hauptinteresse sämtlicher Kameruner, das ängstlich gehütete Monopol des Handels mit den Eingeborenen der Binnenländer, verstoßen, und dieses zu brechen, ist auch heute noch nicht gelungen. Die Wahrung jenes einträglichen Ausschluß-Systems geht bis ins kleinste Detail. Als ich am Mungo-Fluß einmal von Balung-Leuten Hühner kaufte, das Stück um drei Blatt Tabak, kam ein Dualla-Händler dazu und verlangte dreist, ich hätte ihm für jedes Stück ein Blatt als Zoll oder Steuer zu zahlen, denn hier dürfe ein Weißer nicht handeln. Als ich ein ander Mal von einem Dibumbari-Mann geflochtene Matten einkaufen wollte, wurden sie von Dualla-Leuten kurzer Hand konfiszirt, indem es hieß: „Wir bezahlen Dir Deine Matten mit dem üblichen Preis. An den Weißen aber haben wir und nicht Du das Recht, sie zu verkaufen." Als der Missionar Richardson sich in Bakundu ansiedelte, konnte er sein Mobiliar nicht auf dem bequemeren Flußwege des Mungo dorthin schaffen, sondern mußte es von Viktoria aus auf ungemein schwierigen Pfaden über die Berge schleppen lassen.

Seinem zeitlichen Momente nach ist der in Kamerun übliche Handel als ein reiner Trust-Handel zu bezeichnen. Das heißt: Der Händler, sei er nun ein King oder ein Häuptling oder ein emporgekommener Sklave, erhält von dem europäischen Kaufmann Waren auf Kredit, die er nach und nach mit Produkten abzahlt. Außer dem Trust, welcher immer einen größeren Betrag darstellt, etwa von $\frac{1}{2}$ Puncheon Oel = 8 Kru angefangen, existirt dann noch der Begriff **Smallbook** für kleinere Summen bis zu fünf Kru, die gleichfalls angeschrieben und als Schuld verrechnet werden. Hat ein Händler für einen Teil seines Trust ein paar Fässer Palmöl erstanden, die er abzahlen will, so wird er dies selten direkt und ohne weitere Umschweife thun; er wird erst versuchen, auch noch etwas Smallbook herauszuschlagen. Er geht deshalb zu dem Kreditgeber und sagt: „Ich habe oben in Wuri oder in Abo so und so viel Faß Öl (gewöhnlich lügt er dabei übertreibend) für Dich liegen, die ich abholen möchte. Sie liegen oben beim Häuptling So und So in Verwahr. Zu dem kann ich aber nicht mit leeren Händen kommen, auch muß ich meinen Kanuu-Leuten ein kleines Geschenk machen. Gib also noch etwas Smallbook.“ Und der Kaufmann thut das, gibt vielleicht bis zu fünf Kru, bloß um von seinem so lange schon ausstehenden Trust wieder etwas zu retten.

Der Trust steht oft lange aus, Jahre lang manchmal, und wird er endlich abgezahlt, washed (gewaschen), wie man sagt, so erwartet der „waschende“ Schuldner im Hochgefühl seiner biederen That noch ein Extrageschenk, einen **Dash**, der nicht weiter angerechnet wird, und den der Kaufmann nicht vorenthalten darf, will er seinen guten Ruf und seine Beliebtheit erhalten. Der Tag des „Waschens“ wird festlich begangen. Als während meines Aufenthaltes in Kamerun King Akwa einmal im Begriff war, bei Herrn Voß, dem Agenten von Jantzen & Thormählen, zu „waschen“, erfuhr ich dies am frühen Morgen durch donnernde Böllersalven, die meine Glasfenster zu zertrümmern drohten und mich fast aus dem Bette warfen. Als Dash wird gewöhnlich irgend ein Stück Möbel, eine Kommode oder ein Hänge-Gesims mit bunten Karaffen und Gläsern u. dergl. gegeben. Zugleich aber fordert der „gewaschene“ Schuldner einen neuen, meistens höheren Kredit in Waren.

Ernstere Meinungsverschiedenheiten und Verdrießlichkeiten im Handel äußern sich stets in einer sehr karakteristischen, originellen Weise. Man streikt gegenseitig, wie man bei uns sagen würde, oder man „stoppt den Trade“, wie man in Afrika sagt. Das

7*

Wort stop (verdeutscht stoppen) kursirt an der ganzen Küste mit der Bedeutung „in Beschlag nehmen" oder „verbieten". Fühlt sich ein Häuptling von einem europäischen Kaufmann übermäßig geärgert, so läßt er in seinem Dorfe austrommeln, ausklingeln und ausrufen, daß niemand mehr nach der betreffenden Hulk oder Faktorei irgendwelche Produkte bringen soll. Im Trust= System ist das gleichbedeutend mit dem Verbot, die Schulden zurückzuzahlen. Der Verkauf von Lebensmitteln und Brennholz bleibt dabei in der Regel gestattet, kann aber zur Erschwerung der Maßregel gleichfalls eingestellt werden. Das einzige Aus= tauschverhältnis, das noch niemals, auch bei den ernsthaftesten Stoppungen nicht, ganz inhibirt worden sein soll, ist der freie Verkehr mit den Töchtern des Landes.

Dagegen werden einzelne Weiber sehr häufig „gestoppt" als wertvollere Pfandobjekte für Schulden, Strafzahlungen u. dergl. In demselben Sinne „gestoppt", also gepfändet, werden Sklaven, Kanuus, Böte und Waren. Das „Trabe stoppen" wird von den Kamerunern nicht bloß gegen die europäischen Kaufleute, sondern auch gegen ihre eigenen Stammesgenossen und gegen ihre Hinter= leute im Handel, gegen die Abo und Wuri u. s. w. ausgeübt, und andererseits stoppen auch wieder die Europäer ihren Handel mit den Kamerunern, indem sie ihnen zur Strafe für Ungehörig= keiten den Zutritt zu den Faktoreien verbieten. Für diesen letzteren Fall wird meistens der Ausdruck egboe gebraucht. Egbo ist ein geheimer Orden der Kalabar=Leute, von dem Nichteingeweihte streng ferngehalten werden. We egboe him bedeutet demgemäß „Wir verbannen, verfehmen ihn." Die Kraft des „Stoppens" oder „Egboens" als Strafe für die Eingeborenen beruht in dem Druck, der durch die Entziehung des Haupterwerbes und Haupt= vergnügens auf Individuen und Gemeinden ausgeübt wird. Nicht mehr schachern und betrügen zu dürfen und auf Wochen des Schnapses zu entbehren, ist dem schwarzen Biedermann das aller= schmerzhafteste Bändigungsmittel.

Trust, Smallboot und Dash heißen also die drei Sektoren jenes Annulus vitiosus, durch die sich die einzelnen Geschäfte in beständigem Kreislauf herumbewegen. Bedenkt man nun, daß dieses mißliche System des ewigen Weiterborgens und Vorschuß- gebens mit Schuldnern getrieben werden mußte, die an Frechheit und Neigung zu Gewaltthätigkeit nichts zu wünschen ließen und als Herren des Landes auf hundert Arten schaden konnten, so wird man sich eine Vorstellung davon machen, mit welchen Schwierigkeiten der Kaufmann oft zu kämpfen hatte.

Und doch, auch in Kamerun ist die Macht des Guten und Bösen, jenes dunkle Bewußtsein der Zweckmäßigkeit gesetzlicher Ordnung, das jedem Menschen innewohnt, so stark, daß der Kauf- mann es wagen konnte, selber Justiz zu üben und säumige, etwa ein Jahr lang nichts mehr zahlende Schuldner festzunehmen, d. h. in seinem Magazin an Händen und Füßen gefesselt einzusperren, bis die Verwandten desselben kamen und ihn durch Bürgschaft auslösten. Sogar körperliche Züchtigung konnte der Kaufmann mit Bewilligung des betreffenden Häuptlings verhängen. Freilich mußte er dabei in der Auswahl seiner Opfer vorsichtig sein und durfte nicht daran denken, an besonders einflußreichen Persönlich- keiten sich zu vergreifen. Sonst brach leicht ein größeres Unheil über ihn herein.

Ausnahmen von dieser Regel sind natürlich auch schon da- gewesen. Während jener unangenehmen Zeit der Reaktion gegen unsere Besitzergreifung, während jener langen, kriegsschiffslosen vier Monate, in denen wir Deutsche, etwa zwanzig Mann, aber weit auseinander gestreut, auf eigene Vertheidigung angewiesen blieben, kam folgender Fall vor. Die Daibo-Leute sind Herrn Schmidt seit Jahren etliche Tausend Kru schuldig und zwar in Trust und Smallbook. Hie und da wird wieder etwas abgezahlt und wieder etwas dazu geborgt. Der Unfug des Smallbook wird allmählich so groß, daß Herr Schmidt erklärt, er gebe kein Smallbook mehr, bis der Trust so und so endlich einmal „ge- waschen" sei. Die Daibo-Leute sinnen deshalb auf Rache. Nun fügt es sich, daß gerade ein Daibo-Mann drei Faß Öl aus dem Inneren gebracht hat, die für Herrn Schmidt bestimmt sind. Er landet damit am Strande von Daibotaun, und sofort werden die drei Fäſſer von den Daibo-Leuten beſchlagnahmt, „geſtoppt", wie der übliche Ausdruck lautet. Sie verhindern alſo die Ab= zahlung einer alten Schuld, blos weil neue Schulden momentan nicht geſtattet werden. Dieſer Fall wäre in ruhigen und normalen Zeiten nicht leicht vorgekommen und war mehr als ein Symptom der Verwirrung, Aufregung und Parteizerſplitterung, die damals in Kamerun herrſchten, aufzufaſſen. Aber möglich war ein ſolcher Fall auch unter den günſtigſten Zeitverhältniſſen, da ja die kaufmänniſche Konkurrenz ein ſtetes Verſchieben der Intereſſen, ein ſtetes Wechſeln von Bündniſſen und Feindſchaften im Gange hielt.

Von je war es im afrikaniſchen Handel üblich, daß der Kaufmann, ſobald er angekommen war, dem King oder Häuptling, mit dem und in deſſen Bereich er Geſchäfte machen wollte, ein größeres Geſchenk europäiſcher Waren darbrachte, was durch ein entſprechendes Gegengeſchenk erwidert wurde. Wahrſcheinlich iſt das der Urſprung des überall in Weſt=, Oſt= und Zentral=Afrika herrſchenden Truſt=Syſtems. Aus dem Ankunftsgeſchenk und aufmunternden Nachgeſchenken wurde allmälig die ganze Voraus= bezahlung, und zugleich zerſplitterte ſich dieſer Begriff in jene Unterbegriffe, die heute als „Daſh", „Smallbook" u. ſ. w. ihre unangenehme Rolle ſpielen. Außerdem aber hat ſich vielfach auch noch eine Art Tribut herausgebildet, der in Kamerun „Kumi" genannt wird.

Unter Kumi verſteht man in Kamerun eine jährliche Ab= gabe, die den beiden Kings und den beiden Headmen von den Kaufleuten noch heute bewilligt werden muß. Im allgemeinen gilt als Regel, daß dieſe Abgabe demjenigen King oder Headman zukommt, auf deſſen Schutz= und Polizeigebiet die Hauptfaktorei der betreffenden Firma ſteht oder ſchwimmt. Die drei übrigen Potentaten erhalten nebenher je einen kleineren Extra=Betrag. So bezieht King Akwa je 80 Kru von den Faktoreien der Herren Voß, Schmidt und Buchau und je 10 Kru von jenen der Herren Hamilton, Harris, Allan, Richards und Eward, welch' letztere fünf dem Bell=Bereich angehören, während die erſteren drei im

Akwa-Bereich etablirt sind. Dagegen erhält King Bell fünfmal 80 Kru und dreimal 10 Kru[1]).

Die Zufuhr der Waren und die Abfuhr der Produkte vermitteln hauptsächlich zwei Dampfer-Linien, die deutsche C. Woermann von Hamburg und die British and African Steamship Company von Liverpool, welche beide fast die ganze Westküste Afrikas ablaufen und bis zu vierzig Stationen machen, von denen auch Kamerun eine ist. Man hat also jeden Monat zwei ausgehende und zwei heimkehrende zu erwarten. Gleichzeitig, aber unregelmäßig, etwa zwölfmal im Jahre, kommen und gehen auch Segelschiffe zu demselben Zweck. Außerdem sind dann noch als gelegentliche Beförderer portugiesischer, spanischer oder französischer Posten über San Thomé, Fernando Po oder Gabun verschiedene kleinere gleichfalls unregelmäßige Küstendampfer zu erwähnen.

Kamerun hat vor fast allen anderen westafrikanischen Küstenplätzen den Vorzug, einen mäßig guten Hafen, nicht blos eine offene Rhede zu besitzen. Der Fluß ist bis zu den Ortschaften Belltaun und Akwataun, also fast 20 Seemeilen binnenwärts, bei gewöhnlichem Hochwasser für Schiffe mit nicht mehr als 18 Feet Tiefgang passirbar. Die Postdampfer kommen stets bis dicht an die Hauptfaktoreien herauf. Unten im eigentlichen Haff können die größten Panzer ankern.

Freilich das Fahrwasser ist schwierig genug. Von beiden Seiten schieben sich spitzwinklig Sandbänke vor, so daß die richtige Rinne im Zickzack hin- und herführt. Deshalb waren und sind denn auch schon seit mehreren Jahren zwei schwarze Lootsen vorhanden, die im Rufe der Zuverlässigkeit stehen, nämlich John Mullabi von Belltaun und Morgan Bottle Beer von Akwataun,

---

[1]) Man unterschied früher Ivory Cargo Croos und Oil Cargo Croos, je nachdem es sich um den Einkauf von Elfenbein (Ivory) oder von Palmöl handelte. Die ersteren galten blos 16 Bars, die letzteren 20 Bars. Der Kumi wurde ursprünglich in Ivory Cargo Croos bezahlt, bis 1881 einer der englischen Kaufleute die Ungeschicklichkeit beging, denselben in Oil Cargo Croos zu erlegen.

welche für das Ein= oder Ausbringen eines jeden Schiffes je
fünf Pfund Sterling, für beides also 10 Pfund Sterling er=
hielten. John Mullabi verdiente diese Gelder ganz für sich selbst,
Bottle Beer aber mußte die Hälfte davon an King Akwa aus=
liefern, da er zu diesem elenden Wucherer in einem Schuld=
verhältnisse stand.

Mittlerweile ist nun durch Admiral Knorr und den Gou=
verneur Herrn von Soden die Lootsen=Ordnung noch etwas besser
geregelt worden. Es sind bereits Baken errichtet und Tonnen
gelegt und unten am Suellaba=Kap existirt eine feste Lootsen=
Station, so daß man jetzt nicht mehr zu warten braucht, bis
Mullabi oder Bottle Beer zwanzig Seemeilen weit herabgerudert
kamen. Als Entgelt wurde Lootsenzwang eingeführt, und alle
großen Schiffe sind nunmehr gebunden, sich der ihrer harrenden
Lootsen wirklich auch zu bedienen, was anfänglich einigen Wider=
stand seitens der englischen Dampferkapitäne hervorrief.

Zu den gewöhnlichen Arbeiten in den Faktoreien, zum
Rudern der Böte, zum Löschen und Laden der Schiffe, findet
man fast ausschließlich Kru=Neger verwendet, welche an der Küste
von Liberia zu Hause sind. Leider verdingen sich diese vor=
trefflichen Menschen immer nur auf ein Jahr und kehren dann
immer wieder in ihre Heimat zurück, weßhalb ein beständiger
Zu= und Abfluß derselben im Gange ist. Die Anheuerung und
Rücklieferung wird von den Kapitänen der regelmäßigen Dampfer=
linien besorgt. Jeder ausgehende Dampfer bringt, und jeder
rückkehrende Dampfer nimmt eine größere Anzahl Kru=Jungen, die
sich in die hunderte belaufen kann, mit sich, und zwar nicht blos
für Kamerun, sondern für die ganze Küste von Senegambien bis
nach Angola. In Angola allerdings findet man sie blos aus=
nahmsweise. Dort sind als Arbeitskräfte zu denselben Zwecken
mehr die näher gelegenen und länger bleibenden Kabinda=Leute
beliebt.

Das Dienstverhältnis der Kru=Jungen ist das denkbar freieste
und kontraktmäßigste. Die Faktoristen hüten sich wohl, sie schlecht
zu behandeln oder ohne geradezu zwingende Gründe über das eine

Kontraktjahr festzuhalten. Sonst kommt ihr Name in schlechten Ruf und sie werden gemieden. Ein Kru-Junge mag den Faktoreien einschließlich Hin- und Rückfahrt von und nach der Heimat auf 300 Mark pro Jahr zu stehen kommen. Gewöhnlich lassen sie sich in Gesellschaften von 16 Gemeinen und einem Headman anwerben.

Eine solche siebzehnköpfige Schaar wird ein „Set" genannt. Der Lohn beläuft sich im Monat nominell auf 4 bis 5 Dollars für den Gemeinen und auf 7 bis 8 Dollars für den Headman. Als Nahrung gibt man pro Kopf täglich ½ Liter Reis, etwas Zwieback und ⅒ Flasche Rum oder Gin, sowie wöchentlich ein Stück Salzfleisch oder ein paar getrocknete Fische und Tabak zum Rauchen, dazu noch hie und da Seife zum Reinigen des Körpers und der Kleidung. Den Kru-Jungen werden bei der Auszahlung ihres Lohnes die Waren, die sie dafür erhalten, meist etwas höher angerechnet als im Handel üblich. Auch müssen sie sich zur Strafe Abzüge gefallen lassen[1].

Ungefähr eben so hoch werden sich die Kosten stellen, die den Kauffahrtei-Dampfern erwachsen, wenn sie, wie allgemein üblich, als Matrosen und Heizer für die Dauer des Tropen-Aufenthaltes Kru-Jungen an Bord nehmen. Die schwarzen Heizer erhalten außerdem noch unbeschränkt viel Wasser zum Trinken, während den Matrosen hiervon nur ein gewisses Maß zukommt. Am besten stehen sich die Kru-Jungen auf den englischen Kriegsschiffen, die ja gleichfalls ihrer nicht entbehren können. Diese gewähren außer Uniformirung und Beköstigung als Lohn täglich einen Shilling baar, was die sonst so genügsamen und bescheidenen schwarzen Burschen dermaßen anspruchsvoll macht, daß kein Mensch mehr Kru-Jungen mag, die bereits auf einem Kriegsschiff gedient haben.

---

[1] Gelegentlich der Ablöhnung einer Gesellschaft von Kru-Jungen, die nach vierzehnmonatlicher Dienstzeit heimkehrte, beobachtete ich, wie jeder 12 Stück Zeug, 3 Steinschloß-Gewehre, 4 Fäßchen Pulver und 3 Kistchen Seife erhielt. Auf diese Weise wird also eine Menge europäischer Waren eine Strecke weit wieder zurückgeschleppt.

Eine etwas höher stehende Klasse von Arbeitern bilden die
Akrá-Leute, englische Untertanen aus Akrá, dem Hauptplatz
der Goldküste, wo die Baseler Mission das große Verdienst sich
erwirbt, die Neger nicht blos im Christentum, sondern auch in
der Arbeit zu unterrichten. Man findet sie in den Faktoreien
meistens als Köche, Zimmerleute und Küper zum Aufschlagen
der großen Palmöl-Fässer, die zerlegt aus Europa kamen. Akrá-
Köche erhalten einen Monatslohn von zwei bis vier Pfund Sterling
in Baar und außerdem täglich zur Nahrung ein halbes Pfund
Schiffsbrot, ein Pfund Reis, ein halbes Pfund Fleisch und
Schnaps. Sie sind im Allgemeinen etwas schwierig und gerne
geneigt, ihre Würde als britische Weltbürger geltend zu machen.

Trotz des ziemlich gut geregelten Zu- und Abflusses dieser
fremden Arbeitsneger können doch häufig genug Verhältnisse eintreten, die zur Zuhilfenahme einheimischer Kräfte zwingen.
Dann aber verlangen diese Dualla Löhne für ihre Thätigkeit,
die auf die Dauer unerschwinglich wären. Als im Januar 1885
wegen der kriegerischen Wirren die Kru-Jungen ausblieben, sah
sich manche Faktorei genötigt, für das Laden und Löschen
Kamerun-Leute zu dingen und mußte diesen pro Mann und Tag
nicht weniger als drei Bars in Waaren, volle Beköstigung und
zweimal Schnaps zahlen. Dabei leisteten diese Kamerun-Leute
ungefähr die Hälfte dessen, was die Kru-Jungen leisten, und gab
man ihnen ein hartes Wort, so liefen sie einfach davon. Der
eingeborene Lootse muß, wenn er sich nach der zwanzig Seemeilen
entfernten Rhede begeben will, seinen sechs Ruderern je $3^1/_2$ Shillings pro Tag bezahlen. Für Touren ins Innere zahlt man vier bis
sechs Bars pro Tag. Mir selbst kosteten vier Kamerun-Ruderer, die
mich täglich zwei bis höchstens sechsmal je eine Viertelstunde lang
zu rudern hatten, täglich 2 Shillings baar und Beköstigung, die auf je
etwa $^3/_4$ Shilling zu stehen kam [1]). Zur Arbeit im Garten und Hof

[1]) Zur Beköstigung hatte ich pro Mann zu geben: Wöchentlich ein
Stück Salzfleisch von 5 bis 6 Pfund Gewicht, sowie täglich 1 Pfund Schiffs-
zwieback und $^1/_2$ Pfund Reis oder 1 Pfund Reis und $^1/_2$ Pfund Zwieback.
Als ein Pfund Reis wurden zwei gewöhnliche Trinkgläser voll (à $^1/_4$ Liter,

waren diese vier Mann nur dadurch zu bewegen, daß ich des Morgens selber mitarbeitete. Sie nannten sich „Christen" und gehörten zur Baptisten-Mission; am Sonntag weigerten sie sich deshalb, das zum Kochen nötige Holz zu schlagen und zogen es vor, mir statt dessen die schönsten Hamburger Bretter, die ich mühsam erstanden hatte, zu zerhacken. Daß man mit solchen Leuten und Löhnen nicht wirtschaften kann, ist selbstverständlich.

Von einem einigermaßen billigen Preise der Arbeit weiß ich nur einen einzigen Fall. In Akwataun wohnt ein komischer alter Neger, wahrscheinlich sklavischer Abkunft, der sich dadurch nützlich macht, daß er hie und da ausgeht, um in den großartigen Mangrove-Wäldern des unteren Kamerun-Deltas Bauholz für die Faktoreien zu schlagen, weshalb er den Scherztitel „King Mangro" führt. Für hundert Stück möglichst schlank gewachsener Mangrove-Bäume, welche als Material für Zäune, Schuppen, Verpfählungen des Ufers und dergl. gebraucht werden, erhält er fünf Keg oder 1¼ Kru in Waren. Wenn er sich zum Zweck eines solchen Auftrages in seinem Kanuu einschifft, gibt man ihm außerdem noch einen Gallon Rum, ein paar größere Portionen Salzfleisch und eine entsprechende Quantität Zwieback zur Beköstigung für ihn selbst und vier Gehilfen mit auf den Weg. Schwelgend in Schnaps läßt er sich dann von der Ebbe hinabtreiben. Zwei Tage später kommt er ebenso bequem mit der Flut wieder zurück und bringt gewissenhaft seine hundert Bäume. In den langen Ruhepausen dieser Nützlichkeit sucht sich King Mangro seine geringen Lebensbedürfnisse durch Tanzen, Singen und Possenreißen zusammenzubetteln. Das ungefähr ist der fleißigste Kamerun-Mann, den ich kenne.

Es ist bereits wiederholt gesagt, daß die Dualla-Leute nicht einmal genügend Feldarbeit betreiben, um ihre eigene Ernährung zu decken, daß sie einen Teil ihrer Lebensmittel von benachbarten Stämmen des Innern oder selbst von den Europäern

englisch „Tumbler") und als ein Pfund Zwieback 4 Stück gerechnet. Schnaps verweigerte ich ihnen, so sehr sie auch darum baten: einige Nachgiebigkeit wäre aber vielleicht klüger gewesen.

kaufen müssen und deshalb ohne den Zwischenhandel gar nicht fortfahren könnten, in der bisherigen Weise zu existiren. Möglicherweise wird mit dem Aufhören ihres Monopols neben dem merkantilen auch der kulturelle Vorteil verbunden sein, daß die Dualla, des bisherigen, ebenso mühelosen als übermäßig hohen Hauptverdienstes beraubt, die Verachtung der Arbeit aufgeben und sich in bessere Menschen verwandeln. Dann wäre ja der Anfang vom Ende der bisherigen Richtsnutzigkeit unserer neuen Landsleute bereits eingeleitet.

Auch das europäische Personal der Faktoreien, der größeren wenigstens, hat seine Hierarchie, und da dieselbe zumeist aus lauter sehr jungen Leuten sich zusammensetzt, mitten in merkwürdig freien und zugleich verantwortungsschweren Verhältnissen, so nimmt sie nicht selten einen geradezu despotischen Karakter an.

Zu oberst steht der Agent, als Vertreter der heimischen Firma mit fast unumschränkter Gewalt über seine Untergebenen ausgestattet. Als der große Spender von Trust oder Nicht=Trust empfängt er mit würdevoller Herablassung die Potentaten des Landes, die vielleicht schon stundenlang auf die Gnade einer Audienz zum Zweck der Erhöhung ihres Kredites gewartet haben. Bei Palavern führt er den Vorsitz. Nicht selten wird er bei Streitigkeiten der Eingeborenen um Rath und Entscheidung angegangen. Die schönsten und vornehmsten Mädchen werden ihm willig angeboten. Was wunder, daß dann der junge, kaum fünfundzwanzigjährige Mann zuweilen gar stolz und tyrannisch wird. Es ist da draußen so Manches anders als in dem alten, engen Europa. Dort wäre er sicher ein kleiner Kommis geblieben.

Nach dem „Agenten" kommen die „Angestellten", die man häufig auch als „junge Leute" schlechtweg bezeichnen hört, obgleich sie oft älter sind als ihr Beherrscher. Sie teilen sich in rein kaufmännische und mehr technische Hilfskräfte. In der letz=

teren Eigenschaft, als Materialverwalter und Beaufsichtiger der
Neger zur Arbeit, findet man hauptsächlich Seeleute, deren
meistens reifere Jahre nicht selten ein Mißverhältnis ihrer unter-
geordneten Stellung markiren. Überhaupt macht sich gerade in
Afrika die fast überall fühlbare Ungerechtigkeit der sozialen Beziehungen zwischen Seemann und Kaufmann oft besonders stark
geltend.

Die Angestellten haben von ihren Firmen freie Station und
Gehalt, sowie freie Passage nach Kamerun und zurück. Die
freie Station mag 2000 Mark jährlich wert sein. Hiezu gehört
meistens auch Wein und Bier, aber es fehlt häufig genug an festen
Sätzen für die Ausmessung dieser so nötigen Wohlthaten und
häufig genug bleibt es ganz dem Geschmack und der Willkür
des Agenten anheimgestellt, wie er seine Untergebenen damit
bedenken will. Auch die Wäsche wird meistens auf Kosten des
Hauses besorgt durch einen eigens hiezu gebundenen schwarzen
Waschmann, und ebenso fällt die Bedienung dem Hause zur
Last, was für den einzelnen Angestellten dadurch nachteilig ist,
daß er keinen Burschen speziell als ihm eigen betrachten kann.

Das Gehalt beginnt gewöhnlich mit 1500 Mark, steigt nach
einem Jahre auf 1800 Mark und nach zwei Jahren auf 2100
Mark. Sind dann die drei Jahre, zu denen der Neueintretende
sich verpflichten mußte, abgelaufen und will der Betreffende seine
Dienste fortsetzen, so kann er einen neuen Kontrakt eingehen, der
je nach den mittlerweile konstatirten Fähigkeiten beschaffen sein
wird. Gewöhnlich ist hiemit eine wohlverdiente Erholungsreise
nach Hause verbunden.

Unter je zehn oder zwanzig „jungen Leuten“ bringt es schließlich
Einer durch Glück und Geschick bis zum Agenten und damit zu
einem für sein Alter recht stattlichen Einkommen. Denn als Agent
erhält er neben seinem fixen Gehalt von etwa 5000 Mark auch
noch einen Anteil am Reingewinn der Geschäfte und zwar je nach
seinem Kontrakt bis zu $33^{1}/_{3}$ Prozent desselben. Ist der Um-
satz bedeutend, so kann seine Jahreseinnahme bis auf 20 oder

30 000 Mark emporgehen. In der letzten Zeit soll das aller=
dings schon lange nicht mehr dagewesen sein.

Jeder, der nach Afrika geht, bringt eine Anzahl Illusionen
mit, die er sich erst gründlich zerstören lassen muß, ehe er das
richtige Gleichgewicht der Stimmung findet. Der Ärger und die
Komik des Umgangs mit Negern, die Genüsse und die Qualen
einer tropischen Natur, Resignation und Humor, das sind die
Hauptingrebienzen. Die Mischung schmeckt etwas bitter.

Man glaube nur ja nicht, daß der Dienst in den Faktoreien
leicht und bequem sei. Die jungen Kaufleute führen da draußen an
der westafrikanischen Küste durchaus kein Schlaraffenleben. Es
gibt wohl Zeiten, in denen die Arbeit halb einschläft. Dafür
kommen aber auch wieder Gelegenheiten, daß es gilt, Tag und
Nacht sich anzustrengen.

Es wird in der Regel auffallend früh aufgestanden, an den
Werktagen schon um sechs Uhr morgens, also unmittelbar nach dem
Tagwerden. Ein längeres Glockensignal, von der Nachtwache
angeschlagen, besorgt das Aufwecken. Schon während der Nacht
hat diese Wache, gewöhnlich zwei Kru-Jungen, ihre Munterkeit
durch öfteres Klappern mit einer alten Konservenbüchse oder
andere milde Geräusche kundgethan. Es ist das eine für den
Neuling recht störende Sitte, die auf zweierlei seelischen Motiven
beruht. Dem Faktoristen dient sie zur Kontrolle der Wächter,
damit sie nicht schlafen, und die Wächter klappern selber ganz
gerne, sowohl aus Furcht vor Gespenstern als auch aus Furcht
vor Dieben, die sie lieber verscheuchen als an sich herankommen
lassen.

Um sieben Uhr morgens ist bereits Alles in Thätigkeit. Denn
auch die schwarzen Händler pflegen sich frühzeitig einzustellen und
um halb sieben Uhr sind ihrer schon soviele im Hofe unten ver=
sammelt, schwatzend, schreiend und gegen die Thüren trommelnd,
daß an Schlaf nicht zu denken ist.

Gewöhnlich teilt sich die Arbeit des Tages in zwei Ab=
schnitte. Von morgens sieben Uhr bis etwa elf Uhr wer=
den die von den Negern gebrachten Produkte eingenommen, ge=

prüft und gemessen. Die Beträge werden dann einerseits in die
Bücher notirt, andererseits auf Zettel geschrieben und diese als
Quittung oder Zahlungsanweisung dem Verkäufer übergeben.
Solche Zettel, indem sie ein Wertversprechen enthalten, stellen
also sozusagen eine Augenblicksmünze dar, die das fehlende Geld
vertritt.

Um zwölf Uhr wird gefrühstückt und etwa um zwei Uhr, je
nach der Menge des vorhandenen Geschäftes, geht es wieder ins
Magazin zum Auszahlen. Die schwarzen Händler haben unter=
dessen im Hof gewartet oder sind in die Dörfer gegangen und
treten nun mit ihren Zetteln an. Da heißt es dann: „Du hast
heute morgen fünf Krn Palmöl oder Palmkerne gebracht. In
deinem Schuldbuch stehen zwanzig Krn. Davon streiche ich jetzt drei,
und zwei Krn will ich dir meinetwegen zur Aufmunterung aus=
zahlen. Was willst du dafür?" Antwort: „Zwei Stück Zeug
von dieser Sorte und eines von jener, dann so und soviel Rum,
einige Stränge Perlen u. s. w." Obwohl der Gauner ziemlich
genau weiß, wie viel er für zwei Krn bekommen kann, da ja alle
Waren ihren stehenden Tarif haben, verlangt er natürlich immer
etwas mehr, und erst nach längerem Hin= und Herschachern gibt
er sich zufrieden.

Es ist keine Kleinigkeit, Tag für Tag in den heißen, von
Palmöl, Palmkernen und Negern stinkenden Magazinen herum=
zustehen, sich mit dem schwarzen Gesindel herumzuzanken, bei dem
Höllenlärm, den die Schufte machen, Alles richtig aufzuschreiben
und zugleich überall seine Augen zu haben, damit nichts gestohlen
wird. Namentlich die immer mehr um sich greifenden eisernen
Wellblech=Häuser, die sich so rasch erhitzen und die scheußlichen
Dünste zusammenhalten, werden gegen die Mittagszeit zur uner=
träglichsten Plage.

Doch auch draußen im Freien ist so eine Kamerun=Faktorei
kein angenehmer Aufenthalt. Während an anderen Punkten der
westafrikanischen Küste die Faktoreien mit ihren Zäunen oft
ganze Hektare umschließen, herrscht hier aus Mangel an Raum
die größte Beschränktheit. Da sind neben dem einstöckigen Wohn=

haus, dessen Erdgeschoß den Laden und das Lager für die besseren Waren enthält, noch verschiedene Magazin-Schuppen, die Küche, die Hütten der Kru-Jungen, innerhalb deren es aus- sieht, wie im Zwischendeck eines Auswanderer-Schiffes oder eigent- lich noch viel schlimmer, ferner die überdachten Werkstätten der Külper und Zimmerleute, sowie der gleichfalls überdachte einge- mauerte Kessel zum Schmelzen des Palmöls und andere kleinere Baulichkeiten so eng zusammengedrängt, daß nur mehr ganz schmale Gassen übrig bleiben, und auch diese sind mit Palmöl- fässern, frisch gestrichenen Böten, Brettern und Balken so sehr verlegt, daß man sich nur mühsam durchfindet.

Sind die Geschäfte glücklich zu Ende oder tritt eine Pause ein, so ist immer noch Dieses und Jenes nachzusehen. Die Böte müssen kalfatert und nochmals gestrichen werden, das Dach der Schuppen ist schabhaft geworden, aus dem Zaun haben die bösen Kamerun-Buben mehrere Latten ausgebrochen, die Kru- Jungen haben sich geprügelt oder gestohlen, und der Koch hat eine ganz niederträchtige Mahlzeit geliefert. Untersuchungen des Inventars, Reparaturen, Verhöre, Justizakte wechseln in über- reicher Mannigfaltigkeit. Auch Kranke gibt es und verlangen Arznei. Kurz, der Europäer da draußen muß sich Alles sein und alle Fächer europäischer Betriebsamkeit gut oder schlecht, wie es eben geht, zu vertreten suchen.

Ganz besonders wichtig, ja geradezu unentbehrlich ist ein gewisses natürliches Geschick, für die Behandlung der Neger gleich den richtigen Ton zu treffen, und es scheint, daß in dieser Beziehung unsere jungen deutschen Kaufleute hervorragend gut veranlagt sind. Es ist das eben ein Talent, das angeboren sein muß. Das Buch über den Umgang mit Negern wäre überhaupt erst noch zu schreiben. Es wäre sicherlich kein Komplimentirbuch, wie wir deren für europäische Verhältnisse schon mehrere be- sitzen, aber es wäre deshalb nicht minder interessant und lehr- reich.

Man liebt den Neger wegen seiner Drolligkeit und zugleich haßt man ihn wegen seiner Niedertracht. Aus solchem Zwiespalt

der Gefühle im Verein mit Hitze, Fieber und Entbehrungen
entsteht dann häufig jene nervöse Heftigkeit, die der Neuling in
afrikanischen Dingen nicht begreift, bis er mit der Zeit selber
heftig und nervös wird. Aus diesen zwei Motiven entsteht aber
auch eine Tonart des Verkehrs von ganz eigentümlicher Zu-
sammensetzung. Anders wenn es sich um untergebene Diener
oder Knechte, anders wenn es sich um eingeborene Potentaten
handelt.

Der Ton, der Häuptlingen gewöhnlichen Schlages gegenüber
meistens herrscht, ist überall der nämliche, soweit ich gewesen bin.
Es ist ungefähr dieselbe bittere Mischung von Verachtung und
Furcht, die ein verschuldeter Kavalier seinem Wucherer bezeugt,
der von ihm Wechsel besitzt. Das Schuldverhältnis ist zwar
zwischen Europäer und Neger gerade umgekehrt, aber die gegenseitige Stimmung ist doch dieselbe; denn hier ist der Neger als
Souverän des Landes und Tyrann des Handels zugleich auch
Herr der ganzen Situation. Zunächst eine gute Portion halb
offener, halb versteckter Geringschätzung, dazu einige Andeutungen,
daß er lästig falle, wenn man auch innerlich froh ist, daß er
kam; etwas künstliche oder natürliche üble Laune, hie und da
eine mürrische Grobheit, hie und da ein beißender Witz, dann
eine sehr fein abzumessende Dosis erheuchelten Wohlwollens, und
das Ganze zusammengerührt, aber so, daß er ja nichts merkt,
mit der schärfsten Vorsicht, um keinen Preis ganz zu brechen:
Das ungefähr ist das häufigste Rezept für den Umgang mit
einem Negerpotentaten der westafrikanischen Küste. Je nach
dem Falle, aber eigentlich selten, ist vielleicht auch ein plötzliches
Aufbrausen bis zur entsetzlichsten Wut, aber blos zum Schein,
beileibe nicht aus wirklicher Leidenschaft, von gutem Erfolg.
Alles kann schließlich helfen, ausgenommen allein eine Schwäche.

Untergebenen gegenüber wird es am besten sein, zuerst die
größte Strenge und den größten Ernst zu wahren. Nach und
nach kann man dann versuchsweise etwas Humor und wirkliches
Wohlwollen vorkehren, was in der Regel schnell begriffen wird.
Mit den eigenen Leuten ganz humorlos zu verkehren, wäre auf

die Dauer unerträglich. Nur muß man auch hier behutsam sein.

Es wäre durchaus falsch, zu meinen, daß man mit dem Neger wie mit einem wesentlich tiefer stehenden Wesen achtlos und ohne alle Rücksicht auf die eigene Würde, die ja doch kaum je gefährdet sei, verkehren dürfe. Im Gegenteil. Der Neger hat für gewisse äußere Rücksichten ein viel lebhafteres Anstandsgefühl als der mittlere europäische Plebejer, und man lernt bald ein= sehen, daß man gerade seiner ausgezeichneten Beobachtungsgabe gegenüber sich ganz besonders hüten muß, im Benehmen Blößen zu zeigen.

Mich hat oft die Frage beschäftigt: Wie mag der Neger uns Weiße empfinden? Ich glaube, der Eindruck, den wir auf ihn machen, ist auch ziemlich reich an Komik, aber bei weitem nicht ebenso harmlos. Ich glaube, der Neger empfindet uns als höchst merkwürdige, oft äußerst putzige und lächerliche, oft aber auch sehr gefährliche und böse, kobolbartige Wesen. Respekt hat er nicht vor uns, wohl aber Furcht. Wir können viele Künste, die er nicht kann, aber darüber mag er eigentlich nicht lange reflektiren. Wie eine Dampfmaschine arbeitet, ist ihm gänzlich gleichgültig. Er würde ja doch niemals eine betreiben. Unsere europäischen Zeuge und Perlen sind ihm viel interessanter, denn die kann er sich aneignen, um sich damit zu schmücken. Daß wir sie ihm nicht ohne weiteres geben, sondern Palmöl und Elfenbein dafür haben wollen, erscheint ihm mehr als eine Laune von uns. Daß wir damit unsern Lebensunterhalt er= werben müssen, glaubt er nicht gerne, weil es ihm nicht paßt. Die Willens= und Begehrens=Impulse sind bei ihm mächtiger als die Hemmungen. Er ist beständig in der Stimmung eines Menschen, der über theoretische Dinge absolut nicht nachdenken mag. Er ist ein reiner Praktikus. Er wünscht nur immer.

Mitten zwischen die täglichen, meistens sehr langweiligen und mehr eine unverwüstliche Geduld erfordernden Obliegenheiten fallen häufig ganz plötzlich Aufgaben, die nur durch die größte akute Energie vollbracht werden können. Da kommt auf einmal

die Nachricht, der Faktorist So und so, weit oben am Flusse,
hat ein schweres Fieber, zugleich haben ihm die Eingeborenen
aus irgend einer frivolen Ursache ein böses Palaver gemacht
und wollen ihn ausrauben, schleunigste Hilfe ist nötig. Oder
der kleine Dampfer hat sich unten an irgend einer Bank festge=
fahren und muß so bald als möglich gelöscht werden, damit er
nicht von schlechtem Wetter zu Grunde gerichtet wird.

Solche Fälle dürfen nicht verzögert werden. Da heißt es
dann rasch das Boot fertig, etwas Proviant eingepackt und fort
in strömendem Regen auf eine Ruderpartie die Nacht durch bis
morgen Mittag um zwölf Uhr. Im Anfang mögen solche aben=
teuerliche Fahrten romantisch erscheinen. Aber die Romantik hält
nicht lange vor, wenn man ihre Unannehmlichkeiten einmal
gründlich gekostet hat.

Zuweilen kommt dann der Dampfer aus dem Süden, der
nach Europa geht, unerwartet frühzeitig. Die Korrespondenz ist
noch gar nicht angefangen. Da heißt es die Nacht durch schreiben
und während des Tages das Ein= und Ausladen besorgen. Aber
auch die aus Europa kommenden Dampfer bringen einige Auf=
regung, nicht blos geschäftlicher, sondern zugleich persönlicher
Art. Denn da gibt es Briefe und Zeitungen. Man gewöhnt
sich daran, jeden freien Augenblick mit dem Fernrohr nach der
Mündung des Flusses hinabzuspähen, ob dort unten über dem
schmalen Stück Meereshorizont nicht ein kleines Wölkchen oder
die Spitze eines Mastes auftaucht, und wer solche erste Anzeichen
eines Schiffes zuerst entdeckt, ist stolz darauf und läßt sogleich
die Flagge hissen, um das Ereignis auch den anderen Faktoreien
mitzuteilen, und auch auf diesen und auf der Mission steigen
alsbald die Flaggen empor, hier die englischen, dort die deutschen.
Zum Inventar einer Faktorei gehört nämlich stets ein möglichst
stattlicher Flaggenmast.

Eine nicht genug zu rügende Unsitte, die an der ganzen
Westküste herrscht, besteht darin, daß die Hauptmahlzeit erst um
sieben Uhr abends oder gar noch später eingenommen wird. Des
Morgens zwischen sechs Uhr und sieben Uhr gab es Thee und Kaffee

mit Butterbrod und kalten Fleischsachen. Mittags folgte das
zweite Frühstück, der „Lunsch", mit einem warmen Gericht und
Bier oder Wein, zwei Stunden darauf wieder Kaffee und Thee,
und erst wenn bereits die Lichter brennen, setzt man sich zum
Diner, um von diesem weg etwa um zehn Uhr fast direkt ins
Bett zu steigen. Spazierengehen kann man nicht mehr, denn es
ist dunkel, und die schlechten Pfade voller Gestrüpp verleiden einem
die so heilsame Bewegung auch beim schönsten Tageslicht schon
genugsam. Da bleibt man also auf der Veranda sitzen, raucht
eine Zigarre, kühlt sich das Gesicht mit dem Fächer, wiegt sich
im Schaukelstuhl, erschlägt Moskitos und schwitzt die genossene
Feuchtigkeit der heißen Suppen und Saucen durch alle Poren.
Eine Menge Verdauungsstörungen sind auf solche gesundheits=
widrige Gewohnheiten zurückzuführen. Dabei sind die Mahlzeiten
oft viel zu üppig, die Gerichte ebenso zahlreich als schlecht in
Qualität und Zubereitung. Trotzdem ist der Appetit meistens
gut, man langt tapfer zu und verzehrt Fett und Fleisch in an=
sehnlichen Quantitäten. Daß man unter den Tropen mehr nach
vegetabilischer Nahrung verlangt, ist eine Fabel. Auch gibt es
zu wenig frische Gemüse in Afrika. Man erhält dergleichen
nicht, wenn man auch noch so sehr sich danach sehnte. Nur von
Fernando Po kommen gelegentlich Gurken, Melonen, Kohl, Sa=
late, frische Bohnen und Erbsen herüber. Auch Yams wird von
dort in größerer Menge bezogen, nicht blos für den Tisch der
Weißen, sondern auch zur Ernährung der Kru=Jungen.

Ein festliches Diner in den Faktoreien sieht äußerlich unge=
mein glänzend aus. Obenan sitzt der Chef des Hauses, rechts
und links von ihm die Gäste nach ihrem Rang, dann folgen in
zwei längeren Reihen links und rechts der Tafel die Angestellten,
gleichfalls nach ihrem Rang geordnet. Einige große, stattliche
Lampen strahlen ihr Licht herab auf das weiße Tischtuch; die
vielen Schüsseln, Teller, Gabeln, Löffel und Messer glitzern un=
gemein reich und prunkend, und hinter den Stühlen eilen ge=
schäftig die schwarzen Diener herum und ihre Augen und ihre
Gebisse glitzern fast noch effektvoller als das Geschirr. Aber ach,

der innere Gehalt all des schnöden Flitters ist eitel nichtig und
fade. Die Ziegenfleischsuppe mit kleinen Kartöffelchen, die in
Madeira wuchsen, geht noch. Aber eine Menge kleiner Insekten,
es sind geflügelte Ameisen, schwirren herum und scheinen sich
darauf zu kaprizieren, in ihr einen schmerzhaften Tod zu suchen.
Dann kommt Kaviar. Es ist zwar blos Elbkaviar, aber doch,
hier in Afrika, welcher Luxus! Indeß unser Staunen bleibt
kurz: Rein ungenießbar, viel zu salzig. Jetzt werden die blin=
kenden, Silber täuschenden Deckel von den Schüsseln genommen:
Gekochtes Ziegenfleisch, gebratenes Ziegenfleisch, Ziegenfleisch=
Ragout, kaltes gebratenes Ziegenfleisch, geschmorte Ziegennieren,
gedämpftes Ziegengehirn, gekochtes Huhn, gebratenes Huhn,
Kurry mit Huhn, Paprika=Huhn, kaltes Huhn. Heute ist also
der Vorzugstag, an dem es nur frische Fleischkost gibt. Sonst
wären eben so viele Büchsenfleisch=Sorten, verschiedene Würste
und Würstchen, Frikassees und Ragouts, alles in Hamburg ge=
kocht, vorhanden. Sauerkohl, Schnittbohnen, Gurken, Kompott
aus Hamburg und Lübeck, Reis aus Rangun und wieder die
kleinen Kartöffelchen aus Madeira geben das Beiwerk. Ein
schrecklich unverdaulicher Pudding mit türkischen Pflaumen und
Schweizer oder Holländer Käse machen den Schluß. Man steht
auf und zündet sich eine Zigarre an.

So vornehm wie hier beschrieben geht es indeß nicht alle
Tage zu, sondern meist nur, wenn besondere Gäste da sind.
Häufig genug gibt es weiter nichts als den landesüblichen „Palmöl=
Chop", ein stark mit spanischem Pfeffer versetztes Hühnerragout,
dessen dicke, breiige, rotgelbe Tunke aus frischem Palmöl besteht
und sowohl in der Farbe als im Geschmack an das Material
von Tünchern erinnert. Sehr beliebt auch ist das sogenannte
„Aschanti Fowl", ein gebratenes Huhn, dem die Knochen ausgelöst
und dafür beträchtliche Mengen von spanischem Pfeffer zwischen
die Muskeln eingefügt sind. Selten genießt man dieses Gericht,
ohne dabei Thränen zu vergießen.

In Kamerun lebt man nicht blos einfach billig und schlecht,
sondern teuer und schlecht. Eine Ziege, das Haustier der

Armut und zugleich das einzige Haustier mit erträglichem
Fleisch, kostet bis zu 50 Mark (4 Kru in Waren) und darüber.
Ist die Nachfrage stark, so werden die unverschämtesten Forde=
rungen gestellt, und die Neger wissen ziemlich genau Bescheid
über die Dringlichkeit des Bedarfs. Man zieht die kastrirten
Böcke vor und verschmäht in der Regel, weibliche Tiere zu essen,
wegen einer bestialischen Gewohnheit, die von den Kamerunern
an ihnen häufig ausgeübt werden soll. Afrikanische Hühner sind
kaum zu genießen, sonstiges Geflügel ist selten, Wild in Kamerun
fast unbekannt und auch unter den noch etwas häufiger, jede
Woche vielleicht zweimal, angebotenen Fischen des Flusses ist
keine einzige Spezies, die sich durch Wohlgeschmack auszeichnet.
Für zehn Eier zahlt man gerne einen Schilling. Manchmal kann
man aber auch für das Sechsfache dieses Sündenpreises keine
bekommen und von den gebrachten ist die Hälfte faul oder an=
gebrütet. Wer mit afrikanischen Hühnern sein Eiweißbedürfnis
auf längere Zeit zu decken hatte, nimmt einen dauerhaften Wider=
willen gegen das ganze Geschlecht mit sich durchs Leben. Kame=
runer Rindfleisch ist auch nicht viel besser, Schafe sind selten, die
Ziegen schmecken noch am besten.

Unter solchen Verhältnissen ist es ein Glück, Konserven zu
haben, so sehr diese auch dem frischen Proviant in jeglicher Hin=
sicht nachstehen. Bei den billigen Sätzen der Seefracht macht es
blos inbezug auf die Zeit einen Unterschied, ob man eine größere
Anzahl Kisten von Hamburg nach Kamerun oder von Hamburg
nach München zu schicken hat. Da nun Afrika an eßbaren
Dingen so wenig bietet, läßt man sich also am besten allen er=
denklichen Proviant aus dem gesegneten Erdteil Europa schicken,
und die reiche Liste derjenigen europäischen Küchenartikel, die
man in den westafrikanischen Faktoreien meistens vertreten findet,
hat schließlich gar nichts Wunderbares. Ebensowenig die That=
sache, daß eine Flasche gutes Hamburger Bier in Kamerun blos
70 Pfennig kostet. Jeder Dampfer bringt neue Zufuhr. Auch Rot=
wein ist schon für anderthalb Mark die Flasche zu haben, doch
möchte ich diese verdächtige Billigkeit, der die Qualität entspricht,

nicht ohne weiteres loben. Zuweilen kauft man sich von den Negern einen Kürbis Palmwein.

Soweit Früchte liefernde oder sonst genießbare und nützliche Pflanzen in Betracht kommen, hat der europäische Handelsverkehr die Floren des ganzen Erdballs durch einander gemischt. Kamerun ist in dieser Beziehung ein noch sehr vernachläſſigter, mancher Bereicherung fähiger Winkel. Man merkt es ihm an, der Europäer konnte sich hier viel weniger frei bewegen, als anderwärts, hier herrschte zu lange der Neger. In Kamerun fand ich nicht einmal Tomatos vor, jenes nützliche Unkraut, das sonst in den Tropenländern faſt unausrottbar fortwuchert, wenn es einmal da iſt, und Jahr aus Jahr ein köſtliche Früchte trägt. Von mehreren hundert Samenkernen aus Früchten, die ich aus Fernando Po erhalten hatte, erwuchsen mir bloß vier Pflänzchen, die gut gediehen, so lange ich ſie täglich begoß und beschattete. Als ich krank wurde und ſie nicht mehr regelmäßig pflegen konnte, welkten auch ſie, und wer weiß, ob ſie heute noch leben. Nur jene andere kosmopolitische Solance, das Capsicum, der ſpanische Pfeffer, gedeiht auch hier in erfreulicher Menge auf dem Schutt der Dörfer.

Was Kamerun außer Kokospalmen an eingeführten Bäumen beſitzt, iſt ungemein wenig. Am häufigſten ſieht man in den Dörfern den Mango-Baum, der wegen ſeines dichten Schattens beliebt zu ſein scheint; die Kameruner Mango-Pflaume jedoch iſt die schlechteſte, die ich kenne. Häufig iſt auch die Papaia, der Melonenbaum, berühmt durch den reichen Pflanzenpepſin-Gehalt ſeiner ſonſt ziemlich schmacklosen Früchte; man benützt ſie zuweilen zur Zubereitung des Fleisches. Die Brodfrucht, das Anacardium „Caju", Guiavas und andere Tropenfrüchte ſind nur spärlich vertreten. Ananaſſe kommen vor, ſind aber auch schlecht, und wenn ſie von Negern gebracht werden, ſind ſie meiſtens noch unreif und ſauer. Denn der Neger in ſeiner Gewinngier vermag ſelten die richtige Zeit abzuwarten. Dasſelbe gilt von Pomeranzen, Limonen und Zitronen, die ebenfalls hier und da in den Dörfern vorkommen. Will man derlei in besseren Qualitäten haben, muß man eine Gelegenheit von Fernando Po abwarten.

Die europäische Gartenkunst hat es in Kamerun auch noch nicht weit gebracht. Schüchterne Versuche, Blumen und Früchte zu ziehen, findet man allenthalben in den Faktoreien. Die be= rühmtesten Leistungen dieser Art sind bei Herrn Allan zu sehen, der seiner Hulk gegenüber in Hickorytaun ein größeres Schuppen= gehöft angelegt und durch allerhand schöne oder nützliche Pflanzen ausgeschmückt hat.

Von Ziersträuchern findet man in den Gärten der Fakto= reien eigentlich blos die folgenden vier Arten: Die schöne rote Hibiscus = Rose, die Apocynazee Allamanda, ein Gebüsch mit gelben Trichterblüten; die Lantana, das blasse „Wandröschen" unserer Topfgärtnereien, und die Cassia lata, eine sehr inter= essante Heilpflanze, die der westafrikanischen Küste eigen zu sein scheint und deren frischer Saft ein ausgezeichnetes, äußerlich an= zuwendendes Mittel gegen den Ringwurm ist, jene bei Schwarzen und Weißen ungemein häufige Hautkrankheit, die durch einen parasitären Pilz aus dem Geschlechte des Favus erzeugt wird. Als hervorragend ornamental wirkende Erscheinungen sind ferner einige riesenhafte Büschel des indischen Bambus im Garten der Akwa=Mission zu nennen und als willig gedeihendes üppiges Schlinggewächs, besonders geeignet zur Herstellung schattiger Laubengänge, trifft man hie und da eine Passiflora, bei den Portu= giesen „Maracujá", bei den Engländern „Grenadilla" genannt, deren große melonenähnliche Früchte genießbar sind. Daß auch die Kokospalme, hier und dort in Reihen gepflanzt, zum Schmuck dient, versteht sich von selbst.

Zwei große Schwierigkeiten machen sehr genügsam und lassen selbst kleine Erfolge als überaus dankenswert erscheinen; das sind die Widerstände der Natur und die Faulheit der Neger, deren Hilfe man leider nicht gänzlich entbehren kann. Wer es einmal versucht hat, im tropischen Afrika etwas Gemüse zu pflanzen, Kohl, Salat, Radieschen, ja selbst Erbsen und Bohnen, die bei uns doch fast gar keiner Sorgfalt bedürfen, der weiß, was für schlimme Feinde solcher Bemühungen Sonne und Regen dort sind. Die wahrhaft klotzigen Regen schlagen alles nieder, zerwühlen die Beete und schwemmen den Humus hinweg. Eine Stunde darauf bricht die Sonne durch, die Wassermassen sind in den Poren und Höhlungen des Laterits verschwunden und was von den Pflänzchen übrig blieb, wird jetzt von den glühenden Strahlen versengt und vernichtet. Dabei ist noch der seltene Fall vorausgesetzt, daß die Samen überhaupt glücklich aufgegangen und nicht gleich von den Ameisen fortgeschleppt worden sind. Man müßte da beständig zur Hand sein, um die zarten Kulturen bald gegen den übermäßigen Sonnenschein, bald gegen den übermäßigen Regen zu schirmen und zu decken. Zugleich aber gedeiht das Unkraut, besonders die ungemein starken, robusten Gräser, die sich immer nur durch Rhizome vermehren, doppelt üppig als irgendwo anders. Es ist gerade, als ob die so vielfach gepriesene tropische Fruchtbarkeit eigentlich nur diesem unnützen Pflanzengesindel zu Gute käme.

Ich versuchte zwei Monate lang in der Graswildnis, die meine Wohnung, die verlassene Belltown=Mission, umgab, meine ganze Kraft an der Herstellung eines Gartens. Der Platz, den ich hiezu säubern wollte, maß kaum ein halbes Hektar. Hatten wir uns glücklich bis zu dem einen Ende durchgearbeitet, so war mittlerweile am anderen das Gras wieder ebenso hoch wie vorher, und wo ein kleines Stückchen Rhizom in der Erde zurückblieb, schoß eine neue Grasgarbe auf. Allerdings muß ich dabei bemerken, daß sowohl die zwölf Kru=Jungen als auch die vier Kameruner, die hiezu verwendet wurden, hervorragend faul waren und eigentlich nur dann etwas thaten, wenn ich selber mithalf.

Die Indolenz und die Faulheit der Kameruner kümmert sich nicht gern um Dinge, die außerhalb des Schachers liegen. Hier und bort in den Dörfern stehen Baumwollstauden mit reichlichen Früchten, die unbenützt verkommen. Wie oft habe ich Kameruner, wenn sie mit ihren aussatzartigen Geschwüren ärztliche Hilfe bei mir suchten, ermahnt, solche rohe Baumwolle, die sie blos aus=

zuzupfen brauchten, zum Verbinden mitzubringen. Denn der
Konsum meiner europäischen Watte war ein sehr starker; es
kamen im Tage bis zu dreißig Personen mit solchen, ganz be=
trächtlich großen Geschwüren. Aber lieber blieben sie weg und
ohne Verband, wenn ich darauf bestand, daß sie selber etwas
Material beschafften.

Als weitere Staffage einer Kamerun=Faktorei mit ihrem be=
scheidenen Gärtchen sind noch etliche Haustiere aufzuführen,
nämlich Hunde, Katzen, Tauben und Enten aus Europa, sowie
Affen, Ziegen, Schweine und Hühner, ferner auch gelegentliche
Menagerie=Raubdaten für den zoologischen Garten in Hamburg,
wie Geier, Zibethkatzen u. dgl. aus der Gegend selber. Über=
raschend war mir das gute Aussehen europäischer Hunde und
Katzen, die ich in Kamerun vorfand, ganz im Gegensatz zu
Angola, wo diese Tiere zu wahren Jammergestalten werden.
Allerdings langhaarige oder wollhaarige Hunde scheinen auch in
Kamerun viel zu leiden. Ein Wurf junger Kätzchen gedieh in
der Faktorei, in der ich wohnte, anscheinend ausgezeichnet, wobei
freilich in Betracht kam, daß die Mutter eine erst kürzlich mit
einem Segelschiff eingewanderte Kätzin, also noch nicht vom
Klima längere Zeit affizirt war.

Von den drei Hauptbedürfnissen des Menschen: Nahrung,
Kleidung und Wohnung, ist noch am leichtesten zu befriedigen das
zweitgenannte, die Kleidung, die man sich in Hamburg bestellt.

Die Europäer tragen in der Regel weiße Hemden, gestärkt
und geplättet. Zur Arbeitszeit fehlt gewöhnlich der Halskragen.
Bei feierlichen Gelegenheiten jedoch, am Sonntag oder zu gast=
lichen Zusammenkünften, schmückt man sich mit steifen Vater=
mördern und Manschetten und wenn man recht vornehm aus=
sehen will, auch noch mit einer feuerroten Kravatte.

Das Waschen und Plätten wird am besten von festange=
stellten Akra=Männern, die zum Personal der Faktorei gehören,
besorgt. Zugleich hat Kamerun auch zwei einheimische Wäsche=
rinnen aufzuweisen. Die eine davon ist sogar aus allerhöchstem
Blut, eine richtige leibhaftige Schwester des King Akwa. Aber

die Leistungen beider, insbesondere die königlichen der Prinzessin, sind nicht blos ebenso niederträchtig schlecht als kostspielig, sondern auch höchst verderblich für alle Hemden, Jacken und Hosen, die man ihnen preisgab. Die Akra-Waschmänner werden deshalb vorgezogen, obwohl man auch sie ebenso wie die Kru-Jungen jährlich sich verschreiben und nach Ablauf des Dienstjahres wieder per Dampfer in die Heimat zurückbeförbern muß.

Als sonstige Kleidung trägt man am passendsten einen leichten europäischen Sommeranzug ohne Weste, Strohhut oder Korkhelm und Zeugschuhe. Über den nassen Ebbestrand und durch das seichte Wasser ins Boot oder durch Bäche reitet man, einen Sonnenschirm über dem Haupt, auf den Schultern der Kru-Jungen. Gleichwohl sind hohe Stiefel oft genug zu empfehlen.

Selbst einen Schneider gibt es bereits in Kamerun, dessen Hütte sogar durch die Anwesenheit einer Nähmaschine ausgezeichnet ist. Aber die Nähmaschine geht schon lange nicht mehr, weshalb „Mister Isak Akwa Tailor" (so heißt er nämlich) es vorzieht, in Herrn Schmidts Faktorei zu arbeiten, wo eine andere noch unverborbene Nähmaschine seine Künste herausforbert. Im Dezember 1884 hatte ich mir durch Herrn Jürs, den Agenten von Bimbia, aus Fernando Po weißes Zeug für Röcke und Hosen besorgen lassen und Mister Isak Akwa Tailor zur Formung übergeben. Erst im April 1885 war diese Kleiderpracht fertig, aber sie paßte nicht. Am 17. Mai ungefähr waren die nötigen Änderungen baran enblich zu stanbe gekommen, aber an demselben Tage wurde ich totkrank nach Hause geschickt. Außer Mister Isak Akwa Tailor kenne ich noch ein paar Kamerun-Weiber als Personen, die mit der Nähmaschine umzugehen wissen.

Eines Schusters allerdings konnte Kamerun noch nicht sich rühmen. In Viktoria saß damals ein solcher. Er nannte sich „Senhor Marsalino Silvestre", war ein portugisischer Hosenneger aus Loanda und that hocherfreut und erstaunt, als ich zu ihm portugisisch und angola redete. Doch hatte er von biesen seinen eigentlichen Muttersprachen viel vergessen, ohne deshalb im Englischen sicherer zu sein. Auf welche legitime oder nicht legitime Art er nach Viktoria geraten war, verschwieg er. Wenn man ihm Stiefel zum Flicken zuschickte, dauerte es mindestens zwei Monate, bis man sie wieder bekam.

Auch der Komfort im W o h n e n läßt noch ungeheuer viel zu wünschen. Man merkt es dem afrikanischen Handel an manchen Punkten der Küste immer noch an, daß er zuerst von vorübergehend verankerten Schiffen aus, die nach einiger Zeit wieder absegelten, betrieben wurde. An den offenen Rheden einiger Küstenstrecken steht er noch heute auf diesem ersten Stadium seiner Entwicklung. Eine größere Beständigkeit begann dann dadurch, daß man alte Schiffe herausfandte, die in Flußmündungen und geschützten Buchten etwas fester verankert und abgetafelt wurden, um als „Hulks", als schwimmende Faktoreien, den Rest ihrer Tage abzuverdienen. Erst in einem dritten Stadium, wenn mit dem Verkehr auch die Sicherheit zunahm, siedeln sich die Kontore mit ihren Magazinen und samt den Wohnräumen ihrer Bediensteten auf festem Lande an. In Kamerun geht eben der Übergang aus dem zweiten ins dritte Stadium vor sich.

Die Woermann=Faktoreien sind bereits alle auf dem Ufer errichtet und an die Hull=Periode dieser Firma erinnert nur mehr ein langsam zerfallendes Wrack, das drüben nach dem Mungo= Krik zu auf einer Sandbank liegt. Auch die Tage der Hulk „Luise" von Jantzen und Thormählen sind bereits gezählt. Schon seit zwei Jahren leckt sie, das Dichten ist sie nicht mehr wert, sie ist auch schon vollständig ausgeräumt und ihr Inhalt in ein neues Faktoreigehöft auf's Ufer verbracht. Von den englischen Firmen ist eine schon lange an Land, die sechs anderen schwimmen zwar noch, aber auch sie haben sich vorsorglicherweise am Ufer Schuppen gebaut.

––––––––

Alle Entbehrungen wären schließlich leicht zu ertragen, wenn nicht auch noch die Tücken eines feindlichen Klimas dazu kämen. Hunger und Durst, Hitze und Kälte, Moskitos und Ärger mit den Schwarzen sind nichts gegen das ewige Fieber, von dem man sich seine schönste Arbeitskraft und Arbeitsluft immer wieder unterbrechen und zerstören lassen muß. Es ist das der einzige schwerwiegende Vorwurf, den unser Kamerun = Gebiet wirklich verdient. Der Satz „Je fruchtbarer um so ungesunder" gilt eben auf der ganzen Erde zwischen den Wendekreisen. Nur schade, daß man diesen leidigen Satz nicht umkehren kann. Denn es gibt Länder, die zwar ungesund aber noch lange nicht fruchtbar sind, so zum Beispiel die unteren Kongo=Strecken und ein großer Teil von Angola. Für Kamerun ist doch wenigstens jene Ent= schädigung wirklich vorhanden.

Und was für lustige Bocksprünge hat auch über dieses Thema die öffentliche Meinung vor noch nicht allzu langer Zeit uns vorgemacht! In Kamerun las ich einmal einen in Deutsch= land geschriebenen Kolonial=Artikel, welcher dem Publikum zu= muthete, das Kamerun = Gebiet geradezu als einen klimatischen Kurort allererften Ranges zu verehren. Mir war jene Nachricht um so interessanter, da ich eben krank darniederlag und auch andere Europäer in größerer Zahl kränkelten. Seitdem scheint nun eine entgegengesetzte Ansicht herrschend geworden zu sein. Heute ist Kamerun eine Pesthöhle, aus der niemand lebend zu= rückkommt.

Doch was sollen wir den Zeitungen derlei Extravaganzen übel nehmen, wenn selbst die gangbarsten Aussprüche berühmter Reisender über das afrikanische Klima sich in zwei Extremen be= wegen, von denen das eine sinnloser ist als das andere. Zuerst heißt es, an der Küste falle die Hälfte der Neuangekommenen dem Fieber zum Opfer und gleich darauf, daß das Innere gesund sei. Eine richtige Statistik existirt für keine von beiden Behauptungen. Sie entsprangen beide demselben so oft be= gangenen Fehler des falschen Generalisirens, jenem so häufigen Mangel an Kritik, der sich hauptsächlich in der Neigung kund= gibt, zufällig beobachtete extreme Vorkommnisse als die Regel zu betrachten. Wenn wir irgendwo vom Fieber verschont bleiben, dürfen wir beileibe nicht sagen: Hier gibt es kein Fieber,

und ebenso unrichtig wäre es, zu meinen, daß da, wo man ein=
mal viele Krankheiten traf, es immer so sein müsse. Die Epi=
demien schwanken nicht blos in Bezug auf die Zahl der Fälle,
sondern auch in Bezug auf die Schwere der einzelnen Fälle. Der
oben erwähnte gräßliche Prozentsatz der vom Fieber hingerafften
Opfer würde, wenn er Thatsache wäre, schon längst so ab=
schreckend gewirkt haben, daß es an der Küste gar keinen Kauf=
mann mehr gäbe. Dieser Pessimismus schadet aber wenigstens
nichts. Schaden stiften könnte dagegen eine allzu große Hoffnung
auf die höher gelegenen Gebiete des Innern.

Die Wahrheit liegt auch hier in der Mitte wie überall.
Was wir von den schlechten Gesundheitsverhältnissen Kameruns
erfahren haben, nur seit wenigen Monaten, seitdem wir uns
überhaupt um Kamerun kümmern, ist kein Maßstab für die
Regel. Die kriegerischen Wirren hatten vorübergehend Zustände
geschaffen, die gerade das Gegenteil waren von dem, was wir
Komfort nennen, genau so wie in einem europäischen Krieg. Und
auch ganz abgesehen von diesem Moment des Zufalls, selbst in
normalen Zeitläuften sind die Komfort=Verhältnisse in Kamerun
bisher so überaus dürftig gewesen, daß auch sie noch einen weiten
Spielraum für Verbesserungen gewähren.

Es gibt noch keine Statistik über die Morbidität und
Mortalität der afrikanischen Küste, und vorläufig können wir
Schlüsse hierüber nur aus dem allgemeinen Aussehen der dort
ansässigen Europäer ziehen. Da sind Plätze, wo die Weißen in
größerer Zahl kränklich, mager und gelb herumschleichen und
solche, wo die meisten vergleichsweise frisch und gesund er=
scheinen. Kamerun gehört zu der letzteren Sorte.

Überall im tropischen Afrika herrscht das Fieber. Es ist das
dieselbe Krankheit, die wir als Malaria, Sumpf= oder Wechsel=
fieber in Rom, in Pola, in Germersheim, in Wilhelmshafen, in
allen Marschgegenden an der Nordsee von Hamburg bis Ant=
werpen, in Kleinasien, Ost= und Westindien, in den Vereinigten
Staaten, kurz eigentlich überall auf der ganzen Erde kennen,
mit zahllosen Abstufungen vom leichtesten Unwohlsein bis zum

raschen Hinwegsterben unter den Erscheinungen einer Cholera oder eines Typhus. Neben der Malaria kommen für das tropische Afrika andere Leiden kaum in Betracht. Höchstens noch wäre die Dysenterie zu nennen, und zwar vorzugsweise jene leichtere, ungiftige Form derselben, welche aus schlechter Er= nährung hervorgeht. Kein Europäer im tropischen Afrika ist sicher, vom Fieber verschont zu bleiben, falls er einmal eine Nacht an Land geschlafen hat.

Schätzungsweise möchte ich meinen, daß jeder gesunde kräftige junge Mann im Alter von 25 bis 35 Jahren, der sich nach Kamerun begibt, um dort drei Jahre lang als Kauf= mann in einer mittelmäßig gut ausgestatteten Faktorei zu dienen, für diese Zeit unter normalen Verhältnissen folgende Wahr= scheinlichkeiten eingeht: Zu sterben, 5 Prozent; vor Ablauf der drei Jahre wegen fortgesetzter Fieber und wegen Blutarmut nach Hause zurückkehren zu müssen, 10 Prozent; eine merkliche Schädi= gung seiner Gesundheit für das ganze Leben davon zu tragen, 20 Prozent; ohne besondere Schädigung heimzukehren, 65 Pro= zent. Für Ackerbauer mit sehr geringem Komfort und mit der Notwendigkeit, das tägliche Brot im Schweiße des Angesichts zu verdienen, würden dieselben Zahlen in umgekehrter Reihenfolge zu ordnen sein.

Das Fieber läßt sich ohne besonderen Schaden Jahre lang aushalten, vorausgesetzt, daß man den nötigen Komfort und eine gewisse Spannkraft der Seele besitzt, zwei Dinge, die den so= genannten unteren Klassen meistens nicht zu Gebote stehen. Wie schnell die sogenannten gemeinen Leute unterliegen, wie wenig Widerstandsfähigkeit sie meist besitzen, haben die vielen Erkran= kungen unserer Matrosen gezeigt. Körperliche Arbeiten sind auch in Afrika zuträglich für die Gesundheit, aber nur am frühen Morgen und am späten Abend, und nur als Sport und Er= holung, niemals als Zwang zum Erwerb des täglichen Brotes. Nach allen Erfahrungen, sowohl über das tropisch=afrikanische Klima, als auch über die Beschaffenheit unserer Auswanderer muß die Möglichkeit einer Besiedelung des tropischen Afrika

durch deutsche Ackerbauer aufs entschiedenste verneint werden.
Nach der ersten Aufackerung des Bodens würde eine Epidemie
ausbrechen, die sie bald dahinraffte. Die Portugisen in
Angola haben ein derartiges trauriges Experiment auf dem Ge=
wissen.

Immunität oder Gewöhnung an das Fiebergift kommt viel=
leicht vor, ist aber jedenfalls ungemein selten und niemals sicher.
Hier und da trifft man nämlich einen Europäer, welcher be=
hauptet, schon sechs oder mehr Jahre an der Küste zu leben,
ohne jemals ein Fieber gehabt zu haben. Es ist ja möglich,
daß ältere Personen, etwa von 50 Jahren an, wenn sie bis
dorthin noch nicht erlagen, gegen das Fiebergift weniger empfind=
lich sind. Fast alle die wenigen älteren Herren, die man an der
Küste antrifft, behaupten, das Fieber könne ihnen nicht mehr an.
Am meisten leiden stets die jungen 18= bis 25jährigen Ankömm=
linge, welche durchschnittlich sechs Wochen bis drei Monate nach
dem Betreten des Landes ihr erstes Fieber erleben. Wiederholt
sich das oft, so tritt allmählig Blutarmut ein.

Auch die Neger haben vom Fieber zu leiden. Gleichwohl
kann man oft genug das Gegenteil behaupten hören. Denn
nirgends kursiren über dergleichen Dinge mehr schlechte Beobach=
tungen und leichtfertige Behauptungen als in Westafrika. Man
kann nicht einmal ohne Weiteres sagen, daß der Neger das
afrikanische Klima immer und überall besser verträgt, als der
Europäer. Es gibt da Unterschiede, über die sich keine Regel
konstruiren läßt. Auffallend wenig leiden am Fieber die Kame=
runer. Aber die eingeführten Kru=Jungen haben Fieber nicht
minder oft und heftig wie die Weißen. Diese Erscheinung möchte
sich vielleicht erklären aus der Annahme, daß es auch für die
Neger bloß eine örtliche Akklimatisirung gibt. Allein die Kru=
Jungen sollen in ihrer eigenen Heimat gleichfalls stark vom
Fieber zu leiden haben, und auf dem Hochplateau von Angola
und Lunda habe ich drei Jahre lang die Erfahrung gemacht,
daß die jeweiligen Eingeborenen ebenso häufig vom Fieber be=

fallen werden wie fremde Neger und schließlich sogar wie die Weißen.

In der letzten Zeit scheinen die klimatischen Verhältnisse für die afrikanische Westküste besonders schlimm gewesen zu sein. Das ist aber kein Maßstab für die Regel. Die endemischen Krankheiten steigen und fallen in Kurven von zehn und mehr Jahren Länge, kein Mensch kann sagen warum. Die Sansibar-Gegenden scheinen gerade eine besonders günstige Periode zu haben. Daraus folgt noch nicht, daß es so bleiben werde. Vor zehn bis fünfzehn Jahren, zur Zeit Cameron's, Stanley's und der ersten Belgier herrschte auch dort eine ganz beträchtliche Mortalität der Reisenden. Das erinnert an einen allenthalben in Afrika wiederkehrenden eigentümlichen Optimismus der euro-päischen Ansiedler für die jeweilige Örtlichkeit ihres Aufenthalts. Immer wieder erhält man als Antwort auf Fragen über die betreffenden Gesundheitsverhältnisse: „Ach hier, hier geht es noch ganz erträglich, aber dort im Nachbarort B. sind sie fortwährend krank." Kommt man nach B., so hört man ganz dasselbe von A. behaupten. Das Zurückbleiben der Wirklichkeit gegen die übertrieben schlimmen Erwartungen dürfte diesen Widerspruch erklären.

Besonders dringend zu warnen ist vor der Annahme, daß das höher gelegene Innere absolut gesünder sei. Im ganzen tropischen Afrika gibt es sicher nicht ein einziges Quadrat-kilometer ohne Fiebermiasma, und sollte auch dieses Fieber-miasma auf dem kühleren Hochland an sich weniger intensiv sein, so sind dafür die Entbehrungen und der Mangel an Kom-fort wegen der größeren Entfernung von der Küste dort oben um so bedeutender und gleichen jenen Vorzug hundertfach aus.

Die gesundheitlichen respektive krankheitlichen Verhältnisse irgend eines Platzes setzen sich überhaupt stets zusammen aus zwei Faktoren: 1. Aus der Menge und Kraft der vorhandenen Schädlichkeiten; 2. Aus der Wirksamkeit der vorhandenen Schutz-mittel gegen die Schädlichkeiten. Daß das Fiebergift an der

afrikanifchen Weftküfte an fich wefentlich ftärker fei als in
Europa, erfcheint mir zweifelhaft. Denn man braucht in Afrika
zur Unterdrückung eines gewöhnlichen Fiebers nicht mehr Chinin
zu verabreichen als bei uns. Ein bis zwei Gramm genügen faft
immer. Für den jungen Mediziner, der eben erft aus der Schule
kommt, nimmt man in Afrika überhaupt auffallend wenig Chinin.
Nur in der größeren Anzahl perniziöfer Fälle, die übrigens auch
in Europa nicht gänzlich fehlen, dürfte ein Unterfchied liegen,
und zum Zuftandekommen diefer gehören vielleicht noch andere
noch unerforfchte Verhältniffe. Allerdings zeichnet fich das Fieber
in Afrika dadurch aus, daß es feltener die bei uns gewöhnlichen
Stadien, Froft, Hitze, Schweiß, durchläuft, fondern mehr konti=
nuirlich auftritt. Etwa einmal in taufend Fällen nimmt es
den fogenannten perniziöfen Karakter an: Die Temperatur bleibt
länger auf einer Höhe von 40 bis 42 Graden, die Haut wird
gelb, in den Ausleerungen find reichliche Blutergüffe; mindeftens
die Hälfte der davon Betroffenen ftirbt nach zwei bis drei
Tagen.

Die fogenannten larvirten Wechfelfieber = Formen, z. B.
periodifch auftretende Zahn= und Gefichtsfchmerzen, durch Chinin
heilbar, fcheinen felten zu fein. Ich kann mich nicht erinnern,
von einem derartigen Fall je gehört zu haben.

Über äußere Einflüffe, welche Fieberausbrüche be=
günftigen, weiß ich bloß Erfahrungen an mir felbft |mit einiger
Sicherheit zu berichten[1]). Ärger, Kummer und Magenverderbung

---

[1]) Die hier gegebenen Aufchauungen find gewonnen auf Grund einer
dreijährigen Reife im fübweftlichen Viertel des Kongobeckens und eines
zehnmonatlichen Aufenthaltes in Kamerun. Die erfteren Gegenden können
als Typus des vergleichsweife trockenen innerafrikanifchen Hochplateaus, die
letztere als Typus eines überaus feuchten Küftenftriches gelten. Schließ=
lich läßt fich das von Afrika Gefagte auch auf alle anderen Tropenländer
anwenden. Auf dem Hochplateau unter fieben bis elf Grad füdlicher Breite,
1000 Meter über dem Meere, fchwanken die Temperaturen der Luft in der
Regenzeit täglich zwifchen 17 und 27, in der Trockenzeit zwifchen 7 und 27
Zentigraden.

habe ich so oft als Gelegenheitsursachen des Fiebers kennen gelernt, daß ich an ihrer Wirksamkeit nicht mehr zweifeln kann. Fast nach jedem Skandal mit meinen Trägern, nach jedem Kriegszustand mit eingeborenen Potentaten, nach jeder fehl= geschlagenen Hoffnung kam pünktlich ein Fieber. Erkältungen und Durchnässungen hatten höchstens hier und da einen tüchtigen Schnupfen oder einen kleinen Rheumatismus im Gefolge. Die erlittenen Magenverderbungen waren zweierlei Art. Im Innern verzehrte ich einigemale aus Hunger schwer verdauliche Dinge, wie rohe Maniokwurzeln, unreife Maiskolben oder Honig in größerer Menge. An der Küste wirkten oft gegenteilige Un= regelmäßigkeiten, nämlich allzu reichliche Diners, krank machend auf mich ein. Wenn schon die bei uns zuweilen übliche Massen= zufuhr von Nährstoffen in festlicher Versammlung eine gesund= heitswidrige Unsitte ist, so gilt das noch viel mehr an der westafrikanischen Küste, wo die unvernünftige und ungebildete Prunksucht der Faktoristen häufig genug durch die Quantität der Speisen und Getränke zu ersetzen sucht, was diesen an Qualität mangelt. Jener andere gesundheitswidrige Unfug, daß die Haupt= mahlzeiten der Faktoreien fast immer viel zu spät am Abend kurz vor dem Schlafengehen eingenommen werden, dieser große Fehler, der nur aus Geschäftsrücksichten zu verstehen ist, muß unbedingt abgeschafft werden.

Außer dem Fieber und einigen sogleich näher zu bezeich= nenden Hautkrankheiten sind in Kamerun keine besonderen spezi= fischen Krankheiten heimisch. Während und infolge der kriege= rischen Zeitläufte des vorigen Jahres kam auch Dysenterie vor, aber bloß aus den nämlichen Ursachen, Mangel geregelter Nahrung und schlechter Lebensweise überhaupt, wie im Jahr 1870 unter unseren Truppen in Frankreich.

Die Hautkrankheiten beginnen gewöhnlich mit jenem all= gemein tropischen Übel, das von den Seeleuten „Roter Hund“ genannt wird und auf einer Entzündung der übermäßig in An= spruch genommenen Schweißbrüschen beruht. Auf der solcher= maßen vorbereiteten Haut siedeln sich dann gerne parasitäre Pilze an, so besonders häufig ein Favus namens Trichophyton, der den „Ringwurm" erzeugt. Neben dem Ringwurm wird noch ein juckendes, trockenes Ekzem unterschieden und als „Krokro" bezeichnet, dessen Ursache unbekannt ist. Beide erhält man durch Übertragung von der schwarzen Dienerschaft.

Bei den Negern entwickeln sich Hautkrankheiten wegen mangelnder Pflege des Körpers natürlich viel schlimmer, und außerdem gibt es bei ihnen Formen derselben, von denen der Europäer verschont zu werden scheint, wie Elefantiasis und „Pola", welch letztere eine Geschwürsart ist, die auf den ersten Blick an Aussatz denken läßt, aber auf Jodoform-Behandlung ungemein rasch zu heilen pflegt. Hie und da sieht man Pockennarben bei ihnen.

Sehr viel unverantwortliches Gerede muß man in Afrika häufig über Syphilis hören. Als Arzt gestehe ich, daß ich niemals einen zweifellosen Fall dieses Hauptübels der europäischen Menschheit bei Kamerunern beobachtet habe. Nach Allem was man weiß, fehlt die Syphilis auch den Negern der Küste nicht, denen die Weißen sie häufig bringen. Aber sie scheint unter dem Einfluß des täglichen Schwitzbades, das die Tropennatur bereitet, einen ziemlich milden Verlauf zu nehmen und bald zu erlöschen. Der ungebildete und meistens auch nicht gewissenhafte Laie glaubt natürlich bei jedem ekelhaften Hautübel, das er sieht, jenen ihm geläufigen Begriff anwenden zu müssen. Das Gleiche gilt von den zahlreich kursirenden Vergiftungsgeschichten. Stirbt einmal ein Faktorist an einem perniziösen Fieber, so wird von seinen Kollegen häufig genug gleich eine Vergiftung oder gar eine Verhexung durch eingeborene Zauberer angeschuldigt. In Afrika vernegert man eben sehr leicht.

Soviel über den ersten Faktor der Morbidität, welchen wir „Menge und Kraft der vorhandenen Schädlichkeiten" nannten. Wie verhält es sich nun mit dem zweiten, „den vorhandenen Schutzmitteln gegen dieselben und deren Wirksamkeit?"

Diesbezüglich herrschen in Kamerun so traurige Zustände, daß wir aus ihnen die schönsten Hoffnungen schöpfen können.

Hygienischen Verbesserungen ist der allergrößte Spielraum ge=
öffnet. Namentlich die Wohnräume, die doch als jene Örtlich=
keiten zu betrachten sind, in denen wir die längste Zeit unseres
Lebens, Gutes und Böses einatmend, zubringen, sind dort so
gelegen und so beschaffen, daß sie den Grundsätzen der Hygiene
geradezu spotten.

Die meisten Kaufleute wohnen, wie gesagt, noch immer auf
sogenannten Hulks. Daß auch solche halb verfaulte Fahrzeuge
manches zu wünschen lassen, ist selbstverständlich, aber immerhin
scheinen sie zum Wohnen gesünder zu sein als die festen Fak=
toreien auf dem Lande. Da jedoch die Hulks allmählig leck und
unbrauchbar werden und da zugleich die öffentliche Sicherheit
zunimmt, so herrscht seit längerer Zeit eine Tendenz, den Handel
allgemein aufs Trockene zu verlegen. Aber mit welchen schreck=
lichen Bauplätzen mußten die Kaufleute hiezu vorlieb nehmen.
Oben auf dem zehn Meter hohen Plateau liegen dicht an ein=
ander die Dörfer. Eine einzige Ausnahme abgerechnet, sahen
sich deshalb die Kaufleute genötigt, unterhalb des Plateau=Steil=
randes, zum Teil auf künstlichen Plattformen im Bereich von
Ebbe und Flut, sich anzusiedeln. Diese Plattformen sind natur=
gemäß schlecht konstruirt, die Abspülung der Hochwasser nagt
täglich zweimal an ihnen und richtet häufig Zerstörungen an.
Nach drei Seiten sind sie von Schlick= und Sandflächen um=
geben, die zur Ebbezeit den Bevölkerungen der Dörfer als allge=
meiner Abtritt und dem Strom als Ablagerungsstätte seines
Kehrichtes faulender Pflanzen dienen.

Sehr mißlich sind auch die Trinkwasser=Verhältnisse
in Kamerun. Das Wasser des Flusses ist ekelhaft schmutzig,
hier und da treiben auf ihm weithin die Luft verpestende
Menschenleichen herab, zur Zeit der Flut wird es ziemlich stark
salzig. Die Eingeborenen trinken von einigen nicht sehr sauberen
Quellen, die aus dem roten Laterit=Plateau, aus dem vielfach
verunreinigten Boden der Dorfschaften, hervorrieseln. Die Kauf=
leute haben sich innerhalb der Faktoreien, also unterhalb des
Plateaus, ungemein dürftige Brunnen gegraben, die meistens nur

aus einem in die Erde gesenkten Faß bestehen und noch verdäch=
tiger sind, da sie ganz unten und bereits im Schwemmgebiete
des Flusses liegen.

———

Schnell ist der afrikanische Tag vorüber, und man geht zu
Bett. Das Bett ist breit, mit einem rosafarbigen Moskitonetz
wie ein Himmelbett überzogen und sieht äußerlich gleichfalls recht
stattlich aus. Ein elegantes Eisengestell trägt Matratze und
Kissen, zum Zudecken braucht man gewöhnlich blos ein dünnes
Leintuch, doch ist für kühlere Temperaturen eine leichte Wollen=
decke vorhanden. Liegt man in dieser Pracht, so kommt gewöhn=
lich auch wieder eine Enttäuschung. Die Matratze ist eitel
Maisstroh mit harten Hervorragungen, die sich bei näherer
Prüfung als besonders robuste Knoten und Kolben herausstellen.
Das Netz aber, das gegen die Moskitos schützen soll, hat Löcher
und ist bereits innen besetzt mit einigen dieser lieblichen Tierchen.
So lange das Licht brennt, thun sie noch als ob sie schliefen;
sobald ich es auslösche, werden sie meinen Leib umwimmern.
Und ist das Moskito=Netz ganz, so schließt es vielleicht zu dicht
und verhindert den Luftzug.

Das Glasfenster meines Zimmerchens bleibt in der Regel
offen, es müßte denn Sturm und Regen kommen. Draußen in
der herrlichen lauwarmen Mondnacht glitzern und säuseln die
Palmen und zirpen und schnarren und quaken Tausende von
Zikaden, Grillen und Fröschen. Ich möchte noch ein wenig lesen,
das schläfert ein. Nebenan auf dem Tischchen steht die Lampe.
Hei, wie das die nächtliche Tierwelt von draußen hereinzieht.
Jede Minute brummt und schwirrt ein anderes ekelhaftes Un=
getüm um mich herum, rennt gegen die Wand an, plumpst zu
Boden, erholt sich aber gleich wieder und brummt und schwirrt
von Neuem. Es sind hauptsächlich Gottesanbeterinen, Maul=
wurfsgrillen, Nachtschmetterlinge, hie und da eine Fledermaus,
sehr häufig aber auch ein zwei Zoll langer und einen Zoll dicker
Kakerlak. „Schwaben" nennt man bei uns diese abscheulichen Wesen;

in Afrika können sie fliegen, und plötzlich sitzt so ein widerliches Geschöpf mir auf der Kante des Buches und gaukelt mir mit seinen ewig nervösen Fühlern gerade ins Gesicht. Rasch auf und ein Handtuch geschwungen. Fort mit euch, gräuliches Gesindel, und Licht aus.

III.

Programm für die Entwickelung.

Wirtschaftliche Bedeutung und Produktionskraft. Handel und Pflanzung. Fruchtbarkeit. Empfehlenswerte Kulturen. Hygienische Maßregeln. Das Fiebergift und seine Bedingungen. Ratschläge in Bezug auf Wohnung, Kleidung, Nahrung. Sanatorium. Liederlichkeit und Trunksucht. Die schwarzen Herzensfreundinen. Notwendigkeit eines Arztes. Chinin. Erforschung des Hinterlandes und Festlegung der Grenzen. Wege und Transportmittel. Die afrikanischen Eisenbahnprojekte. Reitochsen. Der Elefant als Lasttier. Die Arbeitsfrage. Abschaffung der Handelsmonopole. Ohne Kolonialtruppe wird es nicht gehen. Vorschieben der Faktoreien oder Herabkommenlassen der Produzenten? Grundeigentum. Hoffnungen auf die unverdorbenen Stämme des Innern. Sklaverei und Schnaps. Unsinn und Heuchelei in der Antisklaverei-Bewegung. Das Recht in Afrika. Prinzip der möglichsten Nichteinmischung. Hebung der angestammten Autoritäten. Das Ansehen der weißen Rasse. Steuern. Geprägtes Geld. Schulen. Zweifelhafter Wert der englischen und verwandter Missionen. Schluß.

Was werden wir nun mit unserem Kamerun-Besitztum anfangen? Haben wir recht gethan, uns auch noch die Sorgen einer Kolonialpolitik aufzubürden? Werden wir für die gebrachten und noch zu bringenden Opfer ausreichend entschädigt werden? Oder wäre es vielleicht besser, das Geschehene rückgängig zu machen?

Soweit Kamerun in Betracht kommt, glaube ich, daß die Zukunft eine befriedigende Antwort geben wird. Der Wert des Kamerun-Gebietes gehört überhaupt den Reichtümern der Zukunft an. Für die Gegenwart ist seine wirtschaftliche Bedeutung noch gering. Der Handel bezieht die ganze Ausfuhr an Palmöl, Palmkernen, Elfenbein und Kautschuk aus einer Produktions-Zone, die nicht tiefer ins Innere reicht als höchstens hundert Kilometer, nicht viel weiter als die an sich kurzen Wasserläufe mit Kanus zu befahren sind, und große Karawanenstraßen

münden hier nicht. Alle diese Artikel wachsen so zu sagen von
selbst, ohne erhebliche Beihülfe des Menschen. Eine ergiebigere
Ausnutzung des Bodens ist noch gar nicht versucht. Und doch
sind gerade hier Bedingungen vorhanden, welche zu einer tätigen
Betriebsamkeit mehr als anderwärts ermuntern. Die Entwicke=
lung des Kamerun=Gebietes wird ihr Hauptmoment im An=
bau haben.

Sicherlich ist auch der Handel einer größeren Ausdehnung
fähig. Der alte Wunsch unserer Kaufleute, die Faktoreien bis
zu den Produzenten vorzuschieben, oder besser noch, jene herab=
kommen zu lassen, was die Kamerun=Leute bisher zu verhindern
gewußt haben, wird in Erfüllung gehen, und unsere Kaufleute
werden sich mit den Produzenten in den bis zu 200 Prozent
emporgeschraubten Gewinn teilen, den bisher die Dualla als
letzte, die Abo und Wuri als vorletzte, und wahrscheinlich auch
noch andere, noch weiter rückwärts wohnende Zwischenhändler
aus den Produkten gezogen haben. Aber sollte auch schließlich
unser Handel noch weiter nordostwärts, bis in die Nähe des
Niger und Binue vordringen, an dieser großen Wasserstraße wird
er immer seine Grenze finden. Denn mit einer solchen kann
höchstens eine Eisenbahn konkurriren.

Schon deshalb müssen wir es als besonderes Glück betrachten,
daß gerade das Kamerun=Gebiet in Bezug auf Produktionskraft
wenn nicht das günstigste, so doch eines der günstigsten Gebiete
des sonst vielfach überschätzten afrikanischen Kontinentes ist. Es
war zu verwundern, wie die klugen Engländer, die doch sonst
überall die besten Punkte der Erde sich anzueignen verstanden
haben, gerade diesen so lange frei lassen konnten. Freilich, als
wir auf einmal die Hand darnach ausstreckten, streckten auch sie
ihre Hand aus, kamen aber glücklich zu spät.

Man hat die Kolonien in Handels=, Pflanzungs=, Acker=
bau=, Viehzuchts= und Bergwerks=Kolonien geschieden. Von den
fünf Arten der Nutzung, die diese Bezeichnungen ausdrücken, sind
in Kamerun nur die zwei ersten und vielleicht noch die vierte
denkbar. Das herrschende Zeitbedürfnis legt zugleich eine Ein=

teilung in Bauern-Kolonien und Herren-Kolonien nahe. Nach jenen geht unser Überfluß an Bevölkerung, um dort aus jung= fräulichem Boden durch eigene Arbeit sich Nahrung zu schaffen. Nach den letzteren wenden sich unsere Kapitalisten, um durch Handel und Arbeit der Eingeborenen Gewinn zu erzielen. Von diesen beiden Begriffen ist der erstere für Kamerun wie für das tropische Afrika überhaupt völlig auszuschließen. Auswanderer nach dem tropischen Afrika locken zu wollen, wäre Massenmord. Nur mit den Arbeitskräften der Eingeborenen werden wir dort produziren können.

Ob im Kamerun-Gebiete Mineralschätze verborgen liegen, darüber läßt sich nichts Bestimmtes sagen. Wir wissen darüber zu wenig oder fast nichts, und das wenige, was wir wissen, läßt eher vermuten, daß Mineralschätze fehlen. Gewöhnlich er= fuhr man das Vorhandensein edler Metalle schon durch die Ein= geborenen, die sie als Schmucksachen trugen, oder durch Schlüsse aus den geognostischen Formationen. Von beiden Kriterien spricht für Kamerun keines in bejahendem Sinn.

Auch mit der angeblichen Fruchtbarkeit Afrikas ist so viel Mißbrauch getrieben worden, daß ich mich scheue, das Wort in den Mund zu nehmen. Kamerun verdient jedoch daß man eine Aus= nahme macht. Ganz Afrika scheint von Süden und von Norden her auszutrocknen. Nur für die mittlere äquatoriale Zone sind noch auf Jahrhunderte unerschöpfliche Feuchtigkeitsmengen zu erwarten, und die Achse dieser bevorzugten Strecken geht ungefähr durch unser Kamerun. Außerdem zieht sich aber noch eine andere glückverheißende Linie durch diesen Erdenwinkel, jener vulkanische Spalt nämlich, aus dem die Vulkanreihe Anno Bom, Principe, San Thomé, Fernando Po, Kamerun hervorgequollen ist, welche sich wahrscheinlich noch viel weiter ins Unbekannte fortsetzt. Die schwarze vulkanische Erde, mit der die Verwitterung Höhen und Thäler dort überzog, ist zweifellos an sich ungemein fruchtbar. Es bleibt nur zu fragen, wie weit die Verwitterung in die Tiefe reicht, das heißt wie viel Humus zum Pflanzen vorhanden ist. Streng davon zu unterscheiden ist der Laterit, die rote Erde

des Vorlandes und der umgebenden Strecken, die weniger günstige
Bedingungen bietet.

Was aber sollen wir in Kamerun produziren und wie
sollen wir die Arbeitskräfte der Eingeborenen uns verschaffen?
Die eine Frage ist leichter zu beantworten als die andere. Als
Gegenstände der Anpflanzung kommen zunächst folgende in
Betracht:

1. Die Ölpalme, die ja gerade dort mitten in ihrer Heimat
ist. Sie scheint auch den schlechten Boden des Vorlandes, auf
dem die eigentlichen Kamerun-Dörfer liegen, noch gut zu vertragen,
und beginnt nach sechs (genauer fünf bis sieben) Jahren Früchte
zu geben. Unser Fettbedürfnis wird niemals zu steigen aufhören, und Palmöl ist und bleibt einer der ersten Stapel-
artikel, wenn es auch gegenwärtig im Preise so stark gefallen ist.

2. Die Kokospalme, die sich aus ihrer Heimat Indien über
die ganze Erde verbreitet hat und auch an der westafrikanischen
Küste, so namentlich in Kamerun, zahlreich vertreten ist. Die
Palmenhaine der eigentlichen Kamerun-Ortschaften bestehen zur
Hälfte aus Öl- und zur andern Hälfte aus Kokospalmen; nach
innen zu, nach Abo und Wuri, nehmen die letzteren immer
mehr ab. Am Kwakwa-Fluß soll es ungeheuer viel Kokospalmen
geben, die niemand gehören, da die Bevölkerungen durch Krieg
vertrieben sind. Es läge nun nahe, auch aus den Kokosnüssen
Kameruns die Kopra, das Haupterzeugnis der Südsee-Inseln,
zu bereiten. Doch möchte ich das nicht allzu zuversichtlich an-
raten. Wegen der großen Feuchtigkeit des Klimas läßt sich in
Kamerun die Trocknung der Kopra nur über Feuer vornehmen,
und auch so trocknet sie langsam und schlecht, vielleicht weil das
Fleisch der Kokosnuß hier wasserhaltiger ist, als anderwärts.
Ein Engländer in Kamerun hat sich mit Kopra-Bereitung viel
Mühe gegeben, ohne einen günstigen Erfolg zu erzielen, was
natürlich nicht ausschließt daß man neue Versuche anstelle. Die
Tonne Kopra wurde in Europa mit 17 Pfund Sterling bezahlt.

3. Erbnüsse, Arachis hypogaea, die in Kamerun merk-

würdigerweise fast gänzlich fehlen, während sie doch anderwärts einen der wichtigsten Artikel bilden.

4. S e s a m, von welchem das Gleiche gilt und aus dem, ebenso wie aus den vorigen, in Marseille bekanntlich das feinste Olivenöl bereitet wird.

5. S h e a = B u t t e r, ein noch junger Artikel, von dem die Tonne in Europa einmal mit 40 Pfund Sterling bezahlt wurde. Dieses am Niger eine größere Rolle spielende Fett der Früchte von Bassia (Parkii z. B.) und Butyrospermum[1]), kommt auch am Mungo=Fluß hinter dem Gebirge vor, scheint aber dort nicht als eigenes Produkt, sondern mit Palmöl vermischt in den Handel zu gelangen. Ich habe es dort selber zubereiten sehen, und zwar zu einer Zeit als die Eingeborenen gerade eifrigst be= schäftigt waren, möglichst viel Palmöl an die Handelsstation des King Bell abzuliefern. Die Shea=Butter hat einen höheren Schmelzpunkt als das Palmöl, sie bleibt bei gewöhnlicher Temperatur fest wie Wachs, und vielleicht beruht das Vor= kommen von sogenanntem „festem Palmöl", das zum Beispiel am Kongo, brockenweise in Körben verpackt, zu Markte gebracht wird, auf einem stärkeren Vorherrschen dieses anderen Stoffes. Die Eingeborenen meinen damit eine pfiffige Verfälschung zu begehen und ahnen nicht, daß sie mit dem reinen und ehrlich bezeichneten Produkt höhere Preise erzielen würden. Sobald sie dahinter gekommen sind, werden sie zweifellos die Shea = Butter mit Palmöl verfälschen.

6. K a f f e e. Ich glaube nicht, daß sich dieses konkurrenzreiche Produkt für Kamerun lohnen würde. Wer soll denn schließlich die großen Mengen Kaffee trinken, die in stetiger Mehrung auf den Markt kommen? Man hört in Kamerun behaupten, daß am Mungo=Fluß die Kaffee=Staude wild wachse. Ich weiß da= rüber nur das eine zu berichten, daß die roten Beeren, die mir

---

[1]) Bassia und Butyrospermum sind beide Sapotazeen. Der Kamerun= Name für erstere ist „Diabu". Das Endosperm der Bassia kursirt ander= wärts unter dem Namen „Jlipe=Nüsse".

einmal ein junger Kaufmann als Kaffee brachte, alles andere
waren, nur kein Kaffee.

7. Kakao, ein viel empfehlenswerteres Erzeugnis als das
vorige, schon deshalb, weil es weniger Arbeit erfordert. In den
Kamerun=Ortschaften sieht man häufig einzelne Kakao=Bäumchen
angepflanzt. Sie geben schon nach zwei Jahren Früchte, und
scheinen selbst in dem durch Beackerung stark ausgesogenen Boden
der Ortschaften, in denen allerdings durch die vielen Abfallstoffe
eine Art unbeabsichtigter Düngung ausgeübt wird, ziemlich gut
zu tragen. Noch viel besser natürlich müßten sie auf dem vul=
kanischen Boden des Berges gedeihen.

8. China = Rinde. Der hohe Preis dieses wichtigen Arznei=
mittels, dann die Thatsache, daß man dasselbe nur in tropischen
Waldgebirgen nicht unter 700 Meter Höhe mit Gewinn kultiviren
kann, lassen den peruanischen Cinchona=Baum vorzüglich geeignet
für unsern schönen Kamerunberg erscheinen. Über die ungemein
mannigfaltigen und sinnreichen Arten seiner Behandlung in Ost=
indien gibt es bereits eine ganze Literatur. Freilich wird man
immer daran denken müssen, daß unsere Chemiker schon seit
länger bemüht sind, das Chinin auf künstlichem Wege in der
Retorte herzustellen. Vielleicht gelingt ihnen das, wobei dann
nur die Herstellungskosten über den Wert des natürlichen Chinins
entscheiden werden.

9. Indigo, dessen künstliche Darstellung bereits zur That=
sache geworden ist, die allerdings dadurch gemilbert wird, daß
der künstliche Indigo viel teurer zu stehen kommt als der
natürliche.

10. Die Kautschuk=Liane, die in den Wäldern des Kamerun=
Gebirges wirklich zu Hause ist und dringend nach Schutz und
vernünftiger Pflege ruft. Wir müssen uns rasch ihrer annehmen,
soll sie nicht baldigst verschwinden. Seitdem die beiden verdienst=
vollen schwedischen Naturforscher Knutson und Waldau den Ein=
geborenen die Ausbeutung des Kautschuksaftes beigebracht haben,
führen diese einen förmlichen Vernichtungskrieg gegen die arme
Pflanze. Statt sie schonend anzuzapfen, wie das anderwärts

geschieht, hauen sie gleich die ganze arm= bis schenkeldicke Liane nieder. Die Einschränkung dieses Frevels durch schwere Geld= oder Arbeitsstrafen, Neuanpflanzung, verfeinerte Behandlung des Milchsaftes und dadurch Erzielung größerer Reinheit und höhern Wertes des Kautschuks werden die nächsten lohnenden Auf= gaben sein. In Kamerun wie überhaupt in Westafrika scheint blos die Landolphia vorzukommen. Aber sicherlich würden sich auch für die Einführung der brasilianischen Siphonia, des in= dischen Ficus und anderer Kautschukträger günstige Bedingungen ergeben.

11. Reis, in den sumpfigen Niederungen der Flüsse und Bäche anzubauen, fürs erste weniger zur Ausfuhr als zur Nahrung der Eingeborenen und der eingesessenen Europäer. Bisher kam aller Reis, der in Kamerun verzehrt wurde, über England oder Hamburg aus Karolina oder Rangun. Die Kame= runer haben es in der Faulheit schließlich soweit gebracht, daß sie für ihre Handelsprodukte zuweilen amerikanischen oder indi= schen Reis und europäischen Zwieback begehren, weil sie selber nicht genug Nahrung für sich gewinnen.

12. Zuckerrohr, für welches dieselben Örtlichkeiten wie für den Reis zu wählen sind. Zunächst wird daraus blos Neger= Rum herzustellen sein, eine Industrie, die in Afrika, so nament= lich bei den Portugisen in Angola, bereits ziemlich stark be= trieben wird. Die größte und blühendste Rumfabrik besitzt dort in Bom Jesus am Koanza unser Landsmann Schulze aus Münster. Zur Zuckerbereitung gehört noch zuviel Anlagekapital, das sichere Arbeitskräfte und sichere Zustände voraussetzt.

Die Schnapsfrage, auf die wir weiter unten zurückkommen werden, ist in Afrika keine andere als bei uns in Europa. So= lange wir keine Notwendigkeit einsehen, die in England und in Amerika herrschende Temperenz=Heuchelei bei uns auf dem Kontinent einzuführen, haben wir auch in Afrika keinen Anlaß, das Gewohnte und Gebräuchliche umzustoßen. Gewiß ist der Schnaps und die Trunksucht, namentlich aber die schnell ent=

stehende Trunkenheit der Neger, eine große Plage für jeden Europäer, der sich diesem leidigen Atribut des afrikanischen Handels nicht entziehen kann. Aber daß der Schnaps die Neger zugrunde richte, ist eine stark übertriebene Behauptung. Die Neger sind eine viel zu lebensfähige Rasse, als daß das bischen Alkohol, das der einzelne wöchentlich oder, monatlich einmal, wenn er den Faktoreien Geschäfte gebracht hat oder wenn er Feste feiert, freilich dann immer im Übermaß, zu sich nimmt, einen wesentlichen Schaden anrichten könnte. Was man so oft von den Indianern zu lesen bekommt, daß diese dem Feuerwasser erlägen, ist eitel Gerede. Als ob nicht ganze Nationen und Rassen auch schon früher untergegangen wären, lange bevor das Feuerwasser erfunden wurde.

13. Nutzhölzer, ein Artikel, dessen Erwähnung nicht ohne ein großes Fragezeichen gewagt werden darf. Außer dem Ebenholz wissen wir von solchen absolut nichts, und die Thatsache, daß fichtene Bretter und Latten aus Europa an der afrikanischen Küste noch immer unentbehrlich sind, spricht nicht sehr zu Gunsten der Hoffnungen, die man namentlich auch auf diese Art unbekannter Reichtümer zu setzen beliebt hat. Über unsere schlanke, biegsame und weiche nordische Fichte geht nichts auf der ganzen Erde. Was wir von afrikanischen Hölzern kennen, ist fürchterlich hart, knorrig, rissig, spröde und schwer. Sollte sich aber dennoch etwas Brauchbares unter ihnen finden lassen, so werden wir dafür um so dankbarer sein.

Den oben einzeln aufgeführten Kulturen ließen sich noch eine Menge anderer: Spanisches Rohr, das in den Uferwäldern wild wächst, Sesam, Thee, Tabak, Baumwolle, die Kola-Nuß, die sich mit Vorteil nach Lagos verkaufen läßt, Ingwer, Pfeffer, Zimmt, Gewürznelken, Vanille, Muskatnüsse, Kampher, ja schließlich eigentlich sämtliche Tropen-Nutzpflanzen anreihen[1].

Bei allen Kulturen wird schon gleich von Anfang der

---

[1] S. Der tropische Landbau. Von A. Freiherr von Hammerstein. Berlin, Paul Parey, 1886.

Grundsatz gelten müssen, daß die Produktion nicht so sehr in der Menge, sondern vielmehr in der Güte zu heben ist. Muster= betriebe werden die besseren Methoden zu lehren haben. Unter anderen möchte gewiß auch die Frage der Düngung, die bisher beim tropischen Landbau als überflüssig betrachtet wurde, end= lich einmal ernstlich zu prüfen sein.

———

Die größte Sorgfalt wird vor Allem auch hygienischen For= schungen und Vorkehrungen zuzuwenden sein. Sind doch gerade in Kamerun die einschlägigen Verhältnisse einer Besserung ebenso fähig als bringend bedürftig.

Das Fiebergift ist zweifellos ein mikroskopischer Pilz, den wir allerdings noch nicht persönlich, sondern nur aus seinen Wirkungen kennen. Er entwickelt sich in stagnirenden Wässern oder in feuchten Örtlichkeiten des Bodens, der Vegetation, der Wohnstätten. Durch Austrocknung wird er frei, gelangt in die Luft und durch sie in unseren Körper, zunächst in die Lungen. Daß wir ihn auch trinken, ist nicht wahrscheinlich. Die Regen begünstigen die Entwickelung des Giftes, die Austrocknung er= laubt das Emporsteigen desselben in die Luft. Beide Extreme, ein beständiges Regnen und beständige Trockenheit, würden das Fieber also nicht aufkommen lassen. Bei beständiger Trockenheit würde das Fiebergift sich nicht entwickeln, bei beständigem Regnen würde es nicht in die Luft und in unsere Lungen ge= langen.

Aus dieser Thatsache, daß zum Zustandekommen der Fieber ein periodischer Wechsel zwischen Feuchtigkeit und Austrocknung des Bodens die günstigsten Bedingungen bietet, ergeben sich von selbst diejenigen hygienischen Maßnahmen, welche zuerst anzu= streben sind, nämlich: Regulirung der unumgänglichen Boden= feuchtigkeit und Erhaltung derselben auf möglichst gleichem Stand, sowie möglichste Trockenheit der Oberfläche und der Wohnstätten. Zu dem ersteren Zweck sind Abzugskanäle und

10*

Rasenbedeckung des Bodens die nächstliegenden Mittel; zu dem
letzteren die Ausrottung der allzu üppigen Vegetation innerhalb
des Bereiches der Wohnhäuser und sorgfältigste Ausführung und
Pflege dieser selbst.

Für den Wohnplatz ist eine möglichst freie luftige Lage zu
wählen. Alle in der unmittelbaren Umgebung befindlichen
Bäume sind als Feuchtigkeitsträger umzuhauen; das hohe, schilf-
artige Gras ist in weitem Umkreis durch Feuer und Hacke zu
vernichten und durch reinlichen Kies oder durch kurzen Rasen zu
ersetzen. Doch hüte man sich dabei vor allzu starken Aufwüh-
lungen der Erde.

In den benachbarten Dörfern der Eingeborenen ist eine
strenge Sanitätspolizei einzuführen. Die Straßen werden zwar
von den Kamerunern meistens recht sauber gehalten und sogar
täglich mit Besen abgekehrt. Dafür sind aber hinter den Hütten
um so schlimmere Anhäufungen allen möglichen Unrats beliebt.
Empfindliche Geldstrafen dürften diesem Übel am besten steuern[1]).

Ein kurzer Rasen, wie wir ihn in Europa haben, wäre die
idealste Bodenbedeckung, weil er gleichmäßig ebensowohl die
Staubentwickelung als auch eine übergroße Anhäufung von Feuchtigkeit verhindert. Es wächst in Kamerun auf Wegen und an
den viel betretenen Kanten des Steilrandes eine kleine niedliche
Lolium-Art, die hiezu vielleicht zu brauchen wäre. Außerdem
müßte man mit südeuropäischen, amerikanischen und indischen
Gräsern Versuche machen.

Eines der ersten Erfordernisse wird darin bestehen, daß die
Europäer ihre Wohnhäuser durch Ankauf geeigneter Plätze nach
oben auf die Kante des Steilrandes verlegen, während die Magazine und Einkaufsräume unten verbleiben können. Zugleich wird
sich in Bezug auf die Art und das Material der Wohnhäuser
größte Vorsicht und Überlegung empfehlen.

An der westafrikanischen Küste taugt am besten ein hölzernes

---

[1]) In Batavia müssen selbst die aus Matten bestehenden Hütten der
Eingeborenen jährlich zweimal gefällt werden.

Wohnhaus auf hohen Backsteinpfeilern. Die Backsteinpfeiler sollten so hoch sein, daß sie, durch Gitterwände und Gitter= thüren untereinander verbunden, ein geräumiges, luftiges Erd= geschoß bilden, das zu Vorratskammern und Wohnungen für die bediensteten Neger abgeteilt werden kann. Der Boden dieser untersten Räume ist aus Zement herzustellen. Auf das erste Stockwerk lasse sich nötigen Falles ein zweites setzen; um jedes ist ringsum eine breite Veranda zu ziehen. Das Dach, welches den Seitenwänden nicht unmittelbar aufliegen darf, wird am besten aus Asphaltpappe hergestellt und das Ganze mit weißer Kalkfarbe angestrichen. Am sorgfältigsten verfahre man in der Auswahl des Schlafzimmers. Mindestens ein Drittel unseres ganzen Lebens bringen wir in ihm zu und im Schlafzimmer atmen wir am häufigsten unsere Krankheiten ein. Die Wohn= räume sind mit gut gedielten Holzböden zu versehen und diese möglichst trocken zu halten. Der häufig übliche ungebührliche Aufwand von Wasser zur samstägigen Reinigung unterbleibt am besten gänzlich. Für Küche und Kloset sind eigene, mit dem Haupt= haus nur durch gedeckte Gänge verbundene Hütten aufzustellen. Das Kloset ist im Abfuhrsystem einzurichten; die Abfuhr hat jede Nacht zu geschehen.

Gänzlich zu verwerfen sind die wegen ihrer größeren Dauer= haftigkeit und leichteren Aufstellung so beliebten eisernen Well= blech=Häuser. Als Magazine thun sie ganz gute Dienste, zum Aufenthalt für kränkliche Europäer sind sie absolut nicht ge= eignet. Sie erhitzen sich unter der Sonne zu schnell, leiten überhaupt Wärme und Kälte zu rasch und erschweren die Venti= lation in hohem Maße. Dicht konstruirt werden sie zu wahren Tropfsteinhöhlen.

Der bestgelegene, zum Wohnen für die Europäer am ge= eignetsten erscheinende Teil der Kamerun=Ortschaft ist die von uns niedergebrannte Joßtown. Die Joß=Leute haben uns durch ihre Rebellion diesen Platz selber in die Hände gespielt. Er umfaßt nach meinen Vermessungen, die ich der rasch zu einer recht beschwerlichen Üppigkeit aus den Brandstätten emporge=

schossenen Vegetation abgerungen habe, 16 Hektare, also gerade
hinlänglich Raum zur Errichtung der Regierungs- und Euro-
päer-Stadt. Die Belltaun-Mission, die ohnehin schon, wenigstens
miethweise, uns gehörte, hängt damit unmittelbar zusammen.
Die Vorzüge dieser sogenannten Joß-Platte bestehen hauptsächlich
darin, daß sie das erste, dem Meeres-Eingang zunächst liegende
höhere Land darstellt, daß ihre vorderste Spitze die ganze weite
Fläche des Stromes beherrscht und daß ihre Front der schönen
Seebrise, die fast ausnahmslos jeden Mittag sich einstellt, am
meisten zugekehrt ist. Nach den neuesten Nachrichten hat King
Bell seine von den Joß-Leuten niedergebrannte Belltaun wieder
aufzubauen begonnen. Ob er dabei das reguläre Straßennetz,
das ich damals absteckte, einhält, weiß ich allerdings nicht zu
sagen.

Schließlich wäre vielleicht in Erwägung zu ziehen, ob die
Ansiedelungen der Europäer, Faktoreien und Regierungsgebäude,
nicht unmittelbar ans Meer verlegt werden sollen, entweder
nach dem sandigen Strande der Suellaba-Nehrung oder auf eine
vorspringende Rippe des Basalt-Massivs, wo noch bessere
hygienische Bedingungen vorhanden sind. Die Baptisten-Mission
soll allerdings zuerst auf einem solchen Pfeiler des Berges westlich von Bimbia angesiedelt gewesen sein, diesen schönen Platz
jedoch später wegen Ungesundheit wieder aufgegeben haben. Wie
weit die gemachten schlechten Erfahrungen beweiskräftig waren,
weiß ich nicht. Man darf nicht meinen, daß jeder hoch und
luftig gelegene Platz ohne Weiteres gesund sein müsse, und
andererseits darf man auch nicht aus zufälligen, vorübergehenden
Erscheinungen sogleich auf die Dauer Schlüsse machen. Jene
Ursache, welche die Europäer bewog, den Produkten bis zu den
Kamerun-Ortschaften entgegenzugehen, nämlich die Laune und die
Gunst der schwarzen Herrscher, kommt immer mehr in Wegfall,
und wenn die Produzenten des Innern erst einmal mit ihren
Kanus bis dorthin herabkommen können, werden sie eben so
gern zwanzig Seemeilen weiter fahren und den Transport dieser
Strecke auf ihre eigenen Kosten besorgen, während die unmittel-

bar füböftlich und nordmeftlich des Haffs befindlichen Produzenten sogar noch viel näher lägen.

Gegenftand großer Hoffnungen ift in Bezug auf eine noch zu errichtende Gefundheits-Station auch unfer Kamerunberg geworden. Aber ich fürchte, daß es bei den Hoffnungen bleiben und daß auch hier die fchöne Idee wieder einmal an der rauhen Wirklichkeit fcheitern wird. Es ift kaum zu bezweifeln, daß oben auf dem Gipfel des Berges, wo überhaupt nichts mehr wächft und zuweilen Schnee liegt, auch der Fieberpilz nicht mehr gedeiht. Von unten an aber wird er bis in eine ganz bedeutende Höhe hinauf wohl nirgends fehlen. Die Grenze feines Vorkommens wäre nur durch ein ziemlich umftändliches und koftfpieliges Verfahren ficher feftzuftellen. Mit einem Luftballon müßte man den Gipfel direkt von Europa aus zu erreichen fuchen, fich gut verproviantiren und dann allmählig einige Jahre hindurch abwärts fteigen. Denn würde man erft unten in der fiebergiftigen Niederung landen und dann oben das Fieber bekommen, fo könnte kein Menfch mit Beftimmtheit fagen, ob es von oben oder von unten ftammt, da zwifchen Aufnahme und Wirkung des Giftes gewöhnlich mindeftens fieben Tage vergehen.

Doch fehen wir ab von der vollen Strenge des Experimentes. Mancher denkt, es wäre vielleicht fchon ein Vorteil, wenn wir in einer mittleren Höhe der Berghänge ein Sanatorium hätten. Das müßte, wenn es feinem Namen und Zweck entfprechen follte, doch mindeftens ein komfortables Hotel fein, nicht allzu fchlecht ausgerüftet mit Küche und Keller und Apotheke und womöglich fogar mit einem Arzt verfehen. Wer aber foll die bedeutenden Koften eines folchen Inftitutes tragen? Derjenige, dem es am meiften zu Gute käme, der kärglich befoldete Faktorift, doch ganz gewiß nicht. Und dann, wer bürgt uns dafür, daß der vom Fieberfiechtum erfchöpfte Patient dort oben fofort gefund wird? Die Baptiften-Miffionare haben die Sage entftehen laffen, daß fie oberhalb Viktoria ein derartiges Sanatorium wirklich befäßen. Bei Manns Spring foll nämlich unter diefer Bezeichnung eine kleine halbzerfallene Holzhütte

exiftiren, die eine Zeitlang auch von den beiden entsagungs=
frohen schwedischen Naturforschern Knutson und Walbau bewohnt
worden ist, was indeß nicht verhinderte, daß die beiden Herren
oft genug am Fieber litten und einen dritten Gefährten durch
Tod verloren.

Es ist eine eigene Sache um den Wechsel von Lebens=
gewohnheit und Klima. Jede p l ö ß l i ch e Änderung der Leibes=
ökonomie, und wäre sie auch zum Besseren, scheint eine Schäd=
lichkeit zu sein. Fast alle Afrikareisenden, die aus dem hunger=
reichen Inneren herauskommen an die Küste, wo sie wieder in
die langentbehrte europäisch üppige Verpflegung eintreten, müssen
die Erfahrung machen, daß dann das Fieber schlimmer heim=
sucht als je. Im Jahre 1876 kam ich als Arzt eines Aus=
wanderer=Segelschiffes mit einer starken Typhus=Epidemie an
Bord in Neu=Seeland an. Die Seereise hatte vier Monate
gedauert und das betreffende Segelschiff erwies sich als so schlecht
ausgerüstet, daß die Neuseeland=Regierung den betreffenden
Hamburger Agenten in eine schwere Geldstrafe nahm. Kaum
waren sämtliche Passagiere, Gesunde und Kranke, auf der
Quarantäne=Insel des Hafens von Wellington gelandet, wo sie
aus den schlechten Bordverhältnissen plötzlich in die beste Be=
hausung und Verpflegung gelangten, so flackerte die Typhus=
Epidemie, die bereits in der Abnahme begriffen gewesen war, noch=
mals sehr merkbar auf[1]). Hat sich das Fieber bei einem
Menschen erst einmal festgesetzt, so wird es auch in dem besten
Sanatorium nicht sofort weichen. Fiebersieche Europäer einem
schroffen Klimawechsel auszusetzen, wäre gefährlicher, als sie in
der gewohnten, wenn auch schlechteren Umgebung zu lassen. Und
selbst das Sanatorium kann ein Fieberherd werden, falls es
dem höhnischen Bazillus gefällt, menschlicher Voraussicht zu
spotten.

Zu den Lebensbedürfnissen der Europäer in Kamerun ge=

---

[1]) S. Max Buchner, Reise durch den Stillen Ozean. Breslau, Max
Müller. 1878.

hört sozusagen auch ein Friedhof. Die Missionare haben einen solchen neben ihrer Hauptmission eingerichtet, aber an einer so ungeeigneten Stelle, daß er am besten so bald als möglich ver= legt werden dürfte. Auf drei Seiten umgibt ihn das Dorf, nach der vierten begrenzt ihn die Kante des Steilrandes, und dicht darunter befindet sich eine Faktorei, über welche sein ganzes Schwemmwasser ruhig hinabfließt. Es bestand ein Übereinkom= men zur gemeinschaftlichen Benutzung desselben unter den vor= handenen Firmen, wonach eine jede zwei Kru jährlich an die Mission zahlte.

Nächst dem Komfort im Wohnen sind die passendste Art der Kleidung und die beste Form der Ernährung als Hauptbedin= gungen zu beachten. Man muß überall auf der ganzen Erde, besonders aber in einem Lande wie Afrika stets so gut als mög= lich zu leben suchen und so viel als möglich sich schonen. Ent= behrungen sind nur dem Neuling romantisch und, wenn vermeid= bar, für jeden und immer eine bloße Thorheit. Die Mahlzeiten seien gut und reichlich in europäischem Sinne. Daß man in Afrika weniger Fleischbedürfnis habe, ist eine Fabel, und daß man sich der Lebensweise eines Negers anbequemen müsse, ist ein theoretisch konstruirter Unsinn. Der Genuß von Früchten ist eher abzuraten; sicher unschädlich sind sie blos in gekoch= tem Zustand. Am besten bekommen noch die Guiavas als un= serem Obste am ähnlichsten; am verdächtigsten sind die unnatür= lich parfümirt schmeckenden Mango=Pflaumen. Für Tropen= früchte kann blos der unkritisch alles Fremde lobende Neuling schwärmen. Über unsere ehrlich frischen, würzigen und herben Äpfel, Pfirsiche und Trauben geht nichts auf der ganzen Erde.

Überaus kläglich sind wie gesagt auch die Trinkwasser=Ver= hältnisse in Kamerun. Ordentliche, tiefe Brunnen oben auf dem Plateau, in weiterem Umfang geschützt vor Verunreinigungen, wären deshalb gleichfalls ein nächstes Erfordernis. Zum Pumpen und Füllen der Reservoirs für Haus und Garten wären ameri= kanische Windmühlen hier geeignet wie nirgends. Der regel=

mäßige, starke Südwestwind würde sie nur in den Morgenstunden und sonst fast niemals rasten lassen.

In dem Streit der Parteien zwischen Tierwolle und Baum= wolle stehe ich weder links noch rechts, sondern je nach der Witterung auf beiden Seiten. Man rüste sich mit beiderlei Stoffen aus und wechsle so oft als nur immer möglich, bis zu drei oder viermal im Tage, die Wäsche. Sollte mir ein kate= gorisches Entweder=Oder vorgehalten werden, so würde ich un= bedingt Wolle wählen, denn auch in den heißesten Ländern wird es häufig genug ganz empfindlich kalt.

Ungemein wichtig als Stärkungsmittel gegen das Fieber ist eine heitere Seelenstimmung, und nichts sollte unterlassen wer= den, eine solche zu fördern, wozu namentlich alle · möglichen Arten von Sport und körperlicher Bewegung geeignet sind. Die auffallend hohe Ziffer der Erkrankungen unserer Marine in Kamerun, die das gewöhnliche, mittlere Maß überschreitet, dürfte zum Teil auf die Trostlosigkeit des Lebens an Bord un= serer Kriegsschiffe zurückzuführen sein.

Man begegnet bei uns oft der Meinung, daß die jungen Kaufleute in Westafrika ihre Gesundheit durch ein ausschweifen= des Leben ruinieren. Es ist wahr, daß die Trunksucht dort manches Opfer fordert, namentlich unter den Engländern. Derlei Fälle sind unbedingt auf die Rechnung des Klimas zu setzen. Denn zu Hause in Europa wären die Betreffenden wahrscheinlich nüchtern geblieben. Hitze und Fieber erzeugen nur zu häufig einen krankhaften Durst, den das lauwarme Wasser nicht zu stillen vermag, so daß man nach stärkeren Gegenreizen verlangt. Was aber den freien Umgang mit den Töchtern des Landes be= trifft, so ist darin mehr eine Förderung als eine Schädigung der Gesundheit zu erblicken. Das ewig Weibliche ist auch unter der dunklen Haut ein vortrefflicher Fetisch gegen die Verkümmerung des Gemütes, der man in afrikanischer Einsamkeit so leicht ver= fällt. Außer diesem seelischen Werte kommen aber auch in der= selben Angelegenheit noch praktische Vorteile der persönlichen Sicherheit in Betracht. Eine intime schwarze Freundin zu haben, schützt vor manchen Gefahren. Über das Unmoralische derartiger Verbindungen läßt sich ja streiten. Aber was die frommen Missionare so oft behaupten, nämlich daß ihre weiblichen Lämmer von seiten der sittenlosen Faktoristen den Nachstellungen teuflischer Verführungskünste ausgesetzt seien, verhält sich meist umgekehrt.

Die frommen und in der Regel auch keuschen Missionare leiden vom Klima nicht weniger als die anderen Europäer, und diejenigen unter ihnen, die sich eine gänzliche Enthaltsamkeit von alkoholischen Getränken vorgenommen haben, unterliegen augenscheinlich viel schneller. Ein guter leichter Rotwein, den man zur Mahlzeit trinkt, und abends eine Flasche Bier sind in Afrika ebenso wohlthätig wie in Europa. Gerade deshalb, weil die englischen Handelsfirmen zu Hause oft meinen, daß ihre jungen Leute draußen ohne jene beiden Genußmittel auskommen müßten, greifen diese so häufig zum Schnaps der Neger.

Wie wir gesehen haben, ist für hygienische Maßregeln also noch ungemein viel zu thun. Mit der Durchführung derselben wird ein von der Regierung bestellter Arzt zu betrauen sein. Wenn auch Kamerun im Dezember und Januar 1884 und 1885 in der glücklichen Lage war, an geprüften Doktoren der Medizin nicht weniger als zehn zu beherbergen, nämlich außer den fünf Marine-Ärzten des Geschwaders noch fünf Kollegen des Zivilstandes, die Herren Nachtigal, Passavant, Pauli, einen dem Trunke ergebenen Engländer und meine Wenigkeit, so daß schon auf jeden fünften ansässigen Europäer eine vollberechtigte Heilperson kam, so ist das jetzt anders geworden. Von den fünf genannten Zivilisten ist keiner mehr draußen in Kamerun, und der einzig übrig gebliebene Schiffsarzt des jeweilig stationirten Kanonenbootes oder Kreuzers hat weder Zeit noch Befugnis, sich auch der Privatpraxis hinreichend anzunehmen.

Nachdem Kamerun eine deutsche Kolonie geworden ist und einen verhältnismäßig stattlichen Beamten-Apparat erhalten hat, darf auch ein von der Regierung bestellter Arzt nicht fehlen. Die gesundheitliche Kontrole, die Ausstellung von Gesundheits-

Attesten und die Quarantäne spielen an der westafrikanischen Küste eine zu große Rolle. Daß derlei Maßnahmen in der anderwärts üblichen Weise auch in Kamerun gehandhabt werden, ist geradezu Pflicht des internationalen Anstands.

Wie sehr überhaupt ein Arzt in Kamerun notwendig ist, und zwar nicht blos für die europäischen Kaufleute, sondern auch für die Eingeborenen, habe ich an mir selbst erfahren während jener unangenehmen kriegsschifflosen vier Monate, in denen ich Vertreter der Flagge war, ohne irgend welche Exekutivorgane außer mir selbst zu besitzen. Der Vorteil, daß ich mich der immer rebellischer werdenden Bevölkerung als Arzt nützlich und interessant machen konnte, ist mir damals sehr zu statten gekommen.

Allein schon die vielen großen, tief fressenden Geschwüre, an denen der Kameruner so häufig leidet und die er als „Pola" bezeichnet, wären eine überaus günstige Gelegenheit, Gutes zu wirken. Mit Jodoform kann man da wahre Wunder verrichten, umsomehr als die landesüblichen Heilmittel gegen Pola gänzlich erfolglos sind, wie denn überhaupt der Neger an Arzeneien, die nicht bloß auf Hokuspokus beruhen, ungemein arm ist. Die Pola-Geschwüre haben mir mehrmals ausgezeichnete Dienste gethan, das unverschämte Gebahren der Kameruner zu bändigen. Krankheiten und deren liebevolle Behandlung, das ist der Punkt, bei diesen verzogenen und verdorbenen Menschen den Hebel einzusetzen, nicht nur zum Zweck der modern gewordenen Neger-Beglückung, sondern auch zur ersprießlichen Neger-Erziehung.

Da wir sparen müssen, so darf uns auch der Regierungs-Arzt nicht allzuviel kosten, was sich leicht erreichen läßt. An reiselustigen, tüchtigen Medizinern haben wir keinen Mangel. Gegen 3000 Mark Gehalt und freie Hin- und Rückfahrt, sowie in Anbetracht einer lohnenden Privatpraxis unter den Europäern würde sich der richtige Mann schon finden. Derselbe müßte sich auf drei Jahre verpflichten. Mit den Faktoreien würde er am besten ein privates Abkommen treffen, gegen eine fixe jährliche oder monatliche Pauschalsumme jeden Krankheitsfall der betreffenden Europäer gewissenhaft zu behandeln[1]). Der oben erwähnte englische Kollege bezog noch in der allerletzten Zeit, als er sich bereits ganz unmöglich gemacht hatte, von zwei oder drei der englischen Hulks seinen Unterhalt und, wenn ich nicht irre, sogar auch ein fixes Gehalt. Ebenso müßten die regel= mäßigen Dampfer, alle Monate vier, zwei ausgehende und zwei zurückkehrende, sowie andere gelegentlich einlaufende Schiffe einer sanitären Beaufsichtigung unterstellt und gehalten sein, dafür dem Arzte ihren Tribut zu leisten. Auch die Eingeborenen müßten allmählig daran gewöhnt werden, den Arzt zu be= zahlen, zuerst vielleicht in Naturalien: Ziegen, Hühnern, Eiern, Bananen u. s. w.

Neben den angeführten praktischen Zwecken käme schließlich auch noch in Betracht, daß von einem Mediziner, der wissen= schaftlicher Beschäftigung nicht abgeneigt wäre, noch gar Man= ches erforscht werden könnte. Die tropische Pathologie liegt noch in den Windeln, und namentlich von Hautkrankheiten dürfte an der westafrikanischen Küste noch manches Neue zu ent= decken sein.

Es versteht sich von selbst, daß auch bei den besten hygie= nischen Vorkehrungen das Fieber nur ganz allmählig schwinden und daß eine rationelle Behandlung desselben niemals aufhören wird, von der größten Bedeutung zu sein. Ist das Fieber, dem bei längerem Aufenthalt nicht leicht jemand entrinnt, einmal da, so säume man nicht, Chinin zu nehmen, und zwar ohne die sogenannte Apyrrhexie (den Nachlaß des Anfalls) abzuwarten, weil diese in Afrika häufig ausbleibt. Fast immer genügt ein Gramm, von dem man je eine Hälfte in Zigarettenpapier zu einer Pille zusammendreht. Größere Dosen, wie sie bei uns üb= lich sind, widerraten sich wegen der Notwendigkeit häufiger Wiederholung.

---

[1]) In Lagos zum Beispiel zahlt die Firma L. Gaiser allein ein jähr= liches Abonnement auf den Arzt von 100 Pfund Sterling (2000 Mark).

Aus demselben Grunde möchte ich niemals empfehlen, Chinin prophylaktisch zu nehmen. Man darf nie vergessen, daß auch das Chinin ein Gift ist, welches nicht blos den Fieber= pilzen, sondern ebenso unserem Körper gefährlich werden kann, und ganz kleine Dosen schaden auch den Fieberpilzen nicht. Der bei manchen Ratgebern so beliebte Chininschnaps scheint mir mehr eine pfiffige Bemäntelung ihrer Vorliebe des Schnapses als eine ernsthaft zu nehmende Vorsicht zu sein. Ganz ebenso dürfte es sich auch mit der gleichfalls sehr beliebten „Veredelung" des Trinkwassers durch Zusatz von Schnaps verhalten. Die Widerstandskraft des Körpers gegen solche zweischneidige Mittel, wie das Chinin eines ist, sollte nicht leichtsinnig verbraucht wer= den. So lange man nicht sicher weiß, daß es im Hause wirklich brennt, wäre es Unsinn, mit der Feuerspritze Tapeten und Möbel zu ruiniren.

Das Chinin ist noch immer die souveräne Arznei gegen das Fieber. Nur der Arsenik möchte ihm neuerdings den Rang streitig machen. Alles andere ist Humbug. Namentlich muß ge= warnt werden vor der bei den Kaufleuten so häufigen Über= schätzung der Regenmedizinen. Unsere westafrikanischen Fakto= risten sind bekanntlich im Geschäft sehr tüchtig, aber zur strengen und kritischen Beobachtung von Naturerscheinungen sind sie in der Regel gar nicht zu brauchen.

Nach allen vorliegenden Erfahrungen sind wir schließlich zu der Annahme berechtigt, daß mit zunehmendem Komfort selbst in Afrika die Gesundheitsverhältnisse sich heben werden. Kamerun gehört entschieden zu den ungesunderen Plätzen der Erde. Es ist aber kein Grund vorhanden zu glauben, daß Kamerun unge= sunder sei als Brasilien oder Ostindien zur Zeit der ersten Ent= decker waren, ehe die Europäer dort seßhafter wurden und ihre Existenzbedingungen auch dort immer mehr verfeinerten.

Auch unser altes Europa hatte in früheren Jahrhunderten eine viel größere Sterblichkeit als heute, und was hat da nicht allein schon die Kanalisirung der Städte bessernd gewirkt. Aus den meisten tropischen Hauptpunkten, die früher berüchtigt waren,

lauten die neuesten einschlägigen Berichte günstig. Batavia, Kal=
futta, Rio de Janeiro sind verhältnismäßig gesunde Plätze ge=
worden. Freilich hängt diese Änderung zum Guten vielleicht
mit einer Alterserscheinung unseres Planeten, der langsam und
stetig fortschreitenden Austrocknung seiner Oberfläche, zusammen,
und vielleicht werden schon unsere nächsten Nachkommen den all=
gemein gültigen Satz „Je fruchtbarer um so ungesunder" in die
andere Fassung „Je gesunder um so unfruchtbarer" zu wenden
haben. Das darf aber nur eine theoretische Betrachtung bleiben.
Vorläufig können und müssen wir dem Untergang unseres Ge=
schlechtes uns noch widersetzen.

Sicherlich wird noch manches Opfer an Menschen, Geld und
Arbeit gefordert werden, bis auch in Afrika einigermaßen er=
trägliche Zustände aufkommen. Aber so ist es eben überall auf
diesem schlechten Erdball. Nicht bloß das Leben des Einzelnen,
auch das Leben ganzer Nationen ist ein beständiger Kampf ums
Dasein.

Unsere bisher nur ganz allgemein und platonisch gehaltenen
Bestrebungen um den dunklen Kontinent, die bereits eine Mil=
lion verschlungen haben[1]), erhalten nun durch den Besitz des
Kamerun=Gebietes eine neue Richtung und neuen Wert. Wie
viel angenehmer ist jetzt für uns die Aufgabe der Afrika=For=
schung, da wir in eigenem Lande und zum Nutzen eigener natio=
naler Interessen arbeiten können. Wir brauchen jetzt nicht mehr
mit der Gnade portugisischer, französischer oder englischer Ober=
herren zu rechnen.

Es wird sich auch nicht mehr darum handeln, ins Blinde
hinein auf eine möglichst rasche Vermehrung durchlaufener Kilo=
meter loszugehen. Diese Art des Reisens ist abgethan. Für
Kamerun und dessen Hinterländer wird ein möglichst gerad=

---

[1]) S. Mitteilungen der Afrikanischen Gesellschaft in Deutschland
Band I—V.

liniges, an der Küste beginnendes Vordringen auf breitester Basis
am ratsamsten sein, ganz im Gegenteil zu manchen anderen
Gegenden Afrikas, die leichter und besser von hinten zu er=
schließen sind. Expeditionen erst den Kongo oder den Niger
hinaufzuschicken, um sie dann aus dem Inneren nach Kamerun
herabkommen zu lassen, hat keinen Sinn mehr, seitdem die
Wirkungssphären der interessirten Mächte durch europäische
Verträge auch nach dem Innern zu, in den gröbsten Zügen wenig=
stens, abgegrenzt sind, und würde außerdem noch auf mancherlei
gar nicht absehbare Hindernisse stoßen, von denen die seitens
der europäischen Konkurrenten fremder Nation (Belgier, Fran=
zosen, Engländer) bereiteten nicht die geringsten sein dürften.
Zugleich wäre ein solcher Plan die gänzliche Verkennung der als
erfreuliche Ausnahme nicht genug zu betonenden Thatsache,
daß wir im Kamerun=Gebiet direkt vom Meere aus eine lohnende
Etappenlinie beginnen können und nicht erst weit im Innern
günstige Strecken aufsuchen müssen, wie das am Kongo aus
natürlichen und am Niger aus politischen Ursachen nötig wäre.
Aller Wahrscheinlichkeit nach ist die ganze Kamerun=Küste vom
Rio del Rey bis Batanga in hohem Grad kultivationsfähig.
Erst einmal genauer kennen zu lernen und festzustellen, was wir
dort Alles besitzen und sogleich in Ausbeute zu nehmen haben,
wird entschieden nützlicher sein als ein langwieriger Versuch, dies
auf einem Umweg voller Schwierigkeiten zu erreichen. Selbst
wenn unsere Hinterländer von den Nachbar=Nationen noch immer
ernsthaft bedroht wären, würde es sich nicht empfehlen, einen
Wettlauf nach dem Innern mit aufzunehmen. Denn jene an=
deren haben bereits so viel Vorsprung, daß wir sicher zu spät
kämen.

Eine genauere Festlegung der Grenzen, die bisher nur vom
grünen Tisch aus und blos auf den Karten gezogen sind, dürfte
schon bald hinter der Küste neue Gesichtspunkte ergeben. Nament=
lich gegen das englisch gewordene Kalabar=Gebiet hin dürfte eine
solche möglichst bald vorgenommen werden und zwar besonders
auch aus eminent praktischen Rücksichten. Gesetzt den Fall, daß

die Engländer in Kalabar Einfuhrzölle errichten, während wir in
Kamerun Ausfuhrzölle erheben, könnten leicht korrespondirende
Faktoreien derselben Firmen, die an beiden Orten etablirt sind,
eine Umgehung der beiden Zölle dadurch bewerkstelligen, daß sie
ihre schwarzen Händler in Kamerun mit Waren versehen und
in Kalabar die Produkte, die in der Mitte der beiden Gebiete
gekauft wurden, abliefern lassen. Das Interesse der Grenzüber=
wachung würde dann allerdings gegenseitig sein, aber doch viel=
leicht Unterschiede zeigen. Schließlich würden die Verhältnisse
auf eine ganz gleiche Einrichtung der Zölle an beiden Ausgangs=
pforten hindrängen.

Die ersten kartographischen Aufnahmen werden am besten mit
Triangulirungen beginnen. Das Kamerun-Gebiet hat den sel=
tenen Vorzug, allenthalben weit sichtbare, zum Anvisiren gut
brauchbare Terrain-Formen zu besitzen. Die möglichst zahlreich
und mannigfach gezogenen Dreiecke sind dann durch Breiten-Be=
stimmungen auf das richtige Maß zurückzuführen. Absolute
Längen-Bestimmungen sind mit den gewöhnlichen Reise-Instru=
menten zu schwierig und deshalb zu unsicher. Breiten dagegen
lassen sich leicht mit einer Genauigkeit bis zu 100 Meter plus
oder minus erzielen. Mitten durch könnten außerdem, da wo
die Verhältnisse sich hiezu eignen, relative Längen-Bestimmungen
durch Heliotropen-Signale und Ortszeiten vorgenommen werden.

Für die Bewegung der Arbeit und der Produkte sind Wege
zu schaffen. Bisher hat sich der ganze größere Verkehr auf den
Fluß und dessen Verzweigungen beschränkt. Diese Wasserstraßen
reichen leider nicht tiefer ins Innere als ungefähr dreißig See=
meilen, und zugleich sind dieselben überaus stark versehen mit
Unregelmäßigkeiten und Hindernissen aller Art, wie Sandbänke,
Klippen und gefallene Bäume. Aus diesen beiden, sowie aus
strategischen Gründen werden deshalb auch Landstraßen anzulegen
sein. Ein Netzwerk schmaler Pfade verbindet auch hier wie allent=
halben die einzelnen Dörfer unter sich und mit ihren Feldern.

Dieses wird man dabei zu benutzen haben. Neue Wege und Straßen werden zugleich mit dem Vorrücken der Pflanzungen entstehen müssen. Ihre Instandhaltung ist den Häuptlingen der betreffenden Distrikte streckenweise aufzubürden. Wollte man sie früher anlegen als unumgänglich nötig, so würden sie wegen mangelnder Benutzung bald wieder verrotten. Nur ihre allgemeine Richtung wird schon jetzt festzustellen sein. Dabei dürften zunächst blos zwei Hauptlinien in Betracht kommen, eine möglichst gerade in Nordostrichtung dem südlichen Ufer des Flusses entlang durch alle die vielen Ortschaften bis nach Wuri und eine Uferlinie rings um das System des Kamerun-Gebirges, nicht höher als vier bis fünf Meter über dem Meeresspiegel, von welcher aus die Pflanzungen strahlenartig zu den Gipfelpunkten emporzusteigen hätten.

Auf der ersteren gerade in das Zentrum Afrikas strebenden Linie läßt sich dann später vielleicht eine Eisenbahn konstruiren. Ich möchte zwar tropisch-afrikanische Eisenbahn-Aktien im allgemeinen noch nicht empfehlen. Ich glaube, daß keines der bisher in Gang gebrachten Projekte dieser Art (Lorenzo Marques, Angola, Kongo, Senegambien) jeden Tag auf einen Zug mit Produkten des Innern und dementsprechend alle drei Tage auf einen Zug mit europäischen Waren rechnen dürfte. Sollte mir aber die Pistole auf die Brust gesetzt und ich gezwungen werden, mich dennoch für eine der möglichen Linien zu entscheiden, so würde ich zweifellos die Kamerun-Eisenbahn allen übrigen vorziehen. Denn erstens nähert sich gerade hier im innersten Winkel des Guinea-Busens das Meer am meisten dem unentschleierten Zentrum, zweitens beginnen hier gleich am Meere produktionsfähige Länderstrecken und drittens sind aller Wahrscheinlichkeit nach erhebliche Terrain-Schwierigkeiten, wie sie z. B. dem Kongo eigen, hier nicht vorhanden.

Eine sehr wichtige Aufgabe wird die Einführung oder Abrichtung geeigneter Last-, Reit- und Zugtiere sein. Für Zugtiere müßte allerdings erst die Anlegung wirklicher Fahrstraßen vorausgehen. Am besten dürften den genannten drei Zwecken Stiere,

Ochsen und Kühe entsprechen. Auch Pferde würden sicherlich manchen Nutzen gewähren, aber nur als erfrischender Sport, um mit ihnen auf dem glatten Ebbestrand umher zu galoppiren. Zu ernstern Diensten, auf schlechten Wegen, über rauhes Gestein und durch Sümpfe, möchte ich sie nicht empfehlen. Auf keinen Fall möchte ich hiezu andere als die ganz billigen, kleinen und struppigen Pferde der Togo-Küste, die aus dem mohamebanischen Suban stammen, riskiren. Esel sind so störrig und schwierig, daß ich nicht begreife, wie Stanley auf den Gedanken verfiel, ihrer etliche zwanzig mit großen Kosten von Teneriffa nach dem Kongo zu bringen, während in dem Nachbarlande Angola genug vortreffliche Reitstiere zu kaufen waren. Rinder kann man frei weiden lassen, sie bleiben gesellig zusammen. Esel müssen sorg= fältig angekoppelt werden, sonst laufen sie auseinander, jeder nach einer andern Richtung, und reißt sich einer los, so sucht er auf Niewiedersehen das Weite. Von den Eseln Stanleys lebte nach kürzester Zeit kein einziger mehr; als bleiche Gerippe schmücken sie wohl noch heute den Weg von Vivi nach Stanley Pool. Dagegen gedeihen am untern Kongo, so namentlich auch in dem schrecklich heißen und fiebergiftigen Boma, wo die Belgier ihr „Sanatorium" haben, die schönsten Rinderherden. Ich habe während meiner Lunda-Reise fast 4000 Kilometer auf Stieren abgeritten und dieselben gelegentlich auch mit den Lasten kranker Träger beladen. Durch hohes Gras leisteten sie alles, was man von solchen Tieren verlangen kann. Nur in dichten Wäldern, zwischen eng zusammenstehenden Bäumen beschädigten sie ihre Lasten zuweilen durch eigensinniges Drängen. Solche Hemmnisse aber lassen sich auf viel begangenen Wegen leicht beseitigen.

Für Viehzucht sind die Verhältnisse in Kamerun augenschein= lich sehr günstig. Zur Zeit unserer Ankunft besaßen King Bell und King Akwa je ein Dutzend ungemein rundlich und fett aus= sehender kleinwüchsiger Rinder. In den Bergdörfern der Bakwiri findet man überall Hunderte von Rindern desselben Schlages. Die Tsetse=Fliege, unter der man übrigens wahrscheinlich weniger ein bestimmtes Insekt, die bekannte Glossinia, als eine Gesamt=

benennung für unbekannte Schädlichkeiten der verschiedensten Art zu verstehen hat, dürfte also in Kamerun nicht zu befürchten sein. Aber nur unter Leitung und im Besitz der Weißen wird es gelingen, einen ordentlichen Viehstand zu züchten. Die Neger sind nicht sorgsam genug, und bei festlichen Gelegenheiten oder im Kriegsfall fressen sie in zwei Tagen ganze Herden auf. So fiel auch Bells bescheidene Herde der Gier seiner Feinde und Aufrührer schnell zum Opfer.

Noch eines anderen Transport-Tieres möchte ich gedenken, dessen Erziehung schon so oft warm empfohlen, aber noch niemals ernstlich versucht worden ist, des afrikanischen Elefanten nämlich [1]. Diese Aufgabe zu lösen, wäre wahrhaftig viel verdienstlicher, als alle künftigen Durchquerungen, an die ja der junge Afrika-reisende immer zuerst denkt. Das wäre so recht eine schöne Lebensaufgabe für einen vermöglichen Mann, dessen Sinn nach afrikanischen Abenteuern gelüstet. Er gehe zuerst auf ein Jahr oder mehr nach Ostindien, den Fang und die Zähmung der dortigen Elefanten zu studiren, dinge dort in solchem Geschäft erfahrene Leute und probire sein Glück dann in Kamerun. Denn kein Punkt der sämtlichen afrikanischen Küsten dürfte geeigneter sein als dieser. Die noch immer reichlich vorhandenen Elefanten kommen hier bis ans Meer herab, und durch entsprechende Geschenke könnte man die Häuptlinge leicht bewegen, mit ihren ganzen Gemeinden als Erbauer von Verzäunungen und als Treiber mitzuwirken. Denn allein fürchten sie sich vor den dunklen Riesen, von denen sie sich ihre schönsten Bananen-Pflanzungen verwüsten lassen. Namentlich die Gegenden des Mungo-Flusses möchten sich dazu empfehlen. Vor Allem aber müßte erst die Schonung der jüngeren und weiblichen Tiere angeordnet und durch strenge Strafen gewährleistet werden.

---

[1] Über die Verwendung des afrikanischen Elefanten als Last- und Arbeitstier enthält die Kölnische Zeitung vom 30. und 31. Mai 1885 einen lehrreichen, sachkundig geschriebenen Artikel von Josef Menges, dem bekannten Reisenden der Hagenbeck'schen Handelsmenagerie in Hamburg.

Zum lustigen Elefanten-Fang werden sich die Neger ganz gerne brauchen lassen. Nicht so leicht aber werden sie sich zur ernsten Arbeit bequemen. Und doch ist das die Hauptangelegenheit. Was nützt uns das ganze schöne Programm, wenn die Musikanten fehlen, es auszuführen. Die Arbeits-Frage, gerade in Afrika schwieriger als irgendwo anders, ist hier die Vorbedingung aller Pläne.

In Kamerun sind die einschlägigen Verhältnisse noch ganz besonders schlimm. Die Duala sind vielleicht die allerfaulsten, widerspenstigsten Neger, die es gibt. Ihr Monopol des Zwischenhandels mit den Produzenten, den Stämmen der Hinterländer, und mit den Konsumenten, den europäischen Kaufleuten, liefert Gewinne, die bis zu 300 Prozent betragen. Ihre Verachtung der Arbeit ist so weit gediehen, daß sie nicht einmal die eigene Nahrung durch Feldbau vollständig decken und einen Teil derselben ständig von den nämlichen Stämmen der Hinterländer beziehen, denen sie auch ihre Handelsprodukte verdanken, ja, daß sie zuweilen genötigt sind, sich überseeische Lebensmittel von den Europäern zu erkaufen. Zugleich leidet aber auch der Handel an eingerissenen Mißbräuchen, die dem europäischen Kaufmann hundertfach schaden können. Der eingeborene Händler beansprucht von dem europäischen Kaufmann Vorschüsse in Waren, den sogenannten Trust, den er in Produkten nach und nach abzahlt oder auch unterschlägt. Was der europäische Kaufmann an Produkten erhält, ist somit immer nur die Zurückerstattung einer ältern Schuld, und will er Geschäfte machen, muß er immer mehr kreditiren.

Nochmals kurz zusammengefaßt, läßt sich der wirtschaftliche Zustand Kameruns etwa folgendermaßen skizziren. Der Handel ist gering, die Produktion gleich Null, die Bevölkerung in Faulheit und Spitzbüberei verkommen, die Arbeit unerschwinglich teuer und trotzdem schwer zu beschaffen. Zugleich sind die Bande der altangestammten Ordnung bedenklich gelockert, die Untertanenverhältnisse halb anarchisch. Das Land selber jedoch ist gut und leistungsfähig. Die letztere Eigenschaft zur Geltung zu bringen und von den Schlacken der Verkommenheit zu reinigen, das ist nun unsere Pflicht.

Sollen die 20 000 Duaſla das Vorrecht haben, ſich dem allgemein menſchlichen Geſetz der Arbeit auch noch fernerhin zu entziehen? Sollen ſie fortfahren dürfen, uns von den Stämmen des Innern, die viel beſſer, fleißiger und geſitteter ſind als das Küſtengeſindel, eigennützig zu trennen? Ganz gewiß nein. Gleichwie es in dem Staate eines Volkes nicht geduldet werden kann, daß das Landſtreichertum auf Koſten der beſſern Beſtand= teile ſich forterhalte, ebenſo darf es auch im großen Erbenſtaate keinem einzelnen Stamme erlaubt ſein, daß er das Unbequeme, die Laſt ſeiner Exiſtenz auf fremde Schultern übertrage.

Es handelt ſich darum, ein lang theoretiſch erſtrebtes Ideal, die ſchwere Aufgabe der Erziehung des Negers zur Arbeit, end= lich einmal an einem kleinen Beiſpiel praktiſch zu löſen. Die Maſſe iſt noch weich und ungemodelt. Möge ſie gleich von An= fang richtig geformt werden. Aber nur ein ganz entſchiedenes Eingreifen kann in den durchaus verrotteten Zuſtänden der Kame= runer Beſſerung ſchaffen. Mit halben Mitteln, mit Güte, Sanftmut und Belehrung in Worten iſt da nichts zu erreichen. Mit feſtem, ſchmerzhaftem Ruck müſſen die Zügel erſt nochmals auf einige Zeit angezogen werden, damit ihr Vorhandenſein völlig zum Bewußtſein komme. Und iſt dann ſchließlich der rechte Augen= blick da, ein wenig nachzulaſſen, ſo wird der für immer nötig blei= bende Grad der Strammheit, der ohne vorherige Übertreibung nur ſchlecht ertragen würde, als eine Erleichterung empfunden werden.

Es kommen hauptſächlich drei Aufgaben in Betracht: Hin= wegbrücken der nicht produzirenden Duaſla aus dem Handel mit dem Innern; Anknüpfung direkten Handels mit den Produzenten des Innern; Bekehrung der Duaſla zur Produktion, zur Arbeit. Dieſe drei Aufgaben zu löſen, haben uns durch ihre Liederlichkeit die Duaſla ſelber ein ganz ausgezeichnetes Mittel vorbereitet, und das iſt der Hunger. Ich denke mir das hiemit einzuſchlagende Verfahren folgendermaßen.

1. In Kamerun iſt bereits eine Regierung vorhanden, aber noch keine Macht. Die Notwendigkeit, eine vollziehende Gewalt, eine Kolonialtruppe zu ſchaffen, wird ſich indeſſen nicht umgehen

laſſen. Ohne eine ſolche werden Reformen nicht durchzuführen
ſein, und ohne Reformen wird ſich Kamerun nicht bezahlen. Was
hilft uns die Oberhoheit, wenn wir ſie nicht fühlbar machen?
Was hilft uns irgend eine Anordnung, ſo zum Beiſpiel allein
ſchon das bereits erlaſſene Verbot des Verkaufs von Hinterladern
an die Eingeborenen, wenn wir die Befolgung nicht überwachen
können?

Die Marine vermag uns nur im Bereiche des Hafens hin=
länglich zu ſchützen. Die Matroſen unterliegen zu leicht dem
Klima und ſind für den Buſchkampf wenig geeignet. Außerdem
müſſen auch die zwiſchen den Kommandanten der Kriegsſchiffe
und den Regierungsbeamten nur allzuleicht entſtehenden Kompe=
tenz=Zweifel möglichſt vermieden werden.

Zum raſchen Eingreifen auf dem Lande und zum Vor=
bringen nach dem Innern bedarf es deshalb einer leichter be=
weglichen Waffe, die unmittelbar dem Gouverneur unterſtellt iſt.
Ich meine eine Kompagnie Negerſoldaten von zwei bis vierhundert
Mann mit vier deutſchen Offizieren. Deutſche auch als Mann=
ſchaften anzuwerben, wäre gänzlich verfehlt wegen des Mangels
ſeeliſcher und körperlicher Widerſtandskraft gegen afrikaniſche
Einflüſſe, der unſern ſogenannten untern Klaſſen meiſt eigen iſt.

Bei der Rekrutirung von Negern zum Militärdienſt hat
zunächſt der Grundſatz zu gelten, nur keine Eingeborenen dort
verwenden zu wollen, wo ſie zu Hauſe ſind. Kamerunern den
bewaffneten Schutz unſerer Kamerun=Intereſſen anzuvertrauen,
wäre ein höchſt naiver Selbſtmord. Blos als Hilfskräfte und
blos in ſolchen Fällen, die ihrem eigenen Nutzen nicht geradezu
widerſtreben, werden wir ſie vorläufig brauchen können, was nicht
ausſchließt, daß man ſie in ferneren Zeiten und für fernere
Unternehmungen gegen das Innere zu ſogar als eine zweite Art
Streitmacht wird ausbilden dürfen. Alſo zunächſt um jeden
Preis keine andern als Fremdlinge, die ohne uns ihre Heimat
nie wieder erreichen können und dadurch angewieſen ſind, treu zu
uns zu halten. Aber welchen Stamm ſollen wir zu dieſem
Zweck ins Auge faſſen?

Leicht möchte man an Kru-Jungen denken, da diese ja schon seit lange daran gewöhnt sind, in den Faktoreien der ganzen Küste je auf ein Jahr als Knechte sich zu verdingen. Sie sind gewiß ganz vortreffliche Menschen und fleißige Arbeiter, aber gerade deshalb sind sie zugleich von den Dualla gehaßt und verachtet und dementsprechend feige und ohne genügendes Selbstbewußtsein. Auch sind sie von Jahr zu Jahr wegen gesteigerter Nachfrage schwieriger zu bekommen.

Am einfachsten wäre die Aufgabe, wenn wir in Kamerun Togo-Leute und umgekehrt in Togo Kamerun-Leute als Soldaten verwenden könnten. Allein der großen Bequemlichkeit in Bezug auf die geringe Entfernung beider Wechselgebiete steht die fragwürdige Qualität der beiden Negersorten entgegen. Die Togo-Leute machen den Eindruck, ungemein feige zu sein, und vor den englischen Haussa-Soldaten des Herrn Firminger in Kitta haben sie doch etwas gar zuviel Angst gehabt.

Die besten, tapfersten und treuesten Neger von ganz Afrika sind die mohamedanisch erzogenen, unter denen für unsern Fall Haussa und Sansibariten am passendsten wären. Die Sansibariten zu karakterisiren, genüge der Name Stanley. Mit andern als Sansibar-Leuten oder Mohamedanern überhaupt hätte Stanley seine Kongo-Fahrt niemals ausführen können. Bekanntlich sind ihrer Hunderte bereits in Diensten der belgischen Kongo-Gesellschaft. Aber des weiten Transportes wegen kommen sie teuer zu stehen, was bei den wahrscheinlich ebenso guten Haussa-Leuten wegfiele. Es ist Mode geworden, den Mohamedanismus als einen besonderen Fluch Afrikas hinzustellen und anzuklagen. Das geschah aber immer nur von solchen Reisenden, die andere Neger als mohamedanisch beeinflußte niemals recht kennen gelernt haben. Hätten sie mit den zerfahrenen, disziplinlosen Zuständen der meisten unverfälschten Bantu-Stämme zu thun gehabt, sie würden sicherlich anders urteilen.

Als Haussa werden von den Engländern nicht ganz richtig alle Neger bezeichnet, die auf den Handelswegen der Haussa-Länder nach der Goldküste und nach den Nigermündungen herabkommen.

Dieſe laſſen ſich in Lagos, Akra und Kitta ſchon längſt als die ſogenannte „Gold Coaſt Conſtabulary Force" oder „Houſſa Ar= med and Civil Police" d. h. als Polizeimacht anwerben. Auch die Franzoſen in Gabun verwenden mohamedaniſche Neger, und zwar vom Senegal, mit Erfolg als Soldaten.

Meine Bekanntſchaft mit den Hauſſa verdanke ich Dr. Paſſa= vant, der anfangs Oktober 1884 ihrer ungefähr achtzig für ſeine Reiſe ins Innere zu Lagos angeworben und nach Kamerun ge= bracht hatte.

Ich habe niemals ein vorzüglicheres afrikaniſches Menſchen= material, das hocherhaben war über ſämtlichen Negern meiner vierjährigen afrikaniſchen Mühſal, geſehen, als jene Expeditions= Schar des Dr. Paſſavant. Bei den beſchränkten Wohnverhält= niſſen, die damals in Kamerun noch beſtanden, bei der Gehäſſig= keit, die den neu angekommenen Raſſegenoſſen ſeitens der Kame= runer ſogleich entgegengebracht wurde, fielen ſie manchmal läſtig, aber man mußte ſie bewundern. Gerade ihre ſtolze Haltung, ihr Selbſtbewußtſein, ihre Disziplin unter ſich und ihre Er= gebenheit ihrem Herrn gegenüber reizten das elende, feige Ge= ſindel der Ortseingeborenen zu jenem Haß, der aus Furcht und Reſpekt entſpringt. Dieſe Hauſſa=Leute waren alle entſchieden vom Mohamedanismus beeinflußt und trugen ſich mohamedaniſch, aber wirkliche Mohamedaner waren nur etwa acht oder zehn unter ihnen. Mit welcher Gewiſſenhaftigkeit trat dieſe kleine, gläubige Gemeinde täglich um Sonnenuntergang zum Gebet zuſammen. Erſt breiteten ſie in einer Ecke des Faktoreihofes ihre Matten aus, dann holten ſie ſich in alten Bierflaſchen Waſſer vom Fluſſe, wuſchen ſich die Füße und knieten nieder. Mit welcher Gewiſſenhaftigkeit und Treue pflegten mich dann zuletzt, als ich immer kränker wurde, jene vier Hauſſa=Burſchen, die ich Dr. Paſſa= vants Güte verdankte, nachdem mir meine vier Kameruner, Miſſionsgeſchöpfe und ſogenannte Chriſten, unſagbar ſchlechte Subjekte, fortgelaufen waren.

Ich würde es für ein großes Glück halten, wenn wir als Kolonialtruppe für Kamerun ſolche Hauſſa=Leute erhielten. Vom

Niger allerdings können wir uns keine mehr holen. Denn dort wollen die Engländer seit ihrer Besitzergreifung die Anwerbung Eingeborener für fremde Dienste nicht mehr gestatten. Dagegen läßt sich vielleicht vom Togo=Land aus die Herableitung von Hauffa=Karawanen erreichen, was zugleich aus Rückfichten des Handels wichtig und verdienftlich wäre.

Den fremden Soldaten=Negern wären Grundftücke anzu= weifen, auf denen fie fich Hütten bauen und Küchengärten an= legen könnten. Zugleich würde man fie mit Weibern, am beften aus ihrem eigenen Lande, zu verfehen haben. Dann bleiben fie lieber über ihre Kontraktzeit und vielleicht fogar für immer.

Ift eine Truppe endlich vorhanden, fo befetze man erft das Gebiet der nächften Hinterländer Abo und Wuri mit verfchanzten Poften, die den Dualla den Rückzug dorthin verleiden für den Fall, daß die Unannehmlichkeiten der alsbald nachfolgenden Maßregeln einen größeren Teil derfelben zur Auswanderung nach dem Innern verleiten möchten. In gekränkter Stim= mung find die Dualla nämlich von jeher geneigt gewefen, fich nach dem Innern zu auf irgend einen Schmollwinkel zurück= zuziehen, von wo aus fie den Handelsverkehr unterbinden und zugleich von dem Fleiß der Eingeborenen auf mehr oder weniger gewaltfame Weife ihre Ernährung beftreiten können. Diefer Kniff muß von vornherein vereitelt werden. So lange das nicht gefchehen ift, wird jedes neuerdings notwendig werdende mili= tärifche Eingreifen der Marine an der Küfte nur fchädigend wirken, indem der Erfolg nur darin beftehen kann, daß die rebellifchen Elemente nach dem Innern zurückweichen und dort zu einem noch viel fchwierigeren Hindernis der Entwicklung fich aufftauen.

2. Die fämtlichen europäifchen Firmen vereinigen und verpflichten fich durch einen fchriftlichen Akt, auf unbeftimmte Zeit den Handel einzuftellen, etwa fo, daß kein neuer Truft mehr ausgegeben werden darf, bis der gefamte alte Truft eingebracht ift. Der Gouverneur wird gebeten, die Wahrung und Voll= ziehung diefes Vertrages in die Hand zu nehmen und zu diefem Zweck jede Hulk oder Faktorei mit einer Wache zu belegen,

welche einen Verkehr mit den Eingebornen nur bei Tageslicht zu gestatten und die Verabreichung größerer Mengen von Waren aus den Magazinen gänzlich zu untersagen hat. Der Ankauf von Lebensmitteln, Ziegen, Hühnern, Yams, Bananen u. dergl., bei denen nur kleinere Summen in Betracht kommen, bleibt dabei gestattet. In zweifelhaften Fällen wird ein hiezu von dem Gouverneur aufgestellter Beamter zur Entscheidung angerufen. Das einzige Schwierige dieser Maßregel wird vielleicht die Einigung der Firmen sein. Denn von diesen muß die Anregung ausgehen, damit die Regierung nicht in den Ruf der Gewalttätigkeit gerate. Aber ich glaube, die Firmen werden selber ihren eigenen Nutzen so schnell begreifen, daß sie sich im Angesicht der näherrückenden höhern Ausfuhrzölle, die zweifellos noch kommen müssen, nicht lange sträuben dürften.

Welche Erfolge ein festes Zusammenhalten der Europäer gegen die immer unverschämter werdenden Ansprüche der Schwarzen zu erzielen vermag, darüber haben uns am Niger die Engländer ein lehrreiches Vorbild geliefert. Auch dort war, wie Flegel beschreibt, durch übermäßige Konkurrenz der Handel beinahe zu grunde gerichtet und die Preise hatten dort eine Höhe erreicht, daß man aufhören mußte, zu kaufen, wenn man sich nicht noch völlig ruiniren wollte. Die verschiedenen ausschließlich englischen Firmen traten deshalb im Jahre 1879 zusammen und verschmolzen sich zur „United African Company". Einige Monate lang, wie es heißt, bloß zur Aufnahme des Inventars in den Faktoreien, wurde nichts mehr an Produkten eingehandelt, also auch keine Waren mehr ausgegeben. Einen solchen Stillstand ertragen wir Europäer länger als die Schwarzen. Die Wirkung jener kurzen Handelssperre am Niger war denn auch durchschlagend. Das Elfenbein, damals noch Hauptprodukt, sank in wenigen Monaten auf den fünften und sechsten Teil des bisherigen Wertes und ein ähnliches geschah mit den anderen Produkten. Heute blüht der Handel am Niger wie vorher, ein glänzendes Zeugnis der Überlegenheit des Weißen, der siegen kann, ohne Blut zu vergießen.

Wie die Engländer am Niger die Überwachung ihrer Han=
delssperre ausgeübt haben, weiß ich allerdings nicht. Vom
Kamerun=Fluß aber glaube ich behaupten zu dürfen, daß eine
Überwachung, und zwar eine möglichst scharfe, nicht zu entbehren
sein wird. Dort sind zunächst zwei Gruppen von Interessenten
vorhanden, die englische und die deutsche, die sich trotz aller
äußern Freundschaft insgeheim doch befeinden und von denen
keine der andern trauen kann. Und bei der üblichen Buhlerei
um die Gunst der Schwarzen ist selbst für den einzelnen Fak=
toristen die Versuchung zu mächtig, im verborgenen dennoch
weiter zu handeln.

3. Die Dualla werden bald anfangen, über die Handels=
sperre entsetzlich zu jammern. Es wird Hunger unter ihnen
entstehen; denn wie gesagt, sind sie ja auch zur Beschaffung der
täglichen Nahrung auf ihren Zwischenhandel angewiesen. Einige
werden sich vielleicht infolge dessen zur Arbeit bequemen, gegen
billigen Tageslohn, der nicht höher sein darf als eine Mark in
Waren, und diesen drücke man sofort die nötigen Werkzeuge in
die Hand, um die Wildnis halb verkommener Äcker hinter den
Ortschaften zur Pflanzung von Ölpalmen, Bananen und Kakao
und die sumpfigen Bachmulden, die dort sich schlängeln, zur An=
lage von Reisfeldern vorzubereiten. Ist einmal ein gutes Bei=
spiel gegeben, so wird es bald Nachahmung finden und es wird
sich dabei zeigen, daß selbst unter diesen so sehr in Faulheit
verkommenen Dualla noch genug willfährige, erziehbare Ele=
mente vorhanden sind, bereit, dem Hohn ihrer halsstarrigen
Kameraden zu trotzen. Aber ohne Hunger werden sie sich nie=
mals stellen.

4. Mittlerweile haben die produzirenden Stämme des
Innern, die sogenannten Busch= oder Country=Leute, also zunächst
die Abo und Wuri, nicht mehr aufgehört, zu drängen, daß
ihnen der direkte Handel mit den Europäern gestattet werde,
was die Dualla bisher zu verhindern gewußt haben. Es ist das
ein so berechtigter und so sehr unserm eigenen Interesse ent=
sprechender Wunsch, daß er nicht unerfüllt bleiben darf. Gerade

die noch nicht ganz verdorbenen Stämme des Innern sind es, auf denen der schwerere Teil unserer Hoffnungen ruht, und sind sie einmal deutsch geworden, müssen sie eben so viele Rechte haben wie die Dualla. Nun sind aber den Dualla=Häuptlingen gelegentlich ihrer Souveränetäts=Abtretung von den Kaufleuten selber gewisse Versprechungen zugestanden worden, die sie zu Gunsten einer gänzlichen Unantastbarkeit ihres Handelsmonopols deuten möchten.

Wenn auch trotzdem schon öfter von dem Vorschieben der Faktoreien gegen die Produktionsgebiete hin als anzustrebendem Fördernis der Entwicklung die Rede gewesen ist, dürfte es sich doch als vorteilhafter erweisen, die Produzenten selber nach Kamerun herabkommen zu lassen. Denn es ist eine allgemein gültige Thatsache, daß die Neger ihre Erzeugnisse viel billiger transportiren, so lange sie ihnen gehören, aber ungemein viel teurer, sobald sie das Eigentum der Weißen geworden sind. Außerdem würde das Vorschieben der Faktoreien den erwähnten Versprechungen stracks zuwiderlaufen. Von dem Herabkommen= lassen der Buschleute dagegen, das allerdings nur durch militärischen Schutz zu ermöglichen wäre, ist niemals, weder in positivem noch in negativem Sinne, die Rede gewesen. Und dennoch, obgleich die juristische Verpflichtung durch einen solchen Schutz der Buschleute durchaus nicht beeinträchtigt würde, ein Bruch des Versprechens dem Sinne nach wäre er doch. Gerade den Negern gegenüber, die bei all ihrer eigenen Verlogenheit noch so viel Achtung vor dem Wort und der Treue des Weißen haben, müssen wir jeden Schein einer Unwahrheit meiden. Wir werden deshalb eine neue Basis zu schaffen haben. Und das wird unter dem Druck der Handelssperre und des Hungers möglich sein durch einen neuen Vertrag mit den Häuptlingen, in dem sie gegen ein mäßiges festes Gehalt auf ihr Handelsmonopol verzichten. So sehr auch die Häuptlinge ihr altes Gewicht verloren haben, sie sind doch immer noch das einzige Mittel, auf die anarchischen Massen einzuwirken, und wenn wir ihnen wieder zu etwas mehr Ansehen verhelfen, werden sie uns auch gute Dienste leisten.

Dieselbe Gelegenheit dürfte dazu benutzt werden, der Re=
gierung das Grundeigentum der Häuptlinge, das von diesen so
sehr vernachlässigt wird, übertragen zu lassen. Grundeigentum
in unserm Sinne besteht zwar bei den Negern eigentlich nicht.
Nur die Bearbeitung verleiht bei ihnen ein gewisses Anrecht auf
den Boden. Allein ausnahmsweise scheint in Kamerun und über=
haupt an der Küste jener europäische Begriff doch bereits zu
gelten, neu entstanden dadurch, daß die Europäer den Platz für
ihre Faktoreien oder vielleicht auch nur die Erlaubnis, auf dem
betreffenden Platz eine Faktorei zu errichten, von den Häupt=
lingen kauften. Zugleich wird vielleicht bereits daran zu denken
sein, daß privates Grundeigentum in hundert Jahren auch bei
uns als unstatthaft gelten dürfte, was es bei den Negern von
allem Anfang an war, und daß dann der Staat der große
Grundherr allen Landes sein wird, von dem man sich seine Par=
zellen zur Kultivirung pachtet.

Das oben vorgeschlagene Verfahren zur Bändigung und
Zähmung unserer Duala mag hart erscheinen. Aber man darf
nicht vergessen, daß es sich eben auch um eine harte Lebens=
frage handelt. Wer sich scheut, von seinen Ellenbogen Gebrauch
zu machen, der mag im Gedränge zugrunde gehen. Aber ich
glaube, praktisch ist niemand wirklich so sentimental. Unser
Kameruner Besitz muß unbedingt mindestens sich bezahlen, d. h.
seinen Regierungsapparat selber bestreiten. Unter den bisherigen
verrotteten Verhältnissen wird Kamerun dazu niemals imstande
sein. Wohl aber sind noch unausgenützt die Fähigkeiten dazu
vorhanden, die es zu heben und zu organisiren gilt.

Immerhin ist es noch gar nicht ausgemacht, ob das vor=
geschlagene Verfahren die Duala in größerer Zahl von der
Faulheit zum Fleiße bekehren wird, und vielleicht wird uns die
allerorts in Westafrika schwebende Frage der Beschaffung fremder
Arbeit auch in Kamerun nicht erspart bleiben. Es scheint ein
Gesetz zu sein, daß manche Arten von Menschen in ihrer Heimat
am wenigsten taugen und zu höherer Leistungsfähigkeit einer Los=
reißung aus dem heimatlichen Schlendrian bedürfen. Weil die

Indianer nicht arbeiten wollten, holte man sich Neger aus Afrika. Für Afrika würden vielleicht die Indianer ganz gut gepaßt haben. In der Südsee sind immer nur Eingeborene fremder Inselgruppen als Arbeiter zu gebrauchen, und die besten deutschen Schneider und Schuster sind nicht in Deutschland, sondern in Paris, in London, in Amerika zu finden.

Selbst wenn sich herausstellen sollte, daß mit den Dualla oder eigentlichen Kamerunern nichts Rechtes mehr anzufangen ist, weil sie schon zu sehr verdorben sind, so bleiben uns immer noch die Stämme des nächsten Innern mit größeren Hoffnungen zu erproben. Man könnte, um einen kleinen Anfang zu machen, die dortigen Häuptlinge zunächst vielleicht veranlassen, mit ihren eigenen Leuten Kakao zu bauen, indem man ihnen den Samen gibt und ihnen verspricht, die nach drei Jahren erzielten Ernten für einen bestimmten Preis abzukaufen. Zur technischen Unter= weisung und zur Beaufsichtigung müßten sich eigene Kontroleure unter ihnen ansiedeln, wozu aus der großen Zahl unserer afrika= lustigen Naturforscher die passenden Kräfte nach dem Vorbild der Schweden Knutson und Walbau wohl zu finden wären.

Ergibt sich dort im nächsten Innern Gelegenheit, Sklaven zu kaufen, so wird man diesen eine Wohltat erweisen, wenn man sie solchermaßen den Segnungen besserer Zustände einverleibt. Den Sophismus „Loskaufen" oder „Freikaufen" können wir dabei den englischen Missionaren überlassen.

Während des Parteikampfes, der sich gelegentlich unserer ersten kolonialpolitischen Unternehmungen entsponnen hat, sind namentlich zwei afrikanische Tagesfragen so häufig in den Vordergrund der Debatten getreten, und beide haben, indem sie mit Vorliebe als Fangschlingen nach der öffentlichen Meinung ausgeworfen wurden, so viel Gemeinsames, daß sie füglich auch gemeinsam besprochen werden dürfen. Sie heißen S k l a v e r e i und S c h n a p s.

Es sind zweifellos zwei recht häßliche Dinge. Am liebsten möchte man sich schamhaft das Gesicht verhüllen, um sie gar nicht zu sehen. Aber das hilft nicht. In der schnöden Wirklichkeit müssen wir uns manche Unannehmlichkeiten gefallen lassen. Die Natur übt gar kein Erbarmen mit uns und setzt uns in dieses Dasein, ohne uns gefragt zu haben. Sehen wir zu, wie wir mit ihm zurecht kommen.

Betreffs der afrikanischen Sklaverei lassen sich folgende drei Parteien unterscheiden, deren eine jede ihre eigenen Vorstellungen und Strebungen hat. Denn Definitionen und Überlegung vernimmt man auf diesem Gebiete nur selten.

1. Die Humanitäts-Fanatiker. Blind und taub für die Not Europas, erblicken sie in Afrika den einzigen interessanten schwarzen Fleck unseres Erdballs. Als Quellen ihrer Erkenntnis benutzen sie „Onkel Toms Hütte" der Missis Beecher Stowe und die einseitigen Berichte der englischen Missionare. In ihrem wohlgemeinten Befreiungs- und Beglückungseifer stiften sie nicht selten mehr Schaden als Nutzen. Allein sie täuschen sich selber und sind deshalb als vergleichsweise ehrlich zu nehmen. „In Afrika werden die armen Neger fortwährend gepeitscht und gemartert, damit sie Tag und Nacht ihren Herrn bereichern. In Europa herrscht die freie Arbeit als Inbegriff von Menschenwürde, Glück und Wohlstand." So ungefähr möchte der Uneingeweihte denken, wenn er in die Schule dieser mehr guten als kritischen Leute geht. Was Wunder, daß er dann dem schrecklichen Ungeheuer „Sklaverei" nicht mehr kalt ins Gesicht sehen mag, sondern auf das bloße Wort schon losstürzt wie der Stier auf das rote Tuch!

2. Die Heuchler. Gewöhnlich sind das die erfahrenen, geriebenen Kenner der Verhältnisse. Das Humanitätsgeschrei der Fanatiker wird immer störender. „So laßt uns denn selber mitschreien. Das schadet uns nicht und deckt uns. Draußen an Ort und Stelle können wir ja doch thun was wir wollen. Vor allem, aber ganz unter uns, hängen wir dem Ding ein hübsches Mäntelchen um. Die öffentliche Meinung merkt das nicht. Du

aber, hochzuverehrendes Publikum, höre und staune: Zwei der
größten Probleme der Menschheit sind uns zu lösen beschieden,
die Erschließung des dunklen Erdteils für Wissenschaft und Ge-
sittung, die Erziehung des umnachteten Negers zur Arbeit, zum
Glück." So ist es gekommen, daß die Bewegung gegen die
Sklaverei sich immer mehr in einen Kampf gegen das Wort
verkehrte. Man überließ die alte Maske den Angriffen und
schlüpfte in eine neue. Die Sklaven werden nicht mehr einfach
ge kauft, sondern los gekauft und dann zwangsweise für die eigenen
Zwecke verwendet. Die Portugisen in Angola nennen jene
Sklaven aus dem Innern von Bengella und Donbo, die sie
nach San Thomé oder Prinzipe verschachern, „Gente contrataba"
(kontrahirte Leute), und wenn ein Ambakist von Malange nach
Lunda reist, so sagt er vergnügt: „Ich will mir Libertos (Frei-
gelassene) kaufen." Einen gelungeneren Hohn auf die offiziell
geworbene Lüge kann man sich kaum denken. Die edlen Engländer aber, die an den Portugisen immer so sehr viel zu
tadeln wissen, übten bekanntlich ihre Sklavenbefreiungen in Ost-
afrika so aus, daß sie die Sklaven der Mohamedaner zu ihren
eigenen machten, wobei sie freilich die Vorsicht gebrauchten, sie „Ap-
prentices" (Lehrlinge) zu nennen und damit die öffentliche Meinung
sofort zu befriedigen. Ein gutes Beispiel von geredeter Humanität und ausgeübter Barbarei ist ferner der große Stanley.
Auch er hat Sklaven gehalten und gelegentlich durchgepeitscht.
Ich nehme ihm das gar nicht übel. Im barbarischen Afrika
muß man zuweilen barbarisch auftreten. Stanley scheint mir
nur anfechtbar deshalb, weil er hypokritisch die Augen verdreht
und irgend ein süßes Evangelium predigt, wenn andere dasselbe
oder ähnliches thaten.

3. Die unvorsichtigen Aufrichtigen, die in ebenso über-
triebener Weise gerade das Gegenteil der ersten Partei vertreten.
Denn es ist der Fluch einer jeden guten oder bösen Sache, daß sie
ohne künstliche Aufbauschung nicht wirken kann. Welcher Mensch
von einigem Respekt vor der Wahrheit möchte nicht mit der
Faust auf den Tisch schlagen und die ganze lärmende Menge

der Gruppen 1 und 2 zur Thür hinaus werfen! In solcher Stimmung behauptet man aber leicht mehr, als man bei ruhigem Denken verantworten kann. Da läßt sich dann leicht einer hin= reißen zu meinen: „Was soll mir der ekelhafte Schwindel? Ich kehre einfach zurück zur richtigen, voll eingestandenen Sklaverei. Die Sklaverei ist auch weiter nichts als eine der mancherlei Formen des Arbeitszwanges, ohne den die elende Menschheit auf diesem elenden Erdkloß eben nicht leben kann. Was wollen wir denn überhaupt in Afrika? Die Neger beglücken? Das doch gewiß nicht. Überlassen wir diesen Unsinn, diese schwächliche Sentimentalität, diesen Vorwand der Herrschsucht denen, die nicht anders können, und bekennen wir lieber gleich offen und ehrlich unsere Herrschsucht ohne Vorwand."

So ungefähr steht es wirklich um die afrikanische Sklaverei= oder vielmehr Arbeits=Frage. Mitten in diesem Wirrwarr möchte ich behaupten: 1. Die Abschaffung der Sklaverei ist eines der schönsten Ideale der öffentlichen Meinung; 2. Die öffentliche Meinung ist sich jedoch niemals vollkommen klar geworden, was man unter Sklaverei eigentlich zu verstehen hat. Viele unlautere Elemente haben sich der guten Sache zu eigennützigen Zwecken bemächtigt, um die Wahrheit zu verhüllen und zu verzerren; 3. Wie in so vielen menschlichen Dingen ist auch hier ein Kompro= miß zwischen Ideal und Wirklichkeit das einzig Mögliche. Man kann nicht zehn Jahrhunderte auf einmal, ohne alle Zwischen= pfeiler überbrücken. Die angenehme Theorie der freien indivi= duellen Konkurrenz nach dem Gesetz von Angebot und Nachfrage hat selbst bei uns immer mehr Schiffbruch gelitten. Auch die allgemeine Friedensliga macht keine Politik. Man läßt sie Kon= gresse und Reden halten, die Kriege werden doch geschlagen.

Mit Gutherzigkeit und weichem Gemüt läßt sich nichts Großes ausführen. Wohl alle Kolonien sind durch Sünden gegen die Menschenliebe groß geworden[1], und wenn wir sehen,

---

[1] In Westindien zu Ende des 18. Jahrhunderts brachte ein kräftiger Neger jährlich 25 Prozent seines Kaufpreises ein.

daß sie hier und dort nicht mehr recht gedeihen wollen, so hat sicherlich die Humanität ihre ungeschickte Hand mit im Spiele. Es ist recht bezeichnend, daß gerade im Schoße der größten Kolonialmacht die Humanität am meisten Lärm erhebt. Die stärkste Reaktion tritt eben immer dort auf, wo die stärksten Reize wirken. In ironischer Laune könnte man den Engländern zurufen: „Jetzt erst, da ihr euch durch Unrecht gemästet habt, wollt ihr das Unrecht abschaffen. Eure Mästung gebt ihr aber deshalb doch nicht zurück". Die Annahme, daß den wirklich maßgebenden Engländern, den wirklich leitenden Persönlichkeiten unter ihnen, die ganze Sklaverei-Abschaffung weniger eine Sache ihres guten Herzens als vielmehr ein handliches Agitations= mittel zu politischen Zwecken gewesen ist, dürfte nicht bloß eine pessimistische Grille sein, und ein großer Teil des Geschreies, das wegen unseres Vorgehens in der Südsee erhoben wurde, dürfte sich auf die Kuli-Handelsinteressen der Australier zurück= führen lassen, die bekanntlich auch ihre Scheußlichkeiten im Ge= folge haben.

Wir müssen uns von vornherein dagegen verwahren, daß wir die Sklaverei etwa rehabilitiren möchten. Das könnten wir auch gar nicht, denn sie ist noch immer da. Aber ruhig und vorurteilslos untersuchen wollen wir sie, wie sie zum Besten der Gesamtheit benützt und vorsichtig und langsam umgewandelt werden kann in eine höhere Form der Arbeitspflicht.

Die Gewissenhaftesten gehen zurück bis aufs römische Recht und erholen sich daraus ihre Definitionen für „Sklaverei", um dieselben auf die betreffende afrikanische Sklaverei anzuwenden. Ich fürchte, das ist wieder einmal ein Beispiel, welchen Unfug ein Wort anrichten kann, wenn man es nicht erst recht genau betrachtet, ehe man es ausgibt. Bei näherer Forschung dürfte sich herausstellen, daß zwischen den Sklavereien der Römer, der Christen, der Mohamedaner und der Neger doch einige Unter= schiede bestehen. Man zankt sich über das eine und vermeint das andere. Zugleich dürfte sich herausstellen, daß nur zu oft die Rechtsinstitution der Sklaverei mit den Auswüchsen der=

ſelben verwechſelt worden iſt. Bei jeder menſchlichen Einrichtung wirken dreierlei Faktoren: Buchſtabe des Geſetzes, gemilderte
Ausübung und verſchärfte oder mißbräuchliche Ausübung. Weil
einmal ein vornehmer Römer die Fiſche in ſeinem Teiche mit Sklaven gefüttert haben ſoll, braucht man noch nicht zu glauben, daß
die römiſchen Sklaven überhaupt blos Fiſchfutter waren. Viel
wichtiger als dieſe gräßliche Geſchichte, aber weniger bekannt,
weil weniger pikant, iſt die Thatſache, daß ſelbſt bei den Römern
die Humanität das Schickſal der Sklaven erheblich milderte und
daß der Begriff „Sache" für die Perſon des Sklaven durch
nachträgliche Geſetze ſchließlich faſt bis zur Aufhebung einge-
ſchränkt war. Ebenſo falſch wäre es, zu meinen, daß das
Weſentliche an dem Sklavenhandel zwiſchen Afrika und Amerika
die kläglichen Schiffsverhältniſſe geweſen ſeien. Schlechte Verpflegung und Mißhandlung der Paſſagiere können auch heute
noch zuweilen auf Auswandererſchiffen vorkommen, ohne daß dafür die Auswanderung an ſich verantwortlich gemacht werden
darf. Und wenn man berechnet hat, daß bei den Raubzügen
der Mohamedaner für jeden lebend an ſeinen Beſtimmungsort
gebrachten Sklaven vier oder gar acht andere Menſchen getötet
worden ſind, ſo iſt dieſer Greuel den Raubzügen, nicht aber der
Sklaverei als ſolcher zuzuſchreiben.

Die Sklaverei der Neger hat ebenſo wie die der anderen
Kategorien zweierlei Urſprung: Kriegsgefangenſchaft und ge-
richtliche Verurteilung. Von jeher haben wilde Stämme, die
ſich ſelber nicht ſchnell genug zu vermehren glaubten, ihre Nachbarn überfallen, um von dieſen Weiber und Kinder zu erbeuten.
In den merkwürdigen Staatsweſen der kleinen Ameiſen geſchieht
daſſelbe. Intereſſanter iſt die andere Art der Verſklavung.
Dieſe entſpricht unſern Einrichtungen der Schuldhaft, der Ab-
erkennung der Ehrenrechte, der Zwangsarbeit. Eigentumsver-
gehen, Diebſtahl und Schulden ſind die häufigſten Veranlaſſungen
dazu. An jeglicher Sklaverei iſt das ſchlimmſte ihr erſtes
Stadium, die Vergewaltigung und der Transport. Auf dieſes
erſte Stadium können wir keinen Einfluß üben. Sind die

Sklaven einmal in festen Händen, so sind sie geborgen und glück-
licher als zu Hause, wo sie in ihrer Freiheit und Selbstbe-
stimmung es manchmal vorziehen konnten, lieber zu hungern
als ein wenig zu arbeiten. Die Greuel des ersten Stadiums
sind zweifellos vielfach übertrieben worden. Jeder Mensch, also
auch jeder Reisende, ist dramatisch veranlagt und setzt wirksame
Drucker auf, wenn er sensationelle Geschichten erzählt. Aber
selbst wenn die Greuel noch schlimmer wären, das Ende und Ziel
derselben ist ein recht erträglicher Zustand. Unter sämtlichen Sklaven
des „umnachteten" Afrika ist entschieden mehr wahres Menschenglück, namentlich mehr Zufriedenheit aufzufinden als unter
sämtlichen Fabrikarbeitern des „hochzivilisirten und erleuchteten"
Europa. Die Neger sind schon durch ihr glücklicheres Naturell
bevorzugt.

Was aber sollen wir nun, da eine unverblümte Fortsetzung
der Sklaverei doch nicht mehr möglich ist, mit den Negern anfangen? Daß diese als Erdenbürger zur Pflicht der Arbeit
ebenso herangezogen werden dürfen wie unsere faulen Staats-
bürger, die Strolche weißer Hautfarbe, hat wohl keinen An-
stand. Nur das „Wie?" ist die ganze Frage. Mit Güte allein,
durch gemessene Vorstellungen etwa, werden wir die schwarzen
Taugenichtse nie bekehren. Blos durch physischen Druck, der
je nach den örtlichen Verhältnissen verschieden einzurichten
sein wird, läßt sich bei ihnen etwas erreichen. Bei den
Stämmen der Küste, die sich vom Handel nähren und oft
sogar mästen, können wir zunächst durch zeitweilige Sperrung
des Handels Hunger hervorrufen. Bei den Stämmen des
Innern aber bleibt uns vorläufig nichts anderes als ihre Kriegs-
gefangenen oder Verbrecher zu kaufen und da, wo wir sie verwenden wollen, als arbeitspflichtige Hörige anzusiedeln, wobei
allerdings die Frage entsteht, ob sich das bezahlt macht. Wer
das Wort „kaufen" nicht vertragen kann, der mag ja meinetwegen „loskaufen" sagen. Wenn wir uns verpflichten, die ge-
kauften Menschen nicht wieder zu verkaufen und sie gut behandeln, haben wir alles getan, was eine ehrliche, wahrhaftige

Humanität von uns verlangen kann. Ich glaube niemandem je eine größere Wohltat erwiesen zu haben als jenen Sklaven-Individuen, die ich während meines Aufenthaltes in Muſſumba zu Gegengeschenken erhielt, also kürzer ausgedrückt kaufen mußte, und die dann durch mich nach den gesegneten Gestaden der Zivilisation verpflanzt wurden.

Selbst vom Standpunkt der reinen Humanität aus, ohne alle Rücksicht auf Zweckmäßigkeit, wird man gut thun, den Neger unter einem gewiſſen Zwange zu halten, ihm durch Ar=beit beſſere Lebensbedingungen aufzuzwingen. Es fehlt durchaus nicht an Beiſpielen, daß besonders gut veranlagte Neger im Gefühl ihrer Willensſchwäche die Notwendigkeit eines Zwanges sogar bis zur ausgesprochenen Bitte um Prügel anerkannt haben. Wird die erzwungene Arbeit auch noch bezahlt, so dürfte sie mit der Zeit vielfach als Wohltat des überlegenen weißen Herrn zum Bewußtsein kommen. Von den beiden Extremen, Sklaverei und absolute Freiheit der Willensbestimmung, ist sicher das erstere eher geeignet, den Neger auf eine höhere Stufe zu bringen als das letztere. Ja nicht bloß für den Neger verhält es sich so, sondern überhaupt für das ganze Menschengeschlecht. Die Frei=heit an sich macht den Menschen noch lange nicht glücklich, am allerwenigsten ein so faules, in Bezug auf Arbeitsenergie so kindisch hilfloses Geschöpf wie der Neger ist. Auch bei uns sehen wir täglich den einen oder den anderen nur deshalb unglücklich werden, weil ihm die Wohltat des Zwanges fehlt, und auf Zwang beruhen einige der höchsten Güter unserer Zivilisation, unsere ganze Schule, unser ganzes Militärwesen, unsere ganze staatliche Ordnung. Soweit wir zurückblicken in der Geschichte, war die sogenannte Freiheit doch nie etwas anderes als ein mehr oder weniger kurzer Übergang aus einer Despotie in die andere, und gerade die eifrigſten Freiheitsapostel wurden, wenn es ihnen glückte, die schlimmsten Tyrannen, mochten sie sich französische Jakobiner oder englische Missionare nennen. Wenn auch die Antisklaverei=Bewegung den edelsten Trieben entsprungen sein mag, ist sie doch von Anfang an ein unklares Streben geblieben, das oft genug statt des Guten aus Ungeschicklichkeit Böses stiftete oder dem Bösen zum Schutz gereichte.

Jeder, der längere Zeit in Innerafrika lebte, hat sich mit der uralten Institution der Sklaverei auf die eine oder die andere Weise abzufinden gehabt. Der Menschenkauf ist häufig die einzige Möglichkeit, ordentliche Dienstboten zu erhalten. Wenige waren ehrlich und mutig genug, das offen herauszu= sagen. Gegen diese Thatsache gibt es eben blos ein unanfecht= bares Argument: „Ja, wenn das wirklich der Fall ist, dann bleiben wir lieber Afrika gänzlich fern.“ So aber kann nur die behagliche Wohlhabenheit reden. Für die große, von der Vorsehung minder bedachte Menge der Europäer genügt Europa nicht mehr. Zur Beschaffung der vielen Bedürfnisse, die wir uns angewöhnt haben, mußte schließlich auch noch der schlechteste Kontinent Afrika in Beschlag genommen werden.

Zwischen dem Neger und dem Europäer bestehen im Wesentlichen keine anderen Unterschiede als bei uns zwischen dem Armen und Reichen, dem Schwachen und Starken, dem gering= wertigen und dem hervorragend nützlichen Mitglied der Gesell= schaft. Gleichwie bei uns der Reiche ganz vernünftiger Weise sich sträubt, dem Armen seine Vorzüge abzutreten, ebenso können wir auch nicht zugeben, daß wir zu Gunsten der Neger auf un= seren Reichtum, die Zivilisation, ja nicht einmal auf das geringste Bruchstück derselben verzichten sollen. Und das müßten wir thun, wir müßten manche Stufe von unseren mühsam errunge= nen Annehmlichkeiten des Lebens herabsteigen, falls wir mit ihnen teilen wollten. Man zivilisire den Neger vorläufig bis zu jenem Grade, auf dem er uns am meisten nützt. Dabei wird er selber gewinnen, gerade so viel als er vorläufig braucht. Man hüte sich aber, ihm die thörichte Idee der Gleichheit bei= zubringen und überlasse diese als offene Frage künftigen Jahr= hunderten. Unsere Nachkommen werden sonst die Folgen solch sinnloser Schwärmerei teuer zu büßen haben. Die Gleichheit aller Menschenrassen zu predigen ist weiter nichts als Kommunis=

muß auf breitester Basis und zwar, was die Thorheit voll macht, geprebigt von der besißenden Klasse selber.

Das schöne und so häufig aufs Tapet gebrachte Problem der Erziehung des Negers zur sogenannten „freien" Arbeit, d. h. zu jener Form des Arbeitszwanges die bei uns in Europa herrscht, wird noch manche Anstrengung kosten, bis ihre Lösung endlich gelingt. Jedenfalls wird man mit bloßen Redensarten in dieser schwierigen Angelegenheit nicht weit kommen. Nur mittels ganz bestimmter, bis ins Detail ausgefertigter Pläne, die den örtlichen Verhältnissen angepaßt sind, wird man etwas erreichen. Von hervorragender Seite wurde die Einführung einer „Allgemeinen Arbeitspflicht" nach dem Vorbilde unserer „Allgemeinen Wehrpflicht" anempfohlen. Ich kann in diesem Vor= schlag weiter nichts erblicken, als ein wohlklingendes, aber leeres Wort, darauf berechnet, die philanthropische Sentimentalität durch den Hinweis auf unsere eigenen Verhältnisse darüber zu trösten, daß nun auch die armen Neger arbeiten sollen. Man versuche einmal, nach unserer zivilisirten Art braußen in Afrika zu rekrutiren und den Negern etwa zu sagen: „Wir legen euch jetzt die allgemein menschliche Arbeitspflicht auf. Denn mit eurer Faulenzerei muß ein Ende gemacht werden." Wie schnell würden da die schwarzen Taugenichtse nach allen Richtungen hin verschwinden. Mit jenem Wort ist vorläufig gar nichts anzu= fangen. Werfen wir es in die Rumpelkammer zu den anderen Phrasen, bis wir es erst später vielleicht wirklich brauchen können. Soll der Neger arbeiten lernen, so muß er überlistet werden wie ein junges widerspenstiges Pferd. Nur ganz all= mählig und ohne ihm gleich zu sagen, was wir wollen, können wir ihm das Arbeiten schließlich beibringen, und erst in hundert Jahren, wenn alles gut gegangen und das Ding wirklich da ist, können wir diesem Ding einen Namen „Arbeitspflicht" oder „Arbeitssteuer" geben. Für jetzt gilt es blos, den mehr oder minder gewundenen Pfad zu diesem Ziele zu planen, der so be= schaffen sein muß, daß die auf ihm entlang geführten Zöglinge das Ziel erst erblicken, wenn sie es erreicht haben. Nicht die

Zulässigkeit eines Arbeitszwanges überhaupt steht in Frage, da ohne einen solchen der ganze Haushalt des Menschengeschlechtes gefährdet würde, sondern blos das nötige und zu gestattende Maß desselben.

Betrachten wir uns nun den anderen unangenehmen Gegenstand. Auch hierüber herrscht ein recht widerwärtiges Wirrsal von Meinungen und Tendenzen. Es ist bezeichnend für den großen Mangel an Klarheit in diesem Betreff, daß selbst ein so hervorragender Berichterstatter wie Hugo Zöller schreiben konnte, die für Afrika bestimmten Spirituosen würden aus Schwefelsäure und Terpentinöl zusammengemischt. Das war weiter nichts als ein schlechter Matrosenwitz. Von solchen Ingredienzen bekommt ein Mensch höchstens Magenbeschwerden, aber keinen Rausch. Von dem in Afrika .üblichen Gin und Rum gewöhnlichster Sorte habe ich auf Landreisen aus Not selber getrunken und habe davon aus Mitleid und aus ärztlichen Erwägungen auch einmal einem englischen Missionar ein von diesem selbst begehrtes Geschenk gemacht, womit dem Manne durchaus nichts Böses nachgesagt sein soll. Wir Kulturgeschöpfe brauchen hie und da Reizmittel, und hat man keine bessere Sorte, so thut es auch der unglaublich billige Neger-Gin des Herrn Nagel in Hamburg. Ich habe gar keinen Grund zu der Annahme, daß derselbe an sich gesundheitsschädlich sei.

Der Schnaps ist ebenso wie die Sklaverei ein häßliches Schlagwort geworden, vor dem jeder scheu zurückschreckt, und eine allzurasche Ideenverbindung verlieh ihm die Bedeutung der tiefsten menschlichen Verkommenheit, selbst bei Leuten, die es gar nicht verschmähen, nach Tisch selber ein Gläschen Kognak zu nehmen. Die Wohltat eines Schluckes aus der Flasche auf Bergpartien, im Manöver, im Felde, ist allbekannt. Aber dem Neger Schnaps zu verabreichen, wenn er fröstelnd von Regen und Seewasser in seiner Nacktheit dasteht, das soll ein Verbrechen, ein Giftmord sein?

Die Trunkenheit, dieses Hauptvergnügen aller Zeiten und Völker, ist scheußlich, wo immer man ihr begegnet. Im Innern

Afrikas habe ich einmal eine Gegend passirt, die sich da=
durch auszeichnete, daß die ganze Bevölkerung wochenlang be=
trunken war, und zwar in einem recht gefährlichen Grade. Das
hatte aber nicht die europäische Schnapspest verursacht, die
überhaupt noch gar nicht bis dorthin gedrungen war, sondern
der ungewöhnlich gut und stark gedeihende Palmwein. Ganz
ebenso habe ich oft genug in den Faktoreien der Küste vom
Schnaps und der rasch entstehenden Schnapstrunkenheit der
Neger zu leiden gehabt und dieses leidige Attribut des afrika=
nischen Handels hassen gelernt. Spirituosen wirken deshalb
so schnell auf das Gehirn der Neger, weil sie nicht daran ge=
wöhnt sind, und im allgemeinen sind unter ihnen Gewohnheits=
säufer seltener als unter uns. Einzelne Ausnahmen abgerechnet,
betrinken sich die Neger nur in größeren Zwischenpausen, bei
feierlichen Gelegenheiten, wie Totenbestattungen, oder wenn sie ein
Geschäft gemacht haben, also durchschnittlich jeden Monat ein=
mal, und die Trunkenbolde sind täglich wieder andere.

Das ist viel, aber auch alles, was man dem Negerschnaps
vorwerfen kann. Es ist ganz derselbe Vorwurf, den man auch
unsern europäischen Schenkwirtschaften machen muß. Ein
Bauernwirtshaus in Baiern am Sonntag Nachmittag und eine
Faktorei in Kamerun zu einer flotten Geschäftszeit sind Stim=
mungsbilder genau von der gleichen Färbung, wenn auch
der Genius des Augenblicks in jenem andern Falle Bier heißt.
Den Fanatikern scheint dieser Sachverhalt nicht zu genügen.
Sie suchen deshalb nach weiteren Argumenten und behaupten,
der Schnaps richte die Naturvölker zugrunde. Den Beweis
dafür bleiben sie allerdings schuldig, und man müßte ihnen doch
so dankbar sein, wenn sie uns das rätselhafte Dahinschwinden
mancher interessantesten Menschenstämme so einfach erklären könn=
ten. Die Anthropologen brauchten sich dann nicht mehr mit den
erdenklichsten Hypothesen bis zu dem tötlichen Miasma, das die
Europäer ausstrahlen (Quatrefages), abzuquälen. Gerade jene
beiden Stämme, die am raschesten aussterben, die Maori in
Neu=Seeland und die Hawaier, werden schon seit zwanzig Jahren

aufs strengste vor dem Übel des Schnapses bewahrt. Sie haben deshalb nicht aufgehört, dahinzuschwinden. Die Neger dagegen sind ein so kräftiges Geschlecht, daß wir sie durch Schnaps nicht so leicht ausrotten werden, selbst wenn wir das wollten.

Sicherlich wird mit dem Schnaps in Afrika mancher Unfug getrieben, der abgestellt werden muß. Aber ihn ganz zu verbieten, wäre ebenso unrichtig. Man darf nicht vergessen, daß der Schnaps neben seinen Nachteilen auch einige Vorzüge besitzt, so namentlich den, daß er die Neger zur Arbeit anfeuert, wie kein zweites Mittel. Vorsichtig und klug angewandt, kann er sogar ein Erziehungsmittel werden. Man schränke seine Verabreichung auf Belohnungen für Arbeit ein, und es wird sich zeigen, daß er viel mächtiger wirkt als irgend eine andere Lockung oder Überredung. Die zuweilen nötigen akuten Anstrengungen beim Laden und Löschen der Schiffe, wenn es gilt ganze Nächte lang durchzuarbeiten, oder auf Flußreisen, wenn vierundzwanzig Stunden und länger gerudert werden muß, solche Leistungen gelingen den Negern nur unter öfterm Rumgenuß.

Der banale Satz, daß jedes Ding seine zwei Seiten hat, gilt wie überall eben auch hier. Das Richtige vom Falschen zu scheiden, die Spreu der unlauteren Motive, die überall im Parteigetriebe mitspielen, von den Körnern der Wahrheit zu sondern, die Übertreibungen auf das richtige Maß zurückzuführen, ist oft eine undankbare Aufgabe, zumal in Angelegenheiten, die durch anrüchige Schlagwörter so sehr verunstaltet sind. Das darf aber nicht hindern, das als wahr Erkannte rückhaltlos herauszusagen, was auch die Schar der Zeloten darauf erwidern mag.

———

In der Gesamtheit des menschlichen Wissens hat sich eine einzige Fakultät um die Afrikaforschung noch niemals gekümmert. Es ist das die Rechtswissenschaft. Und doch wäre auch für sie von den schlauen Negern manches zu erlernen, wie aus Gewalt und Einsicht Gesetze entstehen.

Seitdem wir uns in die Kolonialpolitik begeben haben, ist uns mehr als je Gelegenheit geboten, diese Lücke unserer Er= kenntnis auszufüllen, und in Bezug auf den Umgang mit fremd= rassigen Menschen sind wir vielleicht noch etwas ungeschickt. Derlei Studien werden uns deshalb nicht bloß theoretisch, sondern auch praktisch für die herzustellende Ordnung der Dinge nützlich sein. Der Neger ist ungemein konservativ und verträgt Neuer= ungen, zumal wenn sie ihm nicht auffallend viel Gewinn bringen, äußerst ungern. Man wird somit seinen Eigentümlichkeiten die größte mögliche Schonung gewähren müssen. Vor allem aber wird man seine Eigentümlichkeiten erst kennen lernen müssen.

Es ist ein Hauptmoment in den Rechtsbegriffen der Neger, daß als Rechtsindividuum nicht die Person, sondern die Gemeinde Familie, Verwandtschaft gilt. Rechte und Pflichten sind inner= halb der Gemeinde fast unbegrenzt übertragbar. Ein Schuldner, ein Missethäter, kann an seinen Gemeinde Genossen gestraft werden, und die Haftbarkeit der Gemeinde für das Verbrechen eines ihr angeborenen Mitglieds erlischt selbst nach der Aus= wanderung und Lostrennung nicht. Sogar die Todesstrafe kann an einem anderen als dem Schuldigen vollzogen werden.

Dem gegenüber erscheint das Besitzrecht an beweglichen Dingen auffallend stark persönlich entwickelt. Bei Erbschaften gilt der Grundsatz, daß derjenige Mann, dem die Weiber des Verstorbenen zufallen, auch die Schulden desselben übernimmt. Welcher Art die meisten Streitsachen sind, ist aus dem im An= hange mitgeteilten Protokoll des Court of Equity zu ersehen.

Die Gemeinde hat ihren Mittelpunkt im Häuptling. In ihm laufen alle Rechte und Pflichten zusammen, mit ihm steht und fällt die Ordnung. Die Legitimität, die auf einer alt an= gestammten Erbfolge beruht, muß zunächst als unantastbar gelten. Die gegebenen Einteilungen sind strenge festzuhalten. Man möchte oft versucht sein, irgend ein besonders ungeeignet erscheinendes Individuum hoher Stellung zu entfernen und durch ein besseres zu ersetzen. King Akwa zum Beispiel legt solche Gedanken nahe. Aber man darf nie vergessen, daß die Legitimi=

tät überall unter den Menschen ein gewaltiges Tabu ist, un=
entbehrlich für die Beherrschung der Massen, und daß die erste
Durchbrechung des Tabu von jeher der erste Anfang jenes großen
Unglücks der Menschheit ist, das wir Kritik, Unzufrieden=
heit, Auflehnung nennen. Könnten wir unsere Dualla wieder
dahin bringen, daß sie vor ihrem King Bell, oder meinetwegen
auch King Akwa, niederknien, so wäre damit ein großer Fort=
schritt erreicht, oder genauer ausgedrückt, es wäre damit ihre
gegenwärtige maßlose Frechheit auf jenen Punkt zurückgedrängt,
von dem aus allein ein wirklicher Fortschritt angebahnt werden
kann.

Die eingeborenen, angestammten Autoritäten wieder zu heben,
sollte kein Mittel unversucht bleiben. Man könnte den wich=
tigeren Potentaten ganz gut die Ehre eines Kriegsschiffs=
Salutes in derselben Höhe, wie er Konsuln und Generalkonsuln
zukommt, gewähren. Dieser äußere Pomp kostet so wenig und
ist doch so oft von ungeheurer Wirkung. Die Häuptlingssöhne
könnte man als Überbringer von Botschaften und Befehlen sowie
als eine Art Nobelgarde der Regierungspersonen verwenden.
Solche Posten würden ihnen eine gewisse Wichtigkeit verleihen,
ihrer Eitelkeit schmeicheln und sie fesseln. Daß die Häuptlinge
samt den Gemeinden für ihre Missethäter aufzukommen haben,
erleichtert die Polizei. Denn die ganzen Gemeinden sind nicht
so beweglich wie das einzelne Individuum, das sich flüchtet und
nur durch die thätige Mithilfe des betreffenden Häuptlings, der
ein Interesse daran hat, wieder eingebracht werden kann.

Bestehenlassen des Gewohnheitsrechtes der Eingeborenen bis
zu der äußersten Möglichkeit wird schon aus praktischen Rück=
sichten ein stets zu wahrender Grundsatz sein müssen. Man
hüte sich sorgsam, in dieses Wespennest frivoler Bagatellklagen
zu stechen. Nimmt man sich heute einer Beschwerde an, die bis=
her vom Häuptling entschieden zu werden pflegte, so kommen
morgen zehn und übermorgen zwanzig. Dabei kann es passiren,
daß wirklich ernsthafte Fälle gar nicht vor das Forum des eu=
ropäischen Richters gebracht und von den Häuptlingen kurzer

Hand durch eine Hinrichtung abgethan werden, während jener seine Arbeitskraft voll Aufopferung an leeres Gezänke vergeudet.

Für rein interne Angelegenheiten der Gemeinden wird ein Rat der Häuptlinge als zuständige Behörde anzuerkennen sein. Ich würde durchaus nicht zurückschrecken, diesem Rat der Häupt= linge sogar die Verhängung und Vollziehung der Todesstrafe stillschweigend zu lassen. Todesurteile werden bei sämtlichen Negerstämmen, die ich kenne, nicht etwa leichtsinnig, sondern eigentlich nur für Tötung verhängt, allerdings gleichviel, ob Mord oder Totschlag oder auch nur eine Fahrlässigkeit vorliegt. „Wer tötet muß wieder getötet werden" und zwar öffentlich, dieser Grundsatz wurzelt so tief im Rechtsbewußtsein der Neger, daß Todesurteile meistens allgemeine Billigung finden. Die Vereitelung eines ausgesprochenen Todesurteiles kann Privat= blutrache und Fehde ganzer Gemeinden hervorrufen. Für die erste Zeit wird es daher genügen, blos die Hinrichtungen wegen Zauberei, ferner Menschenopfer und sonstige alte Barbareien, wie sie hier und da wohl noch vorkommen mögen, strengstens zu verbieten.

Nur wenn in rein internen Rechtsfällen der Eingeborenen eine Einigung nicht erzielt werden kann, oder wenn die Ent= scheidung der Häuptlinge angefochten wird, hat die europäische Autorität einzugreifen. Auch dann noch dürften, wie überhaupt bei jedem Rechtsfall eines Negers, die betreffenden Häuptlinge nicht ganz zu umgehen sein. Bestrafungen und sonstige Anord= nungen der fremden Behörde werden, wenn unter sichtbarer Mithilfe der eingeborenen Autorität verhängt, viel leichter hin= genommen, und den Häuptlingen wird damit Gelegenheit ge= boten, ihr häufig gesunkenes Ansehen wieder emporzurichten und zu lernen, auf welcher Seite ihre Stützen sich befinden.

Bei der Rechtsprechung zwischen Weißen und Schwarzen, die der europäischen Autorität vorbehalten bleiben muß, ist dringend zu warnen vor der in den englischen Kolonien versuchten Gleichstellung beider Rassen. Der europäisch formulirte Eid eines Negers ist meist eitel Humbug. Gleiche Gerechtigkeit sollen auch die Neger haben, aber keine gleiche Berechtigung[1]). Trotz aller Menschenwürde des Negers, die ich stets verteidigen werde, ist ihm eben doch die volle Mündigkeit im europäischen Sinne abzusprechen. Er ist unmündig, nicht etwa im Sinne der dauernden Inferiorität seiner ganzen Rasse, sondern im Sinne der Unreifheit, jener nämlichen Unreifheit, die auch unsere eigenen unteren Volksschichten auszeichnet und auch diese unter dem Einfluß der unglückseligen Gleichheitsapostel ebenso anspruchsvoll als nichtsnutzig werden läßt. Außerdem kommt als rein praktischer Gesichtspunkt in Betracht, daß an der westafrikanischen Küste der Weiße im Kampf ums Dasein einer tausendfachen Majorität von Schwarzen gegenüber steht. Das wäre nicht möglich, wenn er nicht schon von vorne herein bei den Schwarzen als höheres Wesen gälte, und diese bevorzugte Stellung ihm zu entziehen, wäre Verrat an uns selbst.

Dem entsprechend dürfte jeder Europäer, zum Mindesten jeder Faktoreivorsteher, gewissermaßen als Organ der Regierung betrachtet und mit gewissen Befugnissen der Selbsthülfe ausgestattet werden. An vielen Plätzen sind wir ja schon aus Ersparnisgründen angewiesen, den jeweiligen deutschen Faktoristen oder sonstigen Deutschen zum Delegirten der Autorität zu machen. Die Rassenunterschiede sind gegeben, sie sind unverwischbar und zu unserm Vorteil. Sobald die Gleichberechtigung der Neger keine bloße Theorie mehr, sondern Thatsache ist, müssen wir aus ihrem Land.

Das Prinzip der möglichsten Nichteinmischung könnte schließlich bis zur Beibehaltung einiger sehr nützlichen Rechtsgewohnheiten gehen, wie sie sich im Verkehr der europäischen Kaufleute mit den eingeborenen Händlern allmählig fest herausgebildet haben, wenn sie auch mehr den afrikanischen als den europäischen Rechtsanschauungen entsprechen. Ich meine da namentlich das unter den Afrikanern allgemein gültige Recht des Gläubigers, den säumigen oder böswilligen Schuldner oder einen Angehörigen

---

[1]) Der naheliegende Einwurf, daß die großen Engländer wohl besser verstanden haben werden, was sie thäter, ist dahin zu beantworten, daß die Engländer eben groß geworden sind nicht wegen, sondern trotz ihrer Fehler.

desselben festzunehmen, bis die betreffende Schuld bezahlt ist. Keine Maßregel der europäischen Behörde dürfte sich an Wirksamkeit mit dieser vergleichen können.

Die Justiz der gewöhnlichen Fälle wird für die Neger Strafgelder und Strafarbeit zu verhängen haben, sowie körperliche Züchtigung, die auch bei den Engländern als ersprießliches Heilmittel angewandt wird. Strafgelder sind ein allen Negerstämmen geläufiges Rechtsmittel. In den Verträgen, welche vor früheren Zeiten der englische Konsul E. H. Hewett mit den Kamerun-Häuptlingen abgeschlossen hat, sind für Krieganstiftung Strafsummen bis zu 300 Puncheons (Fässer) Palmöl à 16 Kru, also annähernd bis zu 58000 Mark, angedroht, wobei freilich die Frage der Eintreibung offen gelassen wurde. Admiral Knorr hat seiner Zeit für die Tötung eines Kru-Jungen durch Daibo-Leute von diesen 200 Kru (etwa 2400 Mark) ohne Schwierigkeit erhoben, und 5 Kru (60—70 Mark) wird selbst der Einzelrichter unbedenklich auferlegen können. Bei Zahlungsunfähigkeit wird für jedes Bar oder zwanzigstel Kru ein Arbeitstag zu substituiren sein, was allerdings voraussetzt, daß den Kamerunern erst die Möglichkeit benommen werde, sich das Geld auf andere, billigere Weise zu ergaunern.

Das beste Arrestlokal für den Neger ist die Kette, an der er arbeiten muß. Ein europäisches Gefängnis mit geregelter Verpflegung wäre für ihn eine Annehmlichkeit, in deren Genuß ihm die bloße Freiheitsentziehung nicht besonders weh thun würde. Man erschrecke nicht vor dem Wort Kette. Auch die überhumanen Engländer bedienen sich derselben, ja sie schließen sogar Schwarze und Weiße mit ihr zusammen, was ich für einen selbstmörderischen Unsinn halte.

Die Strafgelder werden am geeignetsten zu Verbesserungen des Ortes der Erhebung, zur Anlage von Wegen und Brücken, zum Uferschutz, zu Versuchsanpflanzungen verwendet werden. In allgemeine Wohltaten umgesetzt werden sie weniger Widerwillen erregen und das Rechtlichkeitsbewußtsein stärken. Andererseits versüße man auch die Zwangsarbeit an der Kette durch Belohnung des Fleißes mit guter Beköstigung, ja gelegentlich sogar mit Schnaps.

Um das notwendige Ansehen unserer Raſſe zu erhalten, ſollten ſich Negertum und Europäertum blos in den Spitzen berühren. Schon aus dieſem Grunde ſollten ſogenannte gemeine Leute nicht in größerer Zahl als unbedingt nötig hinausgeſchickt werden, und auch von unſeren Weibern ſollten die Neger immer nur die beſten zu ſehen bekommen. Nichts begrabirt die weiße Hautfarbe mehr als das zeitweilige Auftreten gewiſſer euro= päiſcher Frauengeſtalten, denen man an der weſtafrikaniſchen Küſte zum Glück allerdings nur ſelten begegnet. In Allem, was äußere Form und äußeren Schick anbelangt, ja ſelbſt in Dingen des natürlichen Anſtandes, ſind die Neger viel feinfühliger als unſere gemeinen Leute. Aus demſelben Grunde dürften Ver= gehen der Europäer ſo weit als möglich blos mit Geldbußen zu beſtrafen, in ſchwereren Fällen vor deutſchen Gerichten in der Heimat abzuwandeln ſein.

Alles wird man ſchließlich dem Neger noch beibringen können, ſicherlich aber am ſchwierigſten das Zahlen von Steuern. Direkte Steuern in Geld und Naturalien einfach durch Dekrete und Verordnungen auferlegen zu wollen, wäre ein großer Fehler. Solche leidige Erforderniſſe einer ſtaatlichen Ordnung werden aber doch mittels einiger Umſchweife langſam heranzuzüchten ſein. Wollte man, um die Mittel zu hygieniſchen Verbeſſer= ungen aufzubringen, den Negern ohne weiteres ſagen: Wir müſſen eine Straßenreinigung einrichten und ihr ſollt dafür bezahlen, ſo würde man wahrſcheinlich nicht viel Glück haben. Beſſer dürfte man folgendermaßen vor ſie hintreten: Eure Straßen, Häuſer, Höfe und Gärten ſind ſchlecht gehalten und voller Unrat. Das können wir nicht dulden; denn das macht uns und euch krank. Ihr habt euch deshalb hinfüro der größten Sauberkeit zu befleißigen, und wenn ihr nachläſſig ſeid, nehmen wir euch in Strafe. Erſt aus der wiederholten gezwungenen Strafleiſtung, die nicht abſchreckend hoch ſein darf, wird ſich dann im Lauf der Jahre eine freiwillige und regelmäßige Beſteuerung zu dieſem Zweck herſtellen laſſen.

Der Begriff „Zoll" oder „Steuer" iſt ja allerdings in

Afrika bereits übergenug vorhanden. Aber die mehr oder minder freiwilligen Geschenke, die man gewohnheitsgemäß an die Häupt= linge zahlt, stehen moralisch den Erpressungen durch Wegelagerei doch noch viel näher als Zöllen auf staatsrechtlicher Grundlage, obgleich auch die letzteren aus den ersteren hervorgegangen sein mögen. Scharfe Abgrenzungen der Machtbefugnisse und Boden= rechte gibt es ja in Afrika nicht. Der Boden ist frei, die Seß= haftigkeit ist nur ein längeres Rasten von Wanderungen, ein Nomadentum mit jahrzehntelangen Unterbrechungen.

Aus diesen eben gegebenen flüchtigen Andeutungen, welche ein Nichtjurist wagte, der weiter keine Berechtigung aufzuweisen hat als die zuweilen schätzbare Unbefangenheit des Nichtwissens, möchte das Bedürfnis auch einer juristischen Afrikaforschung her= vorgehen. Auf unserem bereits so vielfach kreuz und quer durch= stöberten alten Erdball wird sich kaum noch ein Gegenstand von größerem allgemein menschlichem und zugleich praktischem Inter= esse finden lassen, als die rechtlichen und sozialpolitischen Ver= hältnisse der Neger, über die man allerdings nur im Innern Afrikas Studien machen kann, weil an der Küste europäische Einflüsse schon zu lange umändernd eingewirkt haben. Besitz, Eigentum und Bodenrechte, Schuld, Sklaverei und Erbfolge, das sind Dinge, deren Klarlegung dort um so mehr eilt, als ihre Ursprünglichkeit durch das Übergreifen der sogenannten Kultur immer mehr verzerrt wird.

Eine weitere wichtige Frage wird die Einführung geprägten Geldes sein. Wenn auch für unsere europäischen Verhältnisse die Goldwährung richtiger erscheinen mag, so dürfte sich für die primitiven Zustände Afrikas als erster Versuch, als unterste Stufe einer Finanzwirtschaft doch die Silberwährung empfehlen. Als Einheit und zugleich als Analogon des an der Ostküste herrschenden ungemein praktischen Maria Theresia=Thalers ist bereits von berufener Seite das Fünfmarkstück in Vorschlag ge= bracht worden. Gleichwie ehemals beim Maria Theresia=Thaler könnte in der ersten Zeit auch beim Fünfmarkstück oder „Deut= schen Thaler" (das Wort „Dollar" hat bereits Kurs in West=

afrika) deſſen wirklicher Wert ja bekanntlich auf 3,30 Mark ge=
ſunken iſt, die Teilbarkeit desſelben im buchſtäblichſten Sinne
geſtattet werden. Dadurch würde für unſeren großen Überfluß
an Silber wieder ein kleiner Ablaß gewonnen ſein.

Vor der definitiven Gründung von Schulen[1]) drängt ſich
die Frage auf, ob die Kameruner wirklich, wie man jetzt meint,
deutſch lernen ſollen, oder ob wir nicht doch vielleicht beſſer mit
ihnen in ihrer eigenen Mundart reden werden, wie das zum
Beiſpiel die praktiſchen Holländer mit den Javanern thun. Es
hat viel für ſich, zur gewöhnlichen intimeren Konverſation ſich ein
Idiom zu wahren, das von der Dienerſchaft und den Einge=
borenen überhaupt nicht verſtanden wird. Kinder brauchen nicht
alles zu hören, was die Erwachſenen unter ſich verhandeln.
Manga Bell und David Meatom, die beiden gebildetſten Kame=
runer, die ich kenne, haben ſchon bald nach unſerer Beſitzer=
greifung ſich Mühe gegeben, ſich das Deutſche anzueignen, indem
ſie Vokabeln abfrugen und aufſchrieben, ſo oft ſich dazu Ge=
legenheit bot. Sie thaten das als praktiſche Neger=Gentlemen
ſicherlich nicht aus reiner theoretiſcher Liebe zum Wiſſen, ſondern
blos aus reellen Nützlichkeitsmotiven.

Daß wir ſelber die landesübliche Umgangsſprache, das
Dualla, erlernen, iſt auch aus poſitiven Gründen ratſam und wün=
ſchenswert. Wir werden dann beſſer bekannt mit unſeren Vaſallen,
wir können dann weniger leicht von ihnen belogen und betrogen
werden, und geringfügige Unzufriedenheiten, die ſonſt lange ver=
borgen blieben, bis ſie plötzlich zu Schwierigkeiten anwuchſen,

---

[1]) Um den 7. Auguſt 1886 herum ging durch die Blätter folgende
Notiz: Die erſte deutſche Schule im Kamerun=Gebiet ſoll nach
Aufforderung und mit Unterſtützung des Kultusminiſteriums von einem
Hannoveraner, Herrn Dr. Salge, z. Z. Lehrer am Proggmnaſium zu Nien=
burg, errichtet werden. Jedenfalls wird dieſer Herr ſeinen deutſchen
Schulunterricht in engliſcher Sprache beginnen müſſen, falls er nicht be=
reits des Dualla mächtig ſein ſollte.

gelangen dann früher an unser Ohr und zur rechtzeitigen Ab=
hilfe. Wenn man erst Dolmetscher braucht, ist man häufig
verraten, namentlich einer so ungeheuren Majorität gegenüber.
Die Negersprachen sind an sich schon ganz interessant, und ihre
Aneignung dürfte gerade uns Deutschen mit unseren starken
philologischen Neigungen nicht allzu schwierig und vielfach so=
gar genußreich sein.

Große Hoffnungen werden von Manchen auch auf die
Thätigkeit einer deutschen Mission gesetzt. Freilich haben sich
unsere deutschen, protestantischen Missionare bisher fast immer
nur in englischem Fahrwasser bewegt, und es liegt die Befürch=
tung nahe, daß sie ihren englischen Vorbildern allzuviel Herrsch=
sucht und allzuviel Neigung zum Zanken abgelernt haben. Daß
deutsche Missionare im deutschen Kamerun=Gebiet aufrichtig und
fest für die allgemein deutsch nationalen Interessen und nicht für
die spezifischen ihrer Sekte arbeiten sollen, ist wohl kaum eine
unbillige oder übertriebene Forderung. Widrigenfalls wird man
sich an den gar nicht so schrecklichen Gedanken gewöhnen müssen,
auch ohne sie auszukommen.

Nirgends gedeiht die Herrschsucht der Pfaffen besser als
unter britischer Flagge, und über die Anmaßung englischer
Missionare kann man allenthalben auf der ganzen Erde klagen
hören. Durch ihren auffallenden Mangel an Demut, ihre Nei=
gung, sich in Alles einzumischen, ihr bequemes Wohlleben, das
sie sich mit den Gaben heimischer Mildthätigkeit zur Heidenbe=
kehrung gestatten können [1]), Erfolgen gegenüber, die kaum den
allerbescheidensten Erwartungen entsprechen, haben sie sich überall
geradezu verhaßt gemacht. Speziell in Westafrika bestehen
ihre bedeutenderen Kräfte häufig genug aus jungen Leuten, die den

---

[1]) Die großen englischen Missionsgesellschaften verfügen über eine
jährliche Einnahme von einer Million Pfund Sterling = 20 000 000 Mark,
die deutschen evangelischen Missionare einschließlich der Baseler über eine
jährliche Einnahme von 2 000 000 Mark. Letztere arbeiten aber zweifellos
viel billiger.

Eindruck machen, daß sie, nur um reisen zu können, in die Dienste der reichen englischen Missionsgesellschaften eintraten.

Sehr viel anders lauten die Urteile, die man ebenso all= gemein auf der ganzen Erde über die Wirksamkeit der katholischen französischen, meistenteils dem Jesuitenorden angehörenden Missio= nare vernimmt. Über den selbstlosen, opferwilligen Eifer dieser wahren Apostel der christlichen Liebe herrscht allenthalben nur das größte Lob, und die Erfolge derselben sind bei ungleich ge= ringeren Mitteln viel größer als die der gemästeten englischen Bonzen. Die katholischen französischen Missionare erwerben sich aber auch das unschätzbare Verdienst, bei ihren Schülern von Anfang an eine Erziehung zur Arbeit und Arbeitslust anzu= streben, statt sie bloß zum Herplappern von Gebeten und Bibel= versen, zum Singen thörichter Lieder, zum Hochmut und Fana= tismus abzurichten wie jene thun.

Ich habe irgendwo einmal gelesen: „Die Mission stellt sich die Aufgabe, in dem Neger eine neue und tiefergehende Ge= danken= und Willensbewegung zu schaffen". Das ist sehr schön ersonnen und sehr schön gesagt. Auf den Neger aber werden derlei wohlkonstruirte Sentenzen keinen sonderlichen Eindruck machen. Ebenso wenig dürfte die von gewissen evangelischen Missionaren mit bekannter Süßigkeit geplante „Erziehung des Menschengeschlechts zu einem allgemeinen Bruderbund der Gottes= kinder" viel Aussicht auf Verwirklichung haben. Der Neger ist psychisch so ungeheuer gesund, daß er unserer Religion als der mächtigen, täglich und stündlich zu gebrauchenden Universal= medizin, die uns schwarzgalligen Europäern allerdings unentbehr= lich ist, gar nicht bedarf. Für seine kleinen und kurzen An= wandlungen seelischen Mißbehagens genügen ihm die einfachsten Hausmittelchen, wie Götzenfigürchen, geweihte Würzelchen, Bein= chen und Schneckenhäuschen, Zauberlatwerge und sonstiger Krims= krams. Dagegen hat er ein so ausgebildetes Verständnis für nahe liegende praktische Dinge, wie Lesen, Schreiben, Handwerk und Handelsverkehr, daß wir ihn mit solchen Unterweisungen viel leichter gewinnen werden.

Eine Hauptwaffe der englischen Missionare zum Kampf gegen ihre vornehmsten Konkurrenten im Einfluß, die Kaufleute, ist das Predigen der Gleichberechtigung des Negers. Natürlich gefällt dieser Glaubenssatz dem schwarzen Menschenbruder aus= gezeichnet, und am liebsten würde er im Gefühl seiner unge= schmälerten Vortrefflichkeit die bösen Kaufleute, die ihm niemals genug bezahlen, zum Lande hinausjagen, wenn nur die frommen Evangelium=Verkünder für das schöne Schachervergnügen einen Ersatz zu bieten vermöchten. Zum Glück jedoch droht diese Ge= fahr nicht allzu ernsthaft und die Rassenunterschiede bleiben un= verwischbar. Die moderne universelle Philanthropie, die alle Menschen, Stände und Völker zu verbrüdern suchte, ist einer der größten Schwindel und hat in der Wirklichkeit immer wieder Bankerott gemacht.

Was wollt ihr denn, ihr englisch=christlichen Hosen=Neger aus Sierra Leone, aus Viktoria und Little Popo? Wäret ihr fröhliche nackte Wilde geblieben, man könnte euch viel mehr lieben und achten. So aber seid ihr blos lächerliche und wider= liche Zerrbilder unserer europäischen Kultur geworden. Könnt ihr Neger einen Dampfer bauen? Nicht einmal führen könntet ihr ihn, wenn man euch einen schenkte. Könnt ihr euch direkt Waren aus Europa kommen lassen? Ja allerdings das könntet ihr vielleicht. Aber wie würde es mit der Bezahlung aussehen, wenn man euch nicht Stück für Stück kontrolirte? Und ihr wollt gleichberechtigt sein mit uns, die wir seit Jahrhunderten fleißig gewesen sind und eine Menge Dinge gelernt und erfunden haben, während ihr faullenzen durftet? Seht euch doch einmal euer Liberia an. Was für eine schauderhafte Republik aus lauter erbärmlichen Lumpen habt ihr dort zu Wege gebracht, über und über verschuldet und unfähig etwas zu leisten. Nie= mand gibt euch Krebit. Von der ganzen Zivilisation habt ihr blos bombastische Frasen, affenartige Putzsucht und affenartiges Geckentum, Aufgeblasenheit und Bosheit gegen eure Lehrmeister, die Europäer, euch angeeignet, und von dem ganzen Christen= tum habt ihr nur den englisch=christlichen Sonntag, jene schöne

Einrichtung, die das angenehme Faullenzen auch noch zur ver=
dienstlichen Tugend macht, voll begriffen und in euch aufge=
nommen. Erst nach einem Jahrhundert strammer Zucht und
Arbeit sollt ihr wieder anfragen, ob man euch als ebenbürtig
betrachten kann.

———   ──

Kehren wir des Schlusses halber zurück zum Anfang.
Europa wird immer kleiner, die europäischen Nationen breiten
sich immer mehr aus über die ganze Erde. Da konnten auch
wir nicht zurückbleiben. Bereits hatten wir übergenug von un=
sern eigenen Kräften an die anderen Nationen abgegeben, und
müssen in derselben Weise zunächst immer noch weitere Verluste
ruhig ertragen. Da galt es denn, endlich einmal zu retten.
Der kleine Anfang dazu waren die afrikanischen Erwerbungen.
An der afrikanischen Küste waren freie Gebiete eben noch vor=
handen, aber eben auch bereits in der äußersten Gefahr, von an=
deren Nationen verschlungen zu werden. Auch deutsche, eine
günstige Zukunft versprechende Interessen waren dabei bedroht
und wenn diese auch noch verschwindend klein sind im Vergleich
zu unseren großen Bedürfnissen, ihr Untergehen bedeutete doch
den fatalen Sprung aus einem Plus in ein Minus. Diese
Thatsache negativen Wertes wird nur zu leicht vergessen.
Die Aufhissung unserer Flagge bedeutete nicht etwa, wie in
alten längstvergangenen Zeiten, die Entdeckung und Aneignung
neuer Kostbarkeiten, die den Blicken der anderen Nationen bisher
entgangen waren. Es handelte sich zunächst um einen Akt der
Notwehr, um die Wahrung schon vorhandener Errungen=
schaften, nicht um einen Angriff zur Eroberung neuer. Drohte
nicht die Gefahr, verdrängt zu werden, so wäre die Erhaltung
des bisherigen Zustandes oder vielmehr das niemals verwirklichte
Ideal: Friedliches, neidloses Nebeneinanderwirken der verschiedenen
Nationen unter gleichen Bedingungen auf neutralem Boden,
weniger kostspielig und somit besser gewesen. Aber das war ein
Ideal, ebenso unmöglich als schön und verlockend. Bereits

hatten England, Frankreich und Portugal Verträge mit einan=
der geplant, deren Wesenheit darauf gerichtet war, die immer
mächtiger werdende deutsche Nebenbuhlerschaft zu erschweren und
zu erdrücken. Unsere jungen deutschen Kaufleute sind auch Ri=
valen, jedem englischen oder französischen oder portugisischen
Kollegen mindestens ebenbürtig, häufig sogar überlegen. Wir
finden da draußen in Afrika nicht etwa, wie die Stubenweisheit
einmal gemeint hat, den Abschaum, nein, eine Elite unserer
strebsamen Jugend.

Immerhin, auch bei dem höchsten möglichen Maße der wahr=
scheinlichen Verteuerung durch die Kosten eines europäischen
Regierungs=Apparates, ist mit Zuversicht zu hoffen, daß schließlich
die Bilanz des Kamerun=Gebietes, wenn auch kein glänzendes, so
doch ein günstiges Resultat ergeben wird. Die Hebung der all=
gemeinen Sicherheit und damit die unumgängliche Vorbedingung
für produktive Unternehmungen, namentlich für Plantagenbau,
zu dem das Kamerun=Gebiet so sehr ermuntert, Förderung des
Handels durch räumliche Ausbreitung und durch Abschaffung der
Monopole und damit vielleicht auch die Förderung des großen
Problems der Erziehung des Negers zur Arbeit: Das sind die
Ziele, deren Erreichung für so manches Opfer entschädigen wird.

Daß Rückschläge kommen würden und noch kommen werden,
begreift jeder Vernünftige. Die Geschichte aller Zeiten und
Völker lehrt das. Wir fangen an, einzusehen, daß wir im Fach
der Kolonialpolitik noch ungeheuer viel zu lernen haben, und daß
man in einer so schwierigen, ernsten Sache mit dem Enthusiasmus
der Menge nicht weit kommt. Je leichter und schneller die öffent=
liche Meinung, dieses alte kindische Wesen, sich begeistert, um so
rascher wird sie kleinmütig und verzagt, wenn der Erfolg hinter
den Erwartungen zurückbleibt. Erst wenn der Taumel glücklich
vorüber, kann die Besonnenheit wieder auf die Bühne treten,
und gerade sie, die vorher verlacht und befeindet wurde, weil sie
sich skeptisch verhielt, wird berufen sein, in der angestifteten
Verwirrung aufzuräumen, den nunmehr verachteten Gegenstand
der Begeisterung zu schützen und auf eine sichere Bahn zu leiten.

Es handelt sich um eine Entwicklung, über die erst in hun=
dert Jahren ein festes Urteil möglich sein wird, wenn sie über=
haupt gelingt. Es gilt einen ernsten Kampf, in dem mancher
fallen muß und dessen Vorteile erst der nächsten Generation zu
Gute kommen. Nicht die Scharen unserer Europamüden wer=
den wir in Afrika absetzen können, wohl aber werden wir dort
die so nötigen Übungsplätze besitzen für weitere umfangreichere
Thaten.

Die einzigen hiebei zu erwägenden Momente sind die poli=
tische Gefährlichkeit und der Geldpunkt. Bezüglich des letzteren
braucht uns Kamerun keine Sorge zu machen. Afrika als Ganzes
ist wie gesagt ein hervorragend armes Gebiet. Aber Kamerun
bildet in dieser Beziehung eine erfreuliche Ausnahme. Nicht als
ob dort wirklich noch jenes zweite Indien wäre, von dem bramar=
basirende Optimisten sich und uns vorgeschwärmt haben. Reich=
tümer liegen heutzutage nirgends mehr auf der Straße und das
mühelose Sammeln von Schätzen ist von je eine Fabel gewesen.
Nur ein mäßiger Gewinn durch ehrlichen harten Fleiß ist noch
aus manchem Teil unserer alternden Erde zu holen. Und ein
solches Teil ist entschieden auch Kamerun.

Ich glaube, daß Kamerun imstande sein wird, die Kosten
seines Regierungs=Apparates selbst zu tragen, d. h. die zehn bis
zwanzig Beamten und drei= bis vierhundert schwarzen Soldaten,
deren es allmälig bedürfen wird, schließlich selber zu ernähren
und zu löhnen. Das ist Alles, was ich hoffe und mit Bestimmt=
heit hoffe. Sollten wir auch nicht mehr als dieses bescheidenste
Ziel erreichen, so ist damit doch der leidige Geldpunkt und dazu
noch ein kleines Agio für uns gedeckt. Das Übrige, die stolze
Freude an der Mehrung unserer Nation, den ersten Anfang über=
seeischer Heimatstätten, haben wir dann umsonst.

Freilich wird sich der Gewissenhafte nicht verhehlen dürfen,
daß durch überseeische Heimatstätten, weit hinaus rankende Spröß=
linge, die Verwundbarkeit der Nation den Feinden gegenüber zu=
genommen hat. Das Kolonisiren ist zweifellos ein Wagnis. Aber
sollten wir denn deshalb niemals wagen? Sollten wir denn ewig

an unserer engen Scholle kleben bleiben, während die Nachbarn sich ausbreiteten? Um eine Existenzfrage, nicht um einen übermütigen Einfall handelte es sich bei dem, was geschehen ist. Wir mußten und müssen wagen, soll das Fortbestehen der deutschen Nation nicht in Frage kommen.

Anhang.

Zusätze und vermischte Notizen.

———

Zum Vorwort.

Die über Afrika hereingebrochene Herrschaft der Phrasen ist bereits ziemlich alten Datums. Schon 1860 soll Lord Palmerston im Parlament einmal gesagt haben: „Afrika wird eine Quelle des Reichtums, nicht nur für Europa, sondern für die ganze Welt in einem Maße werden, wie die Einbildungskraft es kaum fassen kann." In diesem letzteren Punkt dürfte sich der edle Lord geirrt haben. Die Einbildungskraft hat mittlerweile doch wahrlich mehr als das Allererdenklichste geleistet.

„Um darzuthun, welch' unermeßliche Schätze das tropische Afrika in sich birgt", gibt der berühmte Cameron am Schluß seines zweibändigen, wunderbar inhaltlosen Reiseberichtes „Quer durch Afrika" eine Aufzählung afrikanischer, zum Export bereitliegender Produkte bis zu dem schlechten Raseneisenerz herab. Warum nicht auch Pflastersteine und Straßenschotter für die europäischen Chausseen?

Immer mehr reift die Erkenntnis, daß die Fruchtbarkeit tro= pischer Länder allenthalben übertrieben worden ist. Selbst aus Brasilien erheben sich Stimmen, die den herkömmlichen Phrasenschwulst thörichter Enthusiasten von der fabelhaften Leistungsfähigkeit der Tropennatur zum Schweigen bringen müssen. Ungarn liegt nicht unter den Tropen und steht an Fruchtbarkeit keinem Tropenland nach. Aber es liegt uns näher, hat keine Palmen und bietet des= halb der Phantasie weniger Spielraum.

Die seit 1879 entstandene Kaffeepflanzung von C. Woermann in Gabun, die von optimistischen Theoretikern häufig als aufmun= terndes Vorbild hingestellt wurde (aber ohne Schuld der genannten Firma), ist thatsächlich das Gegenteil, nämlich ein baarer Mißerfolg gewesen. Und dennoch blieb auch dieses unglückliche Unternehmen eines der zahlreichen thönernen Füßchen, auf denen unsere Kolonial= schwärmerei aufgebaut wurde.

Das fortgesetzte kühne Aufbauen afrikanischer Projekte ohne sichere Basis, wie es teilweise noch jetzt betrieben wird, läßt sich gut aus folgendem Satze karakterisiren: „Trotz aller Experimente, die in Afrika gemacht worden sind, trotz allen Geldes, das Afrika gekostet hat, wissen wir nicht einmal, ob in den Küstengebieten des äquatorialen Westens oder Ostens Kaffee, Baumwolle und Tabak gezogen werden kann." Dieser Satz steht in dem vortrefflichen Buch des verstorbenen Dr. G. A. Fischer „Mehr Licht im dunklen Weltteil". Da dasselbe ruhig, vernünftig und ohne schwindelhafte Aufschneiderei geschrieben worden ist, hat sich natürlich das Publikum wenig darum gekümmert.

Einem Bericht über Kolonisation von W. Kobelt im „Hum= boldt" April 1886 entnehmen wir Folgendes: „Java, die Muster= kolonie, hat längst aufgehört, für Holland einträglich zu sein und fordert bedeutende Zubußen. Während die holländische Regierung noch 1875 am Pikul (1¹/₄ Ztr.) Kaffee beinahe 40 Fl. Reingewinn hatte, verdiente sie 1882 nur noch 14 Fl. 66 Zts.; die Zucker= plantagen decken kaum noch die Produktionskosten. Dabei sind bös= artige Pflanzenkrankheiten aufgetreten, die sich trotz aller Vorsicht von einer Insel auf die andere verbreiten; allein auf Ceylon sind die Kaffeeplantagen durch einen Pilz (Hemileia vastatrix) von 250 000 Akres auf 85 000 reduzirt worden." Und das höchste und beste, was wir von irgend einer tropischen Kolonie erhoffen können, ist, daß ein Java daraus werden möchte! Kamerun und einige Südsee= Inseln sind dazu vielleicht im Stande.

Zu I.

Regen und Wetter in Kamerun 1884 August 1.—September 27.

Der Regen wurde meist nur des Morgens gemessen. Die erste Zahl gleich hinter dem Datum gibt das Resultat dieser Messung, die also, wo nichts anderes vermerkt ist, sich sowohl auf die Tags vorher als auch auf die während der Nacht gesammelte Menge be= zieht. Das anfänglich allein im Gebrauch befindliche Ombrometer, welches nicht mir gehörte, konnte blos 34 Millimeter fassen. Ich verband deshalb, um die ganze Regenmenge zu erhalten, den Auffangtrichter mittels eines Heftpflasterstreifens fest mit dem Sammelgefäß und errichtete daneben ein Kontrolmaß, einen senkrechtwandigen Blech= kasten nämlich, in dem ich die Höhe des gefallenen Regens einfach an einem hineingesteckten Millimeterstab konstatirte, was immer sehr gut stimmte, da ja die Verdunstung minimal war.

Die letzten drei Tage des Juli waren regenlos gewesen.

Auguſt 1.	1,5 in der zweiten Hälfte der Nacht gefallen. Nachmittags bis 5¹/₂ʰ 5,5. Hartnäckig regneriſch, man kann nicht hinaus . .	7,0
2.	13,7	13,7
3.	11,0 Vormittags 0,4	11,4
4.	— Nachmittags 0,4	0,4
5.	—	—
6.	1,0	1,0
7.	16,0 wovon ein kleiner Teil geſtern Vor= mittags	16,0
8.	23,5 das meiſte hievon in der Nacht . .	23,5
9.	2,5	2,5
10.	0,1 (Thau?)	0,1
11.	1,0 Morgens Donner. Bis Vormittags 11ʰ in 1¹/₂ Stunden 34,0 (oder mehr? S. oben). Danach regnete es noch 0,5 . Der übrige Tag ſchön, bedeckt, kühl.	35,5
12.	1,0 Nachmittags 5,0. Ich habe Fieber .	6,0
13.	36,0? Geſchätzt 50,0 (S. oben), wovon die größere Hälfte vor Mitternacht . . .	50,0
14.	2,0	2,0
15.	1,7	1,7
16.	— Bis zum Abend 2,0	2,0
17.	Tag begann mit Regen. Bis 11¹/₂ʰ 60,0, bis 2ʰ 3,0 mehr	63,0
18.	70,0 Die ſchlimmſte Regennacht, welche bis= her erlebt	70,0
19.	1,5	1,5
20.	0,3	0,3
21.	Morgen beginnt mit Regen, der bis Mittag anhält und 55,5 ergibt. Bald darauf neuer Regen, man konnte den ganzen Tag nicht hinaus. Abends 6ʰ eine Stunde Pauſe, dann abermals Regen . . .	55,5
22.	45,0 Bis 1ʰ Mittags regnet es weitere 26,0	71,0
23.	—	—
24.	4,7 Abend zum erſten Mal ſternklar . .	4,7
25.	— Sonnenſchein von Morgens an. Heißer Tag. Nachmittags 5ʰ Gewitter in Oſt, Abends ſehr ſtark SW Briſe . . .	—
26.	0,1 Schön. Abends Wetterleuchten . . .	0,1
27.	110,0! Dies fiel von Mitternacht bis 10ʰ Vormittags. Am Morgen, als es noch	

Sa. 438,9

dunkel war, starkes Gewitter. Die Regen=
tropfen mußten ausnahmsweise senkrecht
oder aus Oft gefallen sein, sonst wäre
meine nach West liegende Stube unter
Wasser gesetzt worden. Nachmittags 4ʰ
erster Tornado aus SE mit nachfolgendem
strömendem Regen, bis 5ʰ 13,5. Dieser
Tornado hat viele Bananenbäumchen um=
geworfen, sie liegen alle nach NW . . 123,5

August 28.	4,5	. . . .	4,5
29.	5,0	. . . .	5,0
30.	2,7	Schöner Tag	2,7
31.	1,0	Mittags wieder etwas Regen. Abends	
		Wetterleuchten	1,0

Regenmenge im August = 575,6

September 1.	6,0	. . . .	6,0
2.	62,0	dies bis Morgens 9¹/₂ʰ. Bis Mittag	
		18,5 mehr.	80,5
3.	—	. . . .	—
4.	—	Nachmittags wenige Tropfen . . .	—
5.	83,5	Bis 5ʰ Nachmittags 2,0 mehr. Es sind	
		zwei schwere perniziöse Fieber da . .	85,5
6.	1,3	erst Mittags gemessen	1,3
7.	2,0	. . . .	2,0
8.	74,5	. . . .	74,5
9.	23,5	. . . .	23,5
10.	—	Landwind aus Nord weht heute bis 9ʰ	
		Vormittags außergewöhnlich stark, d. h. so,	
		daß er die Flagge entfaltet. Heißer Tag,	
		Nachmittags heftige SW=Brise . . .	—
11.	3,5	Nachmittags wie schon öfter feiner Sonnen=	
		regen	3,5
12.	4,5	. . . .	4,5
13.	10,0	. . . .	10,0
14.	0,5	Ziemlich kühler Tag	0,5
15.	42,5	Morgens 9ʰ gemessen. Bis Mittag 2,0	
		mehr. Um 2ʰ Nachmittags erscheint auf	
		kurze Zeit der Gipfel des Kamerun=Berges	
		in ziemlich weiter Ausdehnung mit Schnee	
		bedeckt, ungemein klar	44,5
16.	—	Morgens Nebel, ich glaube zum ersten	
		Mal.	—
17.	—	. . . .	—

Sa. 336,3

Sa. 336,3

September 18. bis 23. Reise nach Bimbia und Viktoria. Wäh=
rend dieser Zeit hatte sich angesammelt
46,5. Verdunstung sehr gering . . . 46,5

24. — Morgens Regen aus NE. Bis Abends
6ʰ 10,5 10,5

25. 1,0 Schöner Tag, herrliche Seebrise . . . 1,0

26. 21,0 Die ganze Nacht Regen. Mein zweites
Fieber 21,0

27. 0,2 (Thau?) 0,2

Regenmenge 1.—27. September = 415,5

Oktobers erste Dekade ziemlich trocken. Zweite Hälfte ziemlich
regnerisch.

Zu Seiten 8. 17. 36.

Man sollte eigentlich alle Naturgegenstände in tropischen Län=
dern genau und ruhig messen, um von den wahren Größenverhält=
nissen Rechenschaft ablegen zu können, ohne daß die Überschwänglich=
keit der Erinnerung und der Fantasie dabei mitwirkte. Leider habe
auch ich diese schöne Regel meistenteils bloß theoretisch beherzigt.
Doch finde ich ausnahmsweise über die Dimensionen zweier Raphia=
Blätter, die ich am Mungo=Fluß sorgfältig gemessen habe, folgende
Zahlen:
Ganze Höhe vom Boden bis zur Spitze Meter 14,00 und 14,80
Länge der Fiederung . . . . . . „ 6,20 „ 7,50
Die beiden betreffenden Blätter waren nicht etwa außergewöhnlich
stark entwickelt. Die schwierige Natur des Waldsaum=Dickichtes ge=
stattete keine Auswahl. Die älteren Raphia=Individuen bildeten
Stämme von etwa 5 Meter Höhe, die jedoch etwas undeutlich
blieben, da sie bis zum Vierfachen ihrer Dicke mit alten Strünken
früherer Blätter eingehüllt waren. Die auf meiner Lunda=Reise
1878 bis 81 gesehenen Raphia=Palmen erschienen mir niemals mit
einem Stamm versehen, woraus ich auf eine Verschiedenheit der
Spezies schließen möchte.

Aus demselben oben angegebenen Grunde seien hier die von
mir genommenen Maße zweier größter Kamerun=Kanuus angereiht.
King Akwa's größtes Kanu:
Länge . . . . Meter 19,50
Größte Breite (stets ungefähr zwischen hinterstem und
mittlerem Drittel der Länge) . . . . . „ 1,45
Volle Bemannung . . . . 41 Köpfe.
Collins neues Kanu (Dezember 1884):
Länge . . . . Meter 16,0
Größte Breite . . . . „ 1,80
Volle Bemannung . . . . 31 Köpfe.

Buchner, Kamerun. 14

Das allergrößte Kamerun-Kanuu soll übrigens das des Jim
Jkwalla sein, welches vollbemannt 51 Leute trägt.

Ein interessantes Phänomen pflanzen=physiologischer Art beob=
achtete ich gelegentlich der Anlage von Straßen, für welche mehrere
Ölpalmen gefällt werden mußten. Die horizontal niebergestreckten
Stämme wurden sogleich von unseren Kru=Jungen angezapft, indem
sie die Blätterkronen abschnitten und Gefäße barunter befestigten.
Noch mindestens eine Woche lang nach der Trennung von der
Wurzel träufelte aus den Stämmen köstlicher Palmwein, der
allerdings nach und nach einen unangenehm säuerlichen ober fau=
ligen Geschmack annahm. War die ganze Erscheinung als Folge der
noch innerhalb des Stammes eintretenben Zersetzung und Kohlen=
säure=Entwicklung oder als nachhaltige Wirkung der Kraft des
aufsteigenden Saftstromes zu erklären? Ich neige mich der ersteren
Meinung zu.

Zu Seite 15.   Die Dualla=Sprache.

Die Bantu=Sprachen, zu benen auch unser Dualla gehört, sind
im allgemeinen ausgezeichnet durch große Regelmäßigkeit, Konsequenz
und Einfachheit. In Bezug auf das Alphabet finden mancherlei
Schwankungen statt. Zur Wiedergabe des Dualla jeboch, welches
sehr wohlklingend ist und aus 52,3 Prozent Vokalen gegenüber
47,7 Prozent Konsonanten besteht, genügen die gewöhnlichen beut=
schen Schriftzeichen. Die Laute F und H, sowie das aspirirte S,
unser Sch, fehlen im Dualla. Ebenso fehlt eigentlich auch das R.
Doch gehen die Laute D und L häufig in R ober auch gegenseitig
in einander über, was eine phonetische Eigentümlichkeit der meisten
Bantu=Sprachen zu sein scheint. Dia, Hand, kann man auch lia und
ria ausgesprochen hören. Im benachbarten Jsubu (Bimbia) sollen
alle P in F verwandelt werden.

Für die Bantu=Sprachen sind vorzüglich zwei Grundregeln
karakteristisch: 1. Die Sinnesmobifikationen der Begriffe, so nament=
lich Singular und Plural des Nomen, werben durch Vorsilben oder
Präfixe ausgebrückt. 2. Um die Zugehörigkeit des Abjektivum und
Verbum zum Nomen zu markiren, dient die Alliteration, Wieber=
holung oder Kongruenz der Präfixe. (Wir Europäer haben bekannt=
lich die Kongruenz der Suffixe ober Nachsilben: Viri multi magni.)
Es gibt somit für Abjektivum und Verbum keine festen Vorsilben
oder Anfänge.

Die reinste Form des Verbum ohne Prä= und Suffix, also
bessen Wurzel, zeigt der Imperativ. Diese empfiehlt sich bemnach
zur lexikographischen Anwendung schon aus dem praktischen Grunde
der Raum= und Zeitersparnis. Zugleich aber auch sprechen für die=

felbe Gründe der Logik. Denn zweifellos ist der Imperativ die
natürlichste, ursprünglichste Gestalt, in der das Verbum zuerst aus=
gesprochen wurde und überhaupt erst entstand. Alle anderen Bil=
dungen setzen viel mehr Reflexion und langsame Entwicklung voraus,
als die aus dem einfachen Motiv der Einwirkung auf andere Indi=
viduen plötzlich hervorgehende befehlende Art. Jedes Adjektivum
läßt sich schließlich als Partizipialform eines Verbums auffassen und
demgemäß ebenso behandeln.

Im Dualla haben sich jene zwei eben mitgeteilten Grund=
regeln allerdings hie und da abgeschliffen, aber meistens sind sie
doch immer noch deutlich genug herauszufinden. Die folgenden Bei=
spiele sollen das Gesagte und Weiteres näher erläutern.

1. Alle Nomina, die im Singular mit di beginnen, setzen
statt des di im Plural ma: Dia Hand, Plural maa. Ndene groß.
Dia dindene die große Hand. Sadi klein. Dia disadi die kleine
Hand. Bá zwei. Maa mabá masadi zwei kleine Hände. Maa
mabá mandene zwei große Hände. Dibatu Kleid, Pl. mabatu.

2. Alle Nomina, die im Singular mit bu beginnen, setzen
statt des bu im Plural mi: Bunia Tag, Pl. minia. Lalu drei.
Minia milalu drei Tage. Bueli Baum, Pl. mieli. Buanga, Arznei,
Pl. mianga.

3. Jene Nomina, die im Singular mit mu beginnen, setzen
statt des mu im Plural entweder ba oder mi oder bi: Mutu Mann,
Person, Mensch, Pl. batu Leute. Mutu Weib, Pl. bitu. Mukala
der Europäer, Pl. bakala. Mukuta Sack, Pl. mikuta. Mukuta
mundene ein großer Sack. Mikuta mibá misadi zwei kleine Säcke.
Gita viel. Bubi bös. Po kommen. Bakala bagita babubi bapó
viele böse Europäer kommen. Batu babubi böse Menschen. Mbúa
Regen. Mbúa mapó Regen kommt. Mukúm der Sklave, Pl. bakúm.
Muna Sohn, Pl. bana.

4. Als Beispiele unregelmäßiger Präfixbildung mögen gelten:
Diso Auge, Pl. miso. Ndabu Haus, Pl. mandabu. Momi Mann,
männlich, Pl. bomi. Iuma Waare, Pl. bima. Itui Ohr, Pl. matui.
Dina Name, Pl. mina.

5. Eine große Rolle spielt wie in allen Bantu=Sprachen so
auch im Dualla die allgemeine Verbindungspartikel a, die sich am
besten mit unserem Von übersetzen läßt und im Dualla ausnahms=
weise häufig nicht oder unrein allitterirt: Dibongo Ellbogen, Knie.
Dia Hand, Arm. Muendi Bein, Fuß. Dibongo la dia Ellbogen.
Dibongo la muendi Knie. Muni Finger, Zehe. Muni ia dia
Finger. Muni ia muendi Zehe. Buanga Medizin. Mutu a buanga
oder mianga (Plural) Arzt. Giba Diebstahl. Mutu a giba Dieb.
Madíba Wasser, Fluß. Mbanga Kokosnuß. Madíba ma mbanga
Kokosnußwasser. Madíba ma Dualla der Kamerun=Fluß. Madíba
ma Bakundu der Bakundu=Fluß. Eigene Flußnamen gibt es näm-

lich nicht. Die Gewässer werden nach den Gegenden und Volks=
stämmen benannt, die sie durchfließen und wechseln dementsprechend
streckenweise ihre Namen. Lende Oelpalme. Ditutu Raphiapalme.
Mau Palmwein. Mau ma lende Palmwein von der Oelpalme. Mau
ma matutu Palmwein von der Raphiapalme.

6. Die Zahlen heißen: Eins ibó; Zwei ibá; Drei ilalu:
Vier iné; Fünf itanu; Zehn dum; Elf dum n' (na) ibó; Zwölf
dum n' ibá; Zwanzig muabá; Dreißig mualalu; Hundert ebuéa;
Alle, all esse. Hievon lassen sich mit dem Präfix su Adverbial=
bildungen ableiten: Subá zweimal, sulalu dreimal; suesse immer.

7. Das Pronomen Possessivum wird wie folgt gebildet; das=
selbe Beispiel zeigt zugleich den Mangel der sonst als Regel gel=
tenden Alliteration: Diuende ram mein Messer; Diuende longo
dein Messer; Diuende lau sein Messer; Diuende lassu unser Messer;
Diuende labu euer Messer; Diuende mabu ihr Messer.

8. Verschiedene Eigentümlichkeiten: Kierri oder Kielle dient
zugleich um Gestern und um Morgen auszudrücken. Ngadi heißt
Schießgewehr; ursprünglich bedeutete es wohl Lärm oder Knall;
denn Donner heißt Ngadi a Loba Lärm (Schießgewehr?) Gottes.

Aus intransitiven Verbis können mittels der Nachsilbe ise
transitive Verba gebildet werden[1]): Taka leiden, takise quälen.
Timba zurückkehren, timbise zurückschicken. Tomba vorübergehen,
tombise vorübergehen lassen, hinüberreichen. Tombisémba Lasse mich
vorbei. (Wegen des Akzents s. unten bolamba dia.)

Die beiden häufigsten Worte, die man als Fremdling zu hören
bekommt, sind Ietuse und Niambe. Das erstere ist der übliche
Gruß, das letztere der hierauf zu erwidernde Gegengruß. Ietuse
läßt sich etwa übersetzen mit „Ich sehe dich," Niambe heißt
„Gott" und bedeutet hier vielleicht „So Gott will." Ein eng=
lischer Missionar allerdings teilte mir eine einfachere Erklärung mit.
Ietuse hieße Good evening und Niambe hieße auch Good evening,
meinte er.

Schießlich seien noch einige kürzere Sätze als Sprachproben
gegeben. Dina longo mainii? Name dein welcher? Wie heißest
du? Ko na pi Sei mit Ruhe, sei ruhig. Wamse! Schnell!
Nabi Ich weiß. Nassibi Ich weiß nicht. Nambale Ich spreche die
Wahrheit. Bolá mba dia Gib mir die Hand. Dieses wird ge=
sprochen, als ob bolamba ein Wort wäre, mit dem Akzent auf der
zweiten Silbe. Babongo ndabu Sie bauen Haus. Napula niö
Ich will trinken. Napula topo Dualla Ich will Dualla sprechen.
Mukala iala mundi Europäer geht Dorf. Der Europäer geht ins

---

[1]) Ganz dieselbe Bildung kommt auch im Angola vor. S. meinen
Artikel „Beiträge zur Ethnographie der Bantu." III. Linguistisches. Ausland 1883, Nr. 23.

Dorf hinauf. Mukala iala dibó Europäer geht Strand. Der Europäer geht zum Strand hinab. Mundi und dibó sind auch in Bezug auf die Bodenform Gegensätze; mundi bedeutet in erster Linie den Steilrand des Ufers, die Erhöhung, auf welcher ein Dorf ge= meiniglich liegt. Napulape Ich will mehr. Naimapulape Ich will nicht mehr. Naimabolape Ich gebe nicht mehr. Napula koala ni oa buambu Ich will sagen mit dir Palaver. Ich habe eine Angelegenheit mit dir zu besprechen.

Weitere Eigentümlichkeiten der Bantu=Sprachen und des Dualla werden sich aus dem nächsten Kapitel über das Kamerun oder Neger=Englisch ergeben.

Zu Seite 43.   **Kamerun=Englisch.**

Die Haupteigentümlichkeiten des Kamerun = Englisch bestehen in Folgendem:

A. Vokabular.

1. Eine Anzahl Wörter portugisischen Ursprungs, die den jetzigen Kamerunern als englische gelten. Wie selten und geringschätzig spricht man heutzutage von dieser kleinen Großen Nation der Portu= gifen, die trotz ihrer bescheidenen Volkszahl doch überall auf der ganzen weiten Erde ihre Spuren tief eingeprägt hat. Schon der Name Kamerun ist, wie eingangs erwähnt, aus dem portugisischen Rio dos Camaròes (Fluß der Krebse) entstanden. Aber die Überlieferung der Eingeborenen weiß nichts mehr von den ehemaligen Weltbeherrschern.

Der fatalsten afrikanischen Dinge eines ist das „Palaver," por= tugisisch Palabra, Wort, dessen Bedeutung formell und praktisch über eine Menge unangenehmer Geschehnisse und Situationen, wie „Be= ratung, Warnung, Drohung, Beleidigung, Verbrechen, Rechtsstreit, Klage, Prozeß, Gerichtssitzung, Erpressung, Kriegszustand" und ins Unendliche mehr, sich ausdehnt. Man sagt: It is a woman palaver, Es handelt sich um ein Frauenzimmer. This be no play palaver, Ich mache keinen Scherz. You want to make palaver? Du willst Streit anfangen? You will hear some palaver, Dir werde ich schon noch kommen. It is like a married palaver, Es handelt sich um ehelichen Ungehorsam oder Treubruch u. s. w.

Irgend etwas Geschriebenes, so namentlich der als Augenblicks= münze dienende Zettel, mit dem die schwarzen Händler zunächst für ihre abgelieferten Produkte bezahlt werden und für den sie sich dann die betreffenden Werte in europäischen Waren auswählen dürfen, heißt in Kamerun Kaladi, zweifellos das portugisische Carta, Karte, Brief. Ebenso zweifellos ist Dikala, die Leiter, Plural makala, das portugisische Scala.

In Akwataun gab einmal das Schimpfwort Kako Anlaß zu einer großartigen blutigen Schlägerei zwischen Haussa=Leuten und Kamerunern. Dieses Kako dürfte das portugiesische Macaco, Affe,

fein. Die Hauffa, die fich als höher zivilifirte Mohamedaner er-
laubten, mit Verachtung auf die Kameruner herabzublicken, beeilten
fich, dasfelbe wenig fchmeichelhafte Epitheton, das fie von den
Europäern als auf fich felbft angewendet kennen gelernt hatten,
fogleich gegen ihre tatfächlich niedriger ftehenden Raffegenoffen vor-
zukehren.

Das portugififche Sabe. „Er weiß" oder „kennt", wird ebenfo häufig
wie im Pidgin-Englifch der Chinefen gebraucht, und das ftereotype
Me no sabe der Langzöpfe gilt auch an der weftafrikanifchen
Küfte. You no sabe me? heißt: „Du kennft mich nicht?" What
me no be old man? Me no sabe fashion? „Was, bin ich nicht
ein alter Mann? Und ich foll keine Lebensart verftehen?"

Ein kleines Kind, ein Säugling, wird Pikanini genannt, das
portugififche Pequenino. Wenn ich nicht irre, kommt diefer Ausdruck auch bei den Indianern vor, die ihn dann vielleicht aus dem
ähnlich lautenden fpanifchen Wort überkommen haben.

2. Englifche Wörter und Redeweifen, die im Sprachgebrauche
der Neger eine andere als die urfprüngliche Bedeutung erhalten haben.

Book, Buch, ift ein Zettel mit einer daraufgefchriebenen
Zahlungsanweifung, ein Brief, eine Rechnung, kurz alles Schrift-
liche, und wird ganz in demfelben Sinne wie das erwähnte Kaladi
gebraucht.

What is the matter? ift zu einem kräftigen Fluch geworden,
der als Einleitung von Schimpfereien beliebt zu fein fcheint,
namentlich bei King Akwa, deffen Englifch damit meiftens zu
Ende geht.

Chop, kappen, heißt wie im chinefifchen Pidgin-Englifch, „Effen
fchmaufen", dann aber auch übertragenen Sinnes „Nehmen, ftehlen".
Die auch bei den Weißen beliebte Palmöl-Suppe der Neger heißt
allgemein Palmoil chop. He want to chop them money „Er möchte
den ganzen Betrag unterfchlagen."

Country oder genauer Bushcountry bedeutet das Innere, mit dem
die Küftenbewohner, nicht aber die Europäer, Handel treiben dürfen,
und zwar wahrt fich jeder Stamm durch eine Art Handelsmonopol
feine eigene Country. Die zunächft liegenden Country- oder Bush
people erfter Ordnung haben dann wieder ihre Country- oder Bush
people zweiter Ordnung, und fo geht es ftaffelartig weit in die
Hinterländer bis zu den letzten Produzenten. Bushman ift im Sinne
von „Heide" oder „Wilder" ein halb fcherzhaftes Scheltwort geworden. Begeht ein Dualla oder ein Kruboy eine Ungefchicklichkeit,
fo fagt man zu ihm You be bushfellow you.

Eine merkwürdige Umwandlung des Sinnes hat das Wort
Market, Markt, durchgemacht. Aus dem Begriff „Zufammenkunftsplatz
zu Handelszwecken" find die Begriffe „Rendezvous, Verfprechen, Zu-
fage" geworden. He left me market heißt „Er hat mir verfprochen."

Eine große Rolle spielt das Wort Live, leben, in der Bedeutung „Sein, da sein", oder zur Umschreibung eines werdenden Zustandes. Zum Beispiel: He live for come, Er kommt soeben, he is coming, va venir. He live for die, Er stirbt soeben, wird sterben. No live, Ist nicht, das gibt es nicht, er ist nicht da. This place live for man go wash, Das ist ein Badeplatz.

Ein anderes sehr wichtiges Wort ist Fit, passen, in der Bedeutung. „Imstande sein, es wagen, es nöthig haben, verstehen, können". Them other boy, him be gentleman? No fit to do work? „Der andere Bursche da ist ein großer Herr, der nicht zu arbeiten braucht?" So beklagen sich die Kru-Jungen, wenn sie glauben, daß einer von ihnen bei der Arbeitsverteilung besser wegkam. I no thieve him, I no kiss woman for him place, I do no bade thing for him: He fit to put me in iron. „Ich habe ihn weder bestohlen, noch habe ich mich an seinen Weibern vergangen, noch habe ich ihm sonst etwas Böses angetan, und doch ist er imstande, mich in die Kette zu legen." Mit diesen Worten wurde ich einmal von einem Sklaven des King Akwa wegen schlechter Behandlung um Hilfe angegangen.

Um „Viel" auszudrücken, wird das Substantivum Plenty als Adjektivum gebraucht. Das gleichfalls übliche Much hat mehr adverbiale Bedeutung. Niemals hört man Many. Sehr viel, sehr gut, heißt Too much oder auch Plenty too much. Z. B. Smiti sabe them road too much „Herr Schmidt kennt den Weg ganz genau".

Das bereits erwähnte, bei den Seeleuten so beliebte Scheltwort Nigger hat für Westafrika die Bedeutung „Sklave" erhalten. Ja, die Aufgeblasenheit vornehmer Neger erlaubt sich sogar, dasselbe in diesem Sinne auf reine Europäer anzuwenden. You be Mister Woermann him nigger hat sich schon mancher gänzlich weiße Faktorist ins Gesicht sagen lassen müssen.

Am nördlichen Ufer des Kamerun-Flusses hatten die Vorfahren unseres jetzigen King Bell ihre Niggery town, ein größeres Dorf, in dem man die Sklaven aufbewahrte, bis sie verschifft werden konnten. Als später der feindliche Onkel Lock Priso dort sich ansiedelte, wurde der anstößige Name von den englischen Missionaren zartsinnig in Hickory town umgetauft.

B. Grammatik.

1. Geschlechtslosigkeit der Begriffe selbst in Bezug auf Personen. Boy „Junge", wird auch im Sinne von „Mädchen" gebraucht und der letztere Begriff höchstens durch Hinzufügung der Apposition „Weib" oder „weiblich" näher bezeichnet, was an das europäisch-englische He goat und She goat erinnert.

2. Regellose Verwechselung der subjektiven und objektiven Pronomina, deren unbequeme europäische Mannigfaltigkeit auf die vier

216

Hauptformen Me, him, we und you vereinfacht werden. Persönlich oder sachlich macht dabei keinen Unterschied.

Als Dr. Nachtigal seinen Kru-Jungen Tom entließ, weil derselbe nach Ablauf der kontraktlichen Dienstzeit heimkehren wollte, trug er ihm noch auf, den neueintretenden Nachfolger auch in der Herstellung des von Tom stets vorzüglich bereiteten Cocktails zu unterweisen, erhielt aber folgende entschiedene Antwort: Them other boy no fit to learn him (den Cocktail nämlich), them other boy no got sense enough. Der andere Junge ist unfähig, ihn zu lernen, ist zu dumm dazu.

Die Nominativ-Form We wird auch im Sinne des Akkusativs Us gebraucht. You no buy we, Ihr habt uns nicht gekauft, d. h. von Euch haben wir noch keine Geschenke empfangen, sagten die rebellischen Hickory-Leute, indem sie gegen die Hissung unserer Flagge in ihrer Ortschaft protestirten.

Als allgemeines Possessiv-Pronomen ist mir blos Him, sein, ihr, bekannt, welches wie in den süddeutschen Dialekten gesetzt wird, z. B. King Bell him nigger, King Bells Sklave, wörtlich „dem King Bell sein Sklave."

Als Demonstrativ-Pronomen oder vollerer Artikel dient allgemein Them. Z. B. Ile wants them thing plenty, Von diesem Artikel wünscht er so viel als möglich.

Eine sehr naiv aber gut verständlich lautende Bezeichnung ist King Bell town himself Die eigentliche, engere Belltaun, in der King Bell selbst wohnte, zum Unterschied von der ganzen großen Belltaun, die wieder in ihre Unterabteilungen zerfällt.

3. Eine Deklination des Substantivums ist nicht vorhanden. Die Akkusative erkennt man einfach an ihrer Stellung hinter dem Verbum. Genitiv-Verhältnisse werden analog dem erwähnten King Bell him nigger ausgedrückt. Zur Bildung aller sonstigen Kasus gilt die Universal-Präposition For, für, welche fast sämtliche lokalen und kausalen Beziehungen darstellen muß, die wir durch „In, auf, durch, wegen, um zu" u. dgl. ausdrücken.

4. Eine gründliche Verachtung der Flexion des Verbums. Be, sein, gilt für alle sechs Personen.

5. Das Verbum wird auch für Vergangenes in der Präsensform gebraucht, namentlich bei fortlaufender Erzählung, obgleich die Anfänge eines Präteritums in den Bantu-Sprachen keineswegs fehlen.

6. Die Verneinung hat häufig den Wert einer verstärkten Affirmation. Z. B. Smiti dont go, Herr Schmidt ist fortgegangen. Plenty people dont come, Es kommen, oder kamen, viele Leute. Diese Eigentümlichkeit, welche durch sämtliche Bantu-Sprachen wiederkehren dürfte, ist eine der interessantesten sprachlich-psychologischen Erscheinungen, und beruht vielleicht auf einer versteckten, ins Un-

bewußte zurückgewichenen Ironie. Die altbaierische Befehlsart „Obst sei net hergehst" (Du sollst sofort hergehen) dürfte etwas Ähnliches sein.

7. Eine eigentliche Komparation der Adjektiva ist nicht vorhanden und muß umschrieben werden, was auf zweierlei Art geschehen kann, entweder durch das Wort Pass, übertreffen, oder durch ein Substantivum, das an sich schon eine Steigerung oder Abminderung der Eigenschaft enthält. Z. B. You pass me for big, Du bist größer als ich. Road we can find good one pass that, Wir werden einen besseren Weg finden. Him be boy for me, Er ist jünger, thörichter als ich.

Die höchsten Grade der Steigerung werden durch das erwähnte Plenty oder Too much, wobei das Too nicht den europäischen Sinn „Zu sehr", sondern den Sinn „Überaus, sehr, ungemein" hat, oder auch durch Wiederholung des betreffenden Adjektives gegeben.

8. Abhängige Sätze in der Bedingungsform gibt es in den Bantu=Sprachen nicht. Derlei Sinnesmodifikationen werden nach Art eines absoluten Ablativs durch Konditional= oder Temporal=Präfixe an dem bedingenden Verbum ausgedrückt. Im Kamerun=Englisch aber hat sich zu diesem Zweck das Wort Suppose, angenommen daß, zu Pose abgekürzt, eingebürgert. Pose I no live, he fit to go for my backside to thieve my oil. „Gesetzt ich bin nicht da, ist er imstande, hinter meinem Rücken mein Oel zu bestehlen." Solchermaßen offerirte mir einmal ein gekränkter Handelsmann seinen Sklaven mit der Bitte, ich möchte denselben auf ewig in die Kette schmieden.

Auch hört man nicht selten Voraussetzungen, die ganz und gar dem absoluten Ablativ des Lateinischen entsprechen. Z. B. Him father dead him be Joss. Nach dem Tode seines Vaters wird er der Joß (Häuptling der Joß=Leute) sein.

9. Hieran schließen sich in größerer Zahl verschiedene bildliche Ausdrücke, die als wörtliche Übersetzungen einheimischer Darstellungs=Weisen lehrreich sind. Z. B. I want to sit down for you. Ich möchte Ihr Diener sein. Cold have you? Hat dich die Kälte? Hast du Fieber? This be play palaver. Das ist ja nur Scherz. Woman piss pikanini. Das Weib gebärt, hat geboren. Them woman piss me. Das ist meine leibliche Mutter.

Völlig identisch scheinen die Begriffe „Bauch" und „Seele" aufgefaßt zu werden, wie aus nachstehenden Reden hervorgeht. My belly is full. Ich bin satt. Plenty vexed live for my belly. Viel Ärger ist in meinem Innern, ich habe mich wüthend geärgert. Pose (suppose) me be forced, I go. My belly live for Bell. „Wenden sie Gewalt an, so gehe ich natürlich mit. Im Innern aber bleibe ich doch King Bell treu." So sagte Jacko von Jacko=

taun, als die gegen King Bell rebellirenden Joß=Leute ihn zwingen
wollten, ihrer Partei beizutreten.

Eine sehr sonderbare Umschreibung lautet: He live for use
himself. Er verrichtet eben seine Notdurft.

Leider ist, wie jedes Kauderwälsch, auch das Neger=Englisch so
schwer nachzuschreiben, daß es mir nur in einem einzigen Falle
glückte, eine vollständige längere Mitteilung mit der Feder zu
fixiren. Dieselbe betrifft eine jener zahlreichen Rechtsstreitigkeiten,
mit denen ich während meiner ebenso kurzen als glanzlosen Regie=
rung Tag für Tag gequält wurde, nämlich:

Das Green Hawkin=Palaver vom 15. April 1885.

Green Hawkin, ein außergewöhnlich ruhiger und verständiger
Mann von etwa 40 Jahren, in Begleitung eines gleichalterigen
Freundes, kommt und will mir klagen, daß ihm ein Frauenzimmer
geraubt worden sei. Er spricht ein so schauderhaftes Englisch und
so schnell, daß ich zuerst kein Wort verstehe. Ich bitte ihn deshalb,
einen Stuhl zu nehmen, sich ganz nahe neben mich an den Tisch
zu setzen und langsam zu diktiren, weil ich so seine Sache besser
begreifen und ihm besser helfen könne, falls er Recht habe. Nach
unsäglicher Mühe, da er immer wieder in seinen hastigen Redefluß
verfällt, habe ich schließlich folgende Geschichte zu Papier gebracht,
die ich durch Nummern in ihre verschiedenen Phasen zerteile.

1.

Yellow Hawkin borne son (girl) and Mandenne come buy
him and pay part money and part left. Yellow Hawkin take
them money for Charly and buy woman (small woman) and pay
part and part left. Charly people they look Green Hawkin him
girl pass and he top (stop) him. Akwa ax (asks) Charly and
Charly tell me say „I top them girl for Yellow Hawkin", and
tell me so „and may go back for Yellow". Yellow tell me say
„Never mind I go give you other one" and Yellow Hawkin go
for Mandenne and tell him say „man top him Green girl for
your part money who left", and Mandenne take him girl and
give Yellow Hawkin him girl. Yellow Hawkin take them girl
and give me say „I pay you".

2.

And me go for Joe Mandenne for find a woman. I pick
woman (big woman) to marry and I call him for my place and
I pay five hunderd down, pay one big goat for three Kroo, pay
one small goat for Kroo, I pay Kroo rum, and I take them girl
Yellow Hawkin give me and give him for Joe Mandenne, and
I finish for them palaver.

3.

And Mandenne go again and thieve them girl from Joe Mandenne and I send my woman for Joe Mandenne him place, and Joe Mandenne top (stop) my woman and sell him, sell him for other place, and we take court for King Akwa.

4.

King Akwa say „Him (Green Hawkin) got best for them palaver". He say „Joe Mandenne must give my woman back because he got best for that. Pose (suppose) you want any palaver, top Mandenne", and Joe Mandenne no agree for go for Mandenne.

Der tatsächliche Inhalt dieses Stückes Kamerun = Englisch stellt sich, sorgsam analysirt, ungefähr so heraus:

1.

Mandenne kauft dem Yellow Hawkin ein halbwüchsiges Töchterchen ab, welches Divuta heißt, und bleibt wie gewöhnlich einen Teil des Preises, wahrscheinlich die Hälfte, schuldig. Mit dem für sein Töchterchen erhaltenen Gelde geht nun Yellow Hawkin zum Charly in Daibotaun und kauft sich dafür von diesem ein anderes Mädchen, nennen wir es Nr. 1, vielleicht eine Sklavin, vielleicht eine noch nicht mannbare Freie, indem er gleichfalls einen Teil des Preises schuldig bleibt.

Alle Heiraten, auch die ebenbürtigen, vollziehen sich ja stets durch Kauf. Bei den Vornehmen gilt dabei als Grundsatz, daß der Vater die für eine Tochter erhaltene Wertsumme dem nächstalterigen Sohn zuwendet, damit auch dieser sich ein seinem Stande entsprechendes Mädchen anschaffe. Je vornehmer die Mädchen sind, desto früher finden sie Käufer, oft sogar bald nach ihrer Geburt. Sie gehören dann bereits einem bestimmten Mann, bleiben aber bis zur Reife im Hause der Eltern. Wenn ich den Ausdruck „Geld" gebrauche, so sind damit europäische Waren gemeint.

Kehren wir nun zu unserer Geschichte zurück. Nach einiger Zeit wird Charly mißtrauisch gegen den Yellow Hawkin wegen der Restzahlung, oder er hat sonst noch einen Ärger gegen ihn. Ihn selber aber kann er wohl nicht so leicht fassen und er beschließt deshalb, statt des wirklichen Schuldigen einen Verwandten desselben zu strafen. Soweit ich die betreffenden Verhältnisse überschaue, gilt ja in Afrika als erstes, vorderstes Rechtsindividuum nicht die Person, sondern die Gemeinde, Verwandtschaft, Herde. Charly schickt seine Leute aus und läßt ein dem Green Hawkin gehöriges Mädchen, nennen wir es Nr. 2, als Pfand festnehmen. Auf Anfrage des King Akwa wird offen zugestanden, daß dieses in Schuldsachen so sehr beliebte allgemein afrikanische Rechtsmittel eigentlich gegen den Yellow Hawkin gemeint sei.

Der geschädigte Green Hawkin geht deshalb zu Yellow Hawkin, und Yellow Hawkin wird ihm sofort gerecht, indem er sein Töchterchen Divuta vom Manbenne zurückholt und dem Green Hawkin als Schadenersatz überläßt.

2.

Green Hawkin kauft von Joe Manbenne ein erwachsenes Frauenzimmer A und bezahlt dasselbe mit 500 Bars in Waren, einer großen und einer kleinen Ziege, einem Kru Schnaps (1 Kru = 20 Bars) und dem Mädchen des Yellow Hawkin, der Divuta. Das wäre, soweit bloß die beiden ebengenannten Männer in Betracht kommen, ein ausnahmsweise glattes Geschäft ohne Schuldrest. Aber die Divuta gehört ja noch halb dem Manbenne! Es ist wohl zu beachten, daß zwei Manbenne im Spiele sind, der Manbenne schlecht= weg und der Joe Manbenne.

3.

Manbenne ist denn auch höchst unzufrieden, daß die halb Seinige bereits als Münze kursirt, wie wenn sie ihn gar nichts mehr anginge, und nimmt sie dem Joe Manbenne einfach wieder weg. Joe Manbenne wird über den wahren Sachverhalt, daß nämlich die Divuta keine gute gangbare Münze war, vielleicht erst durch diesen Gewaltakt aufgeklärt und rekurrirt nun wieder an den Green Hawkin, indem er sein an jenen verkauftes Frauenzimmer A bei erster Gelegenheit konfiszirt und, um es in Sicherheit zu bringen, schnell wieder anderswohin verkauft.

4.

King Akwa entscheidet, daß Joe Manbenne dem Green Hawkin das Frauenzimmer A oder ein anderes, gleichwertiges zurückerstatten müsse. Wegen der Divuta solle er gegen den Manbenne vorgehen. Joe Manbenne aber weigert sich, eine neue Schererei mit dem Manbenne anzufangen und mißachtet die Entscheidung des King Akwa. Deshalb apellirt nun Green Hawkin an meine Instanz. Ich habe mich eben in den Rattenkönig von Rechtsfall, zwischen dessen einzelnen Entwickelungs= oder vielmehr Verwickelungsphasen ganze Jahre liegen, sobaß die kleine Divuta mittlerweile zur mann= baren Jungfrau herangewachsen ist, was nicht bloß eine körperliche, sondern auch eine wertliche Mehrung mit sich brachte, mühsam hineingearbeitet, da werde ich krank. Was schließlich daraus gewor= ben, ist mir unbekannt geblieben.

Leichter als Gesprochenes ist Geschriebenes für die Sammlung zu erhalten. Unter den Kamerun=Leuten gibt es einige Individuen, die bei den Missionaren so viel Schreiben und Lesen gelernt und bei sich zu Hause nicht gleich wieder vergessen haben, daß sie für die ganze Bevölkerung, für Jedermann, der zahlen kann, Sekretär=

Arbeit verrichten und Briefe anfertigen. Selbstverständlich handelt es sich dabei um Bettelbriefe. Hat ein Kamerun=Mann mich ein dutzend mal mündlich angebettelt, ohne das Gewünschte zu erzielen, so kommt sein Anliegen, falls er nicht ein ganz armer Teufel ist, auch noch schriftlich an mich.

Herr Schmidt, der Woermann=Agent, als der große Spender von Trust oder Nicht=Trust, erhält solche Briefe täglich. Herrn Schmidt ver= danke ich denn auch den bei= folgend zinko= grafisch ver= vielfältigten Seufzer, der aus einer Menge anderer ausgewählt ist, da er einen fa= rakteristischen Inhalt mit der nötigen Kürze vereinigt.

Der Truly boy Isak Af= wa will sich und einigen Freunden über den Schmerz mit nur einem Gallon (4½ Liter) hinweg= helfen. Das deutet darauf hin, daß er noch ein kleiner Anfänger ist. Wäre er be=

Cameroon agust 3ᵗᵉ 1884

My Dear Sir I hope you quite well please to help me one yellow Rum an one Keg common madras because we woman died today please to let me have it

Your Truly Boy Isacck acqua your Sorrowing widow

reits ein großer Herr, so würde er sein Schnapsbedürfnis zur Totenfeier in ganzen Fässern ausdrücken. Da ihm, wie er sagt, eine Frau gestorben ist, nennt er sich selber zartfühlend Sorrowing widow.

Schließlich sei übrigens noch bemerkt, daß das Englische selbst in die Redeweise unserer deutschen Landsleute sich eingemischt hat, wie überall, wo Deutsche im Bereich jener Weltsprache leben, ver= kehren und arbeiten. Allerdings ging diese Beeinflussung in West=

afrika lange nicht so weit wie in Amerika oder Australien, aber
Spuren einer englisch=deutschen Kauderwälschbildung sind doch vor=
handen. Hiezu gehört zum Beispiel, daß das Wort „Neger", ver=
deutscht aus „Nigger", im Sinne von „Sklave" gebraucht wird (siehe
oben über die Bedeutung von „Nigger"), allerdings nur von minder
gebildeten Personen.

Es werden auch in dem vorliegenden Bericht manche Ausdrücke,
wie „Trade stoppen" und dergleichen, aufgestoßen sein, die ich bei=
behalten habe, weil sie karakteristisch sind. Wenn überhaupt die bei
uns jetzt eingerissene Puristerei viel Unnatürliches zu Tage bringt
und eine Verärmlichung unserer Sprache bedeutet, da fast jedes
Fremdwort ebenso wie jedes deutsche Wort seinen besonderen Sinn
und Klang hat und deßhalb weder voll ü b e r setzt noch voll e r setzt
werden kann, so wäre eine puristische Ziererei, auf Dinge ange=
wendet, die innerhalb der internationalen Sprachenvermischung sich ab=
spielen, geradezu eine Falschheit.

Zu Seite 72.

King Bell erhielt von dem Agenten der Firma C. Woermann
als „Dasch" (Geschenk) gelegentlich seiner Deutschwerdung 70 Pun=
cheons = 11 200 Gallons Palmöl = 1120 Kru = ungefähr
13 440 Mark. Da dieser Betrag nicht sogleich in Waren ausge=
zahlt, sondern blos in den Büchern gutgeschrieben wurde, so glaubte
King Bell die von seinen außerdem noch seit längerer Zeit unbot=
mäßigen Häuptlingen geforderte Teilung unterlassen zu dürfen, und
andererseits entstand aus der nämlichen Ursache das Gerücht, King
Bell habe den Dasch unterschlagen und nächtlicher Weile nach seinen
Handelsstationen am Mungo=Flusse entführt. Die Aufregung dar=
über hatte dann im Verein mit den Umtrieben der englisch gesinnten
Parteien die bekannte Rebellion der Hickory= und Joß=Leute zur
Folge.

Die Akwa-Leute wurden bei derselben Gelegenheit durch den
Agenten der Firma Jantzen u. Thormählen „gedascht" und zwar
einzeln, da man dem King Akwa noch viel weniger trauen durfte.
King Akwa soll für sich allein 17 Puncheons und 10 Kru, David
Meatom 32 Kru, der ältere Mukuri 40 Kru erhalten haben und in
demselben Verhältnis sollen auch die übrigen Akwa-Häuptlinge bedacht
worden sein, so daß die Gesammtsumme gleichfalls auf etwa 70
Puncheons zu stehen kam.

Zu Seite 45.

Stammbaum der beiden Kings Bell und Akwa,
nach den Angaben von Manga Bell und David Meatom aufgestellt.

Gualle,
ein großer König,
dem ringsum Alles gehörte.

Mulobe

Meffi Mulobe

Matongo ma Nga
(dieser kam von Piti, welches bei Kole
am Mumbi-Fluß liegt, wo der King
noch heute Dualla heißt.)

Do

Bele ba Do
(auch Beri)

Bebe
(auch Bibi)

Lobe
(auch Lobi)

Nbumbe
(der jetzige King Bell)

Brifo
(auch Bape)

Lod Brifo

Mitana Buru

Green Joß

Brifo Do
(auch Brifo Joß)

Do

Elami

Do Elami
(der jetzige oberste
Joß-Häuptling)

Ngia Mulobe

Mapota

Ruo

Kwa

Ngando

King Akwa I.

King Akwa II.
(der jetzige)

Zu II.

Die Vorgeschichte unseres Kamerun-Gebietes zu schreiben wäre eine Aufgabe, ebenso verdienstlich als unaufschiebbar. Denn in Afrika schwinden die Geschehnisse ungemein rasch ins Prähistorische und in die Vergessenheit dahin. Blos diese Erwägung und die Ungewißheit, ob jene Aufgabe noch einen Bearbeiter finden wird, gibt mir den Mut, meine eigenen betreffenden Aufzeichnungen trotz ihrer Unzulänglichkeit mitzuteilen.

Ein früherer King Bell wurde einmal, wahrscheinlich wegen Schulden oder nicht gehaltener Versprechungen, auf einem Sklaven=schiffe von dem Kapitän desselben festgenommen und erlöste sich da=durch aus seiner Haft, daß er verräterischer Weise eine größere An=zahl freier Kameruner an Bord beschied und als Sklaven ab=führen ließ.

Die Daido=Familie soll folgenden Ursprung haben. In Buniu am Mungo war ein Freier wegen Verschuldung als Sklave verkauft worden und so in die Gewalt der Togoto=Familie in Belltaun ge raten. Dort schlecht behandelt riß er aus und floh zu dem Groß vater des jetzigen King Akwa nach Akwataun, der ihn gut aufnahm, mit Weibern und Feldern beschenkte und wieder zum Freien machte. Schließlich gründete derselbe Emporkömmling auch noch ein eigenes Dorf, das jetzige Daidotaun, und sein Enkel Jim Jkwalla hat es sogar vorübergehend bis zu dem Titel eines „King Daido" gebracht. Andrerseits hört man dann auch wieder, die Daido und die Togoto seien ein und dieselbe Familie.

Im November 1843 kam der Baptisten=Missionar Merrick von Fernando Po nach Belltaun, um mit dem damaligen King Bell wegen Errichtung eines Missionshauses zu unterhandeln, besuchte hiebei auch Akwataun und gelangte bis Bianbung (?). In seinem Bericht sind die Namen Daido, John Akwa, Young King und Koan erwähnt. Auch erzählt er von einem Angriff auf ein Kanuu mit Gibaré=Leuten, welche also schon damals angefeindet worden zu sein scheinen. S. Baptist Missionary Herald, Jahrgang 1844.

Am 26. Oktober 1872 machte Doktor Buchholz seinen ersten Besuch bei King Bell und traf ihn in einem Palaver mit den Joß=Leuten. Ein Halbbruder des King Bell hatte gelegentlich eines Tanzvergnügens einen angesehenen Joß=Mann erstochen. King Bell wollte dafür eine Entschädigung in Weibern zahlen, die Joß=Leute aber verlangten, daß der Missetäter hingerichtet werde. Da diese Art Genugtuung nicht gewährt wurde, wanderten die Joß=Leute nach Akwataun aus. Bell forderte sie als seine Untertanen zurück, sie gehorchten aber nicht und blieben. Die Folge davon war ein Krieg zwischen Bell und Daibo einerseits und Akwa und Joß andererseits. Zwischen Bell und Akwa soll es innerhalb des Ge=dächtnisses der noch lebenden Kamerun=Weißen drei Kriege ge=geben haben.

Anno 1874 starb der alte Black Akwa, durch einen bösen Zufall von einem Daibo=Mann erschossen. Zur Sühne wurden ein Daibo=Freier und ein Daibo=Sklave geopfert, indem man den beiden erst die vier Hauptgelenke zerbrach und sie dann samt dem toten Black begrub.

In demselben Jahr 1874 starb am Fieber Dr. Lüders, ein Be=gleiter des Dr. Buchholz. Er liegt im Friedhof von Akwataun begraben.

———

Einem Gesuch des Herrn Johannes Thormählen an das Aus=wärtige Amt in Berlin um konsularischen Schutz der deutschen Interessen in Kamerun, welches schon im Jahre 1874 geschrieben und abgesendet wurde, entnehmen wir Folgendes:

Im Juni des Jahres 1871 ergab sich die Notwendigkeit, das im hiesigen Flusse liegende deutsche Schiff „Cameroon" eines der langen Dauer des hiesigen Aufenthalts wegen eingetretenen lecken Zustandes halber an das Ufer zu bringen, um Schiff und Ladung zu retten. Letzteres wurde indessen durch die Eingeborenen verhin=dert, welche in außerordentlicher Anzahl das Schiff in Besitz nahmen und die Ladung plünderten. Das Schiff wurde dermaßen hiebei zerstört, daß dasselbe gänzlich wertlos für 10½ Lstrl. verkauft werden mußte, woraus, so wie durch den Verlust der geraubten Waren ein Verlust von 80 000 Mark Banko (= 120 000 M.) erwuchs. Es ist nicht zu bezweifeln, daß die Neger, wenn es sich um ein englisches Schiff gehandelt hätte, es nicht gewagt haben würden, englisches Eigentum in solcher gewalttätigen Weise zu verletzen, zum Belege wofür ich aus meinen Erfahrungen nur zwei Fälle anführen will. Vor zirka zwei Jahren sprang der im Old Kalabar=Flusse liegende Hulk „Mathilda", den Messrs. T. Harrison u. Co., Liverpool, zugehörend, so stark leck, daß er ans Ufer zur Ausbesserung gebracht werden mußte, ohne daß die dortigen Ein=geborenen einen Angriff auf Schiff oder Ladung versucht hätten. Das Schiff wurde reparirt und liegt noch jetzt im Flusse. Ein ganz ähnlicher Fall ereignete sich im März vorigen Jahres hier in Kamerun selbst, indem der Hulk „Paragon", Eigentum der Messrs. Chs. Horsfall u. Sons, Liverpool, beide Anker und Ketten verlor und gleichfalls gänzlich auf den Strand geriet, ohne daß auch in diesem Falle derartige Gewalttätigkeiten seitens der Eingeborenen gewagt worden wären. Es ist überhaupt noch kein Fall vor=

gekommen, wo englisches Eigentum hierselbst auf ge=
waltsame Weise angetastet worden wäre, ohne daß ein
vollständiger Schadenersatz seitens der englischen Regierung
erhalten worden ist.

––––––––

Kurz vor Weihnachten 1876 wurde Charly Daibo, genannt
„der alte Seeräuber", der Vater des jetzigen Jim Jkwalla, der be=
deutendste und mächtigste Daibo, den die Überlieferung kennt, auf
dem Strande von Belltaun öffentlich hingerichtet. Das nämliche
Schicksal erlitt zugleich mit ihm sein Anhänger Teapot Daibo. Die
Entstehung dieses großen Ereignisses wird folgendermaßen erzählt:
First Tom Daibo hatte den Big Tom Daibo wegen eines gering=
fügigen Zankes getötet. Die öffentliche Meinung verlangte, daß
First Tom Daibo dafür sterben müsse. Charly aber widersetzte sich
und schützte ihn. Ganz Kamerun entbrannte darob in Krieg. Denn
kurz vorher war der alte Satz „Wer tötet, soll wieder getötet
werden" gelegentlich eines anderen Falles von einem Palaver sämtlicher
Kamerun=Häuptlinge zum so und so vielten Male als unabänderliches, für
sämtliche Kameruner ausnahmslos gültiges Grundgesetz erklärt worden.
Bell=Leute und Akwa=Leute fielen über Daibotaun her, ver=
brannten die ganze Stadt, töteten über hundert Daibo=Leute und
nahmen den Charly gefangen. Es wurde erst nochmal über ihn
Gericht gehalten und Alle, mit Ausnahme des King Bell, sprachen
das Todesurteil über ihn. Ehe es so weit kam, hatten indeß die
Kameruner in den Faktoreien die Meinung der Europäer zu er=
fragen gesucht.

––––––––

Im Jahr 1882 gab es einen „Krieg" zwischen King Bell und
Lock Prifo. King Bell hatte sich mit seinen Brüdern Aniu und
London Bell entzweit, und diese beiden waren deshalb nebst einigen
hundert Leuten von Belltaun weg nach Hickorytaun gezogen, wo
ihnen Lock Prifo Aufnahme gewährt hatte. King Bell verlangte
ihre Auslieferung, Lock Prifo aber behielt sie in seinem Schutz. Erst
mehrere Wochen später entschlossen sie sich zur freiwilligen Rückkehr,
und nun wollte sie King Bell nicht mehr haben. Darüber gab es
viel Zank und viel Palaver. Schließlich kam es zu Herausforde=
rungen und zu drei blutigen Zusammenstößen. Der erste Kampf
fande in Old Hole Krik statt, bei dem sechs Bell=Kanuus gegen eben=
soviele Hickory=Kanuus des Lock Prifo stritten. Der zweite Kampf
entspann sich einige Tage später um einen schließlich erfolglosen
Landungsversuch der sechs Lock Prifo=Kanuus am Bellstrande. Doch
schlug man sich mehr mit Säbeln und Knütteln als mit Feuer=
gewehren. Den dritten Kampf veranlaßte Manga Bell, indem er
nach Hickorytaun hinüberfuhr. Sein Kanuu war aber so sehr mit

Steinen, die er als Wurfgeschosse gegen das Dorf der Feinde schleudern wollte, beladen, daß es drüben am Strande umschlug, er selbst mit all seinen Leuten ins Wasser fiel und noch dazu von den Hickory-Leuten arg verhauen wurde.

Rechtsfälle, verhandelt vor dem Cameroons Court of Equity 1883 und 1884.

Daß der im Jahre 1856 gegründete Cameroons Court of Equity zum gütlichen Ausgleich von Streitigkeiten zwischen Europäern und Eingeborenen nicht immer eben so ideal wie er gemeint war, wirken konnte, ist selbstverständlich. Fehlte es ja doch auch unter den Europäern keineswegs an Mißhelligkeiten und Absplitterungen. Derselbe Court of Equity soll bis zum Jahre 1880 zeitweise sehr unregelmäßig gearbeitet und während der Jahre 1880, 81 und 82 seine Tätigkeit ganz eingestellt haben, bis er durch des englischen Konsuls Hewett geschäftereichen Besuch vom 22. März bis 8. April 1883 wieder ins Leben gerufen wurde. Nur von jenem Datum an sind mir die Akten zugänglich gewesen, ja es wurde behauptet, daß andere aus früheren Zeiten in Kamerun selbst gar nicht existirten.

I. Entscheidungen des Konsuls Hewett.

Dieser fällte während seines erwähnten Besuches folgende Entscheidungen, welche ich hiemit laut Auszug aus dem Protokoll, das datirt ist „On board H. M. S. „Pioneer" 7. April 1883", nebst Randbemerkungen wiedergebe.

1. King Akwa hatte von dem Agenten Buchan 10 Kru Lootsengeld für ein Schiff verlangt, welches ohne Lootsen den Fluß heraufgekommen war. Buchan hatte dasselbe bezahlt, klagt aber jetzt. King Akwa muß die 10 Kru zurückgeben. Lootsengeld ist nur dann zulässig, wenn wirklich die Dienste eines der beiden Lootsen in Anspruch genommen worden sind, und Lootsenzwang wird nicht anerkannt.

2. King Akwa hatte den Handel mit Abo „gestoppt". Da King Bell aber trotzdem in Geschäften nach Abo gegangen war, so hatte King Akwa gegen ihn eine Strafe von 800 Bars durchgesetzt, die King Bell auf Bitte der Europäer, um den Frieden zu erhalten, gutwillig bezahlt hatte. Nun wird diese Strafe vom Konsul als inkorrekt bezeichnet und King Akwa aufgefordert, die 800 Bars zurückzuzahlen. Doch will sie King Bell jetzt nicht mehr zurücknehmen, weshalb die Summe zur Verfügung des Konsuls bleibt. So steht im Protokoll. Nach zuverlässigen mündlichen Erkundigungen war der Fall jedoch weniger günstig für Bell. Über Abo war von allen Kamerun-Häuptlingen „Egbo" verhängt worden, weil ein

Daibo=Mann von einem Abo=Mann erschossen worden war. Während alle anderen Händler Abo fern blieben, benutzte King Bell diese Gelegenheit, um mit Waren nach Abo zu gehen und alles Öl, was dort als Trust=Zahlung für die anderen Kamerun=Leute bereit lag, was also eigentlich bereits diesen gehörte, aufzulaufen. Die Strafe von 800 Bars war für das große Unrecht noch viel zu gering. Konsul Hewett beging einen Fehler, und das Motiv der Weigerung Bell's, die einmal gezahlte Strafe zurückzunehmen, war nicht, wie das Protokoll sagt, die Befürchtung, den King Akwa noch mehr zu erzürnen, sondern Schuldbewußtsein und vielleicht auch der Umstand, daß King Akwa als Rückzahlung lauter alte europäische Schund= waren vorlegte, die niemand haben wollte.

3. King Akwa wird dafür, daß er ein Boot des Agenten Schmidt gestoppt und 6 Kru Ladung daraus entnommen hat, um einen Puncheon Öl gestraft und ihm die Rückerstattung der 6 Kru aufgetragen. Ein gesetzliches Puncheon Palmöl ist, wie erwähnt, gleich 160 Gallons.

4. Jim Jkwalla wird dafür, daß er dem Agenten Parnall oben auf dem Fluß ein Boot gestoppt hat, in eine Strafe von 1/2 Puncheon genommen. Ferner soll er die dabei abhanden ge= kommenen Gegenstände, nämlich: a. Lebensmittel und Tabak der zum Boot gehörigen Kru=Jungen; b. 4 leere Fässer; c. 1 Demi= john, zurückgeben, oder, falls er das nicht mehr kann, für das erstere und letztere je 1/2 Kru, für die Fässer je 1 Kru bezahlen.

5. Daß der Vorsitzende des „Court of Equity" Elfenbein als Pfand für verhängte Strafen an sich genommen hat, wird gebilligt. Alle Pfandzähne müssen aber bis zum 1. Juni ausgelöst sein, widrigenfalls sie verkauft werden sollen. Ergibt der Verkauf ein Plus über den Betrag der Strafe, so soll dieses mit einem Abzug von 10 Przt. zurückgegeben werden.

6. King Akwa hatte in frivoler Weise wegen eines von ihm provozirten Streites Schmidt's Handel gestoppt. Er wird dadurch gestraft, daß ihm auf sechs Monate der Zutritt zu sämtlichen Fak= toreien verboten sein soll, ausgenommen den Zweck des Schulden= zahlens oder Sitzungen des „Court of Equity". Bei gutem Ver= halten kann diese Strafe gekürzt werden.

7. Aus Hickorytaun, wo unser englisch gesinnter Hauptfeind Lock Priso hauste, war eine ganze Dorfabteilung namens Bonan= balle wegen Streitigkeiten mit Lock Priso nach Soroku am Bumano= Krik ausgewandert. Da dieser Platz schon außerhalb des Gebietes der Kamerun=Leute und nahe den Ölmärkten liegt, somit merkantile Vorteile gewährt, so scheint das die Eifersucht der Stammesgenossen erregt zu haben, und der Konsul entscheidet, daß die Bonandalle= Leute nicht in Soroku verbleiben, sondern zu Lock Priso zurück= kehren sollen, wogegen dieser verpflichtet wird, die (von ihm wahr=

scheinlich zerstörten) Häuser der Bonanballe=Leute wieder herzustellen und ein ihnen abgenommenes Kanuu zurück zu erstatten. Alle Details der Ausführung stellt der Konsul King Bell anheim, den er überhaupt stets als die erste Person von Kamerun behandelt.

Über diesen Fall schrieb ich seinerzeit, im Oktober 1884, Folgendes nieder: Jene Entscheidung ist noch immer nicht ausgeführt worden, und hoffentlich werden die Bonanballe=Leute bleiben, wo sie sind, denn die Verhältnisse haben sich mittlerweile gänzlich umgekehrt. King Bell, die Hauptstütze des Deutschtums, ist jetzt völlig verfeindet mit Lock Priso, der noch mehr als früher gegen ihn rebellirt und die Hauptstütze der englischen Partei ist; und daß Lock Priso als Gegengewicht die gleichfalls gut deutsch gesinnten Bonanballe=Leute in seinem Rücken hat, ist ebensowohl King Bell als uns erwünscht. Herr Schmidt, der Woermann=Agent, hat wiederholt versucht, in Soroku eine Faktorei zu errichten, was die dortige Position stärken würde, ist aber durch englische Ränke bisher immer wieder daran verhindert worden.

8. Palaver der Brüder King Bells. King Bell war mit seinen Brüdern London, Aniu, Edward Bell und anderen beständig in Zwist gewesen, weshalb er beschloß, dieselben aus seiner Taun gänzlich zu verbannen. Darüber war es am 20. März 1882 in Belltaun zu einem Gefecht gekommen, bei welchem mehrere Personen getötet und der ganze Dorfteil der Bell=Brüder niedergebrannt wurde. Diesen Konflikt beendete ein Palaver, demzufolge die feindlichen Bell=Brüder nach Hickorytaun auswandern mußten. Da begann London Bell nochmals zu schießen und tötete einen Mann des King Bell. So sagen wenigstens die einen; die anderen aber erzählen, London habe aus seinem Fenster geschossen, während die Gegner gerade anzündeten. Kurz, diese Tat wurde von Seite King Bell's als Mord aufgefaßt; London Bell wurde von King Bell in Eisen gelegt und zur Verwahrung der deutschen Hulk „Thormählen" übergeben, die sich nachts eine Wache von 30 bewaffneten Bell=Leuten gefallen lassen mußte. King Bell wollte seinen Bruder damals hinrichten lassen, drang aber damit nicht durch, und London Bell lebte zur Zeit unserer Ankunft scheinbar ausgesöhnt mit King Bell wieder in Belltaun. In Bezug auf dieses Ereignis findet sich nun im Protokoll folgende Erklärung des Konsuls Hewett: „Ich table King Akwa und gewisse Häuptlinge von Akwataun sehr stark wegen der Rolle, die sie in dem Streit zwischen King Bell und dessen Brüdern gespielt haben. King Akwa hat als Richter von einem Mann, der im Verdacht des Mordes stand und über den er richten sollte, ein Geschenk (Dasch) angenommen. King Bell hat vollkommen Recht, seine Brüder aus seiner Taun zu verbannen auf so lange, als sie nicht ihre Unschuld bewiesen haben; dieselben sollen bleiben, wo sie sind." Nach ihrer Vertreibung hatten nämlich die

rebellischen Brüder Schwierigkeiten gehabt, ein Unterkommen zu finden. London Bell siedelte erst nach Alwa=, dann nach Hickory= taun über. Den Aniu Bell als einen gefährlichen Unruhestifter wollte niemand bei sich behalten. Schließlich hat King Bell auch ihn wieder in Gnaden aufgenommen. King Alwa aber spielte, wie man sieht, schon damals die Rolle des geborenen Schuftes, der er ist und bleibt.

9. John Angua, ein Häuptling der Alwa=Gruppe, hat auf Bell=Land ein Feld angelegt, muß es wieder aufgeben.

10. Jeder Kamerun=Mann, der sich mit Waffen zu einer Fak= torei oder Hulk begibt, soll, auch wenn die Waffen im Kanuu bleiben, um 5 Puncheons gestraft werden. Die Kamerun=Leute haben sich niemals um dieses Verbot gekümmert.

11. Den Hickory=Leuten wird eine Strafe, deren Summe im Text nicht ausgefüllt ist, auferlegt wegen „Firing the Mission Pre= mises". Sie sollen die Mission ihres Dorfes angezündet, eine Strafe dafür aber niemals bezahlt haben.

12. King Alwa hat quer über den Abo=Fluß eine „Fence" gemacht; er wird ermahnt, dieselbe zu entfernen. Unter „Fence machen" versteht man das Versperren eines Fahrwassers mittels eines quer darüber gezogenen Zaunes oder Verhaues, eine an der ganzen Küste ungemein beliebte Art, den Handelsverkehr zu stören und Feindseligkeiten zu eröffnen. Das Durchbrechen eines solchen Zaunes würde in sophistischer Weise als Berechtigung zu gröberen Gewalttaten aufgefaßt und ausgebeutet werden.

13. Nbunga=Palaver. Die Untertanen des King Alwa be= klagen sich, daß er das mit den Nbunga=Leuten (die am östlichen Zufluß des Kamerun=Beckens zu Hause sind) schwebende Palaver nicht beilegen will, sie seien infolge dessen vom Nbunga=Markt aus= geschlossen; er erlaube ihnen nicht, hinzugehen, treibe aber selbst ganz ungestört dort seinen Handel. Er wird zur Beilegung dieser Klage ermahnt.

14. Streit der beiden Lootsen John Mullaby und Morgan Bottle Beer. Der Konsul erklärt, daß er keinen Grund einsehe, das Abkommen zwischen King Bell und King Alwa umzustoßen. Wahrscheinlich bezieht sich das auf folgende Tatsachen: John Mul= laby gehört zu Belltaun, Morgan Bottle Beer zu Alwataun. Zu= erst wurde das Lootsengeld an denjenigen King gezahlt, vor dessen Taun das betreffende Schiff ankerte. In den meisten Fällen war das Belltaun, weil am meisten abwärts gelegen. Dagegen rekla= mirte King Alwa, und es wurde bestimmt, daß demjenigen Lootsen, der das Schiff heraufgebracht, das Lootsengeld zukomme, gleichviel wo es ankern wolle. Nur bei Segelschiffen soll noch die alte Bestimmung gelten, daß die Bezahlung sich nach dem Ankerplatz richte.

15. Alle entlaufenen Weiber müssen ihrem rechtmäßigen Herrn zurückgegeben werden. —

Außer diesen 15 Entscheidungen bewirkte und verfaßte Konsul Hewett bei Gelegenheit desselben Besuches auch noch einen Vertrag zwischen Bell und Akwa behufs Aufrechterhaltung des Friedens (Siehe III.) Ebenso ging er ins Innere nach Abo und Wuri, um durch sein persönliches Erscheinen mit Marine-Fahrzeugen einen Druck zur Beilegung von Streitigkeiten auszuüben, was einen sehr guten Erfolg gehabt haben soll.

In dem Vertrag zwischen Bell und Akwa, welcher unten folgt, sind zwei Punkte merkwürdig: 1. Eine gewisse Anerkennung der Sklaverei durch Artikel X; 2. Das Recht des Konsuls, eventuell die Todesstrafe zu verhängen, in Artikel III. Als weitere Merkwürdigkeit möge hier erwähnt werden, daß Konsul Hewett bei Gelegenheit eines früheren Besuches einen Missions-Neger namens Epea, der noch zur Zeit unserer Besitzergreifung als Missions-Schulmeister wirkte, wegen Fälschung und wegen niederträchtiger Verleumdung einer europäischen Dame, einer Missionarin, öffentlich und offiziell im Garten des Herrn Schmidt vor versammeltem „Court of Equity", dem auch Offiziere beiwohnten und vor dem zwei Ehrenposten Wache standen, an eine Palme binden und peitschen ließ. Öfter auch sollen zu demselben praktischen und heilsamen Zweck Kamerun-Neger an Bord englischer Kriegsschiffe einfach über eine Kanone gelegt worden sein. Es verdient das um so mehr Beachtung, als sonst im Allgemeinen gerade die Engländer unter dem Vorwand der Humanität die Eingeborenen der ganzen Erde zum Hochmut und zur Frechheit zu verziehen pflegen.

II. Gewöhnliche Sitzungen
unter Vorsitz des Agenten F. Buchan.

1883, 7. Mai. 1. Lock Prifo klagt, die Bonandalle hätten eine „Fence" gemacht und Häuser niedergebrannt. King Bell wird beauftragt und ist bereit, die Angelegenheit zu untersuchen.

23. Juni. 2. Lock Prifo weigert sich zu bauen „wegen Nichtbezahlung einer Wette" (Wettrudern?) S. oben Entscheidung 7. King Bell verspricht, noch einmal nachzusehen.

3. Herr J. D. Holder, Agent, verklagt Eward Joß von Joßtown, weil dieser ihm ein Boot gestoppt und die darin befindlichen Kru-Jungen geschlagen hat. Eward Joß wird um 20 Kru bestraft, zu bezahlen bis 6. Juli 1883, sonst soll er „geegboet" werden.

4. Prinz Daibo Akwa, sonst gewöhnlich Endenne (der Große) genannt, wird um eine Ziege gestraft, weil er nicht zur Sitzung kommt, und mit einer Strafe von 5 Kru bedroht für den Wiederholungsfall.

5. Herr Parnall klagt, daß Itwalla ihm zwei leere Fässer vorenthält. Itwalla ist nicht vertreten, weshalb Aufschub bis zur nächsten Sitzung.

6. King Bell fragt: Itwalla sollte doch auf Befehl des Konsuls Hewett ein Weib zurückgeben, was er noch nicht getan hat. Wann wird das geschehen?

26. Juli. 7. Nochmals die Lock Prifo = Angelegenheit, welche noch immer auf dem alten Fleck steht. Bell verspricht abermals Schlichtung; in den nächsten Tagen soll darüber auf der Hulk „Thormählen" ein eigenes Palaver abgehalten werden. S. oben Entscheidung 7.

8. Joßtaun hat noch nicht gezahlt, f. Fall 3, deshalb wird „Egbo" über diese Taun verhängt auf so lange, bis Zahlung erfolgt ist.

9. Itwalla rechtfertigt sich wegen der zwei leeren Ölfässer des Parnall. S. Fall 5.

10. Itwalla wird gefragt wegen des an King Bell zurück= zuerstattenden Weibes. S. Fall 6. Er verspricht Remedur. Sollte dasselbe Weib jedoch nicht innerhalb zweier Wochen zurückgegeben werden können, so ist er bereit, King Bell ein anderes, gleichwertiges dafür zu liefern.

11. Itwalla hat die Sitzung zwei Stunden lang auf sich warten lassen, wird deshalb um 5 Kru bestraft, die er sogleich be= zahlt. (Wie?)

12. Der Vorsitzende erklärt, King Akwa dürfe jetzt wieder in die Faktoreien und auf die Hulks kommen. S. Entscheidung des Konsuls 6.

21. September. 13. Die ganze Sitzung wird ausgefüllt durch eine Zänkerei zwischen King Akwa und einigen seiner Unterhäupt= linge. Der Vorsitzende erklärt, daß sie um 5 Kru jeder gestraft werden sollen, wenn sie die Zeit des Court nochmals in so frivoler Weise verschwenden.

14. Joßtaun, f. Fall 3 und 8, hat die Strafe bezahlt mit 20 Stück Zeug = 20 Kru.

28. September. 15. Nochmals Zänkerei des King Akwa mit Itwalla, Mukuri, John Angua, David Meatom. Gegen= seitige Anklagen ohne Ende. Die Weißen ziehen sich zurück, die Häuptlinge halten ein achtstündiges Palaver. Schließlich erklärt Green Joß, die Angelegenheit sei zu Ende.

8. November. 16. Es wird gefragt, warum der Dibumbari= Markt noch immer „geegboet" sei. King Akwa verspricht, sich Mühe zu geben, daß er geöffnet werde. Die Dibumbari= und die Kamerun=Leute hatten nämlich ihren Handel gegenseitig eingestellt, weil sie über die Preise sich nicht einigen konnten. Diese Differenz war auch im Mai 1885 noch nicht beigelegt.

17. Herr Holder klagt Kala Bell an wegen Stoppung eines Ölfasses; dasselbe wird zurückgegeben.

18. Herr Allan verklagt einen Lock Priso=Mann wegen Fälschung eines Book (Zahlungsanweisung). Zugleich erheben sich gegen denselben Mann von verschiedenen anderen Seiten Klagen. Er leugnet nicht. Lock Priso, sein Häuptling, wird gefragt, ob er ihn festnehmen und seine Festhaltung bis zur Ankunft des Konsuls Hewett garantiren wolle und könne. Lock Priso verneint. Deshalb wird der Angeschuldigte von dem Vorsitzenden in Verwahr genommen. Er soll dann auf der Hulk des Buchan lange in Eisen gelegen haben, Buchan aber schließlich froh gewesen sein, als er sich losmachte und entwich.

19. Lock Priso klagt wieder über die Bonanballe und die Fence, die sie gemacht haben; auch haben sie einen seiner Leute geschlagen. Er wird angewiesen, auf King Bell's Entscheidung zu warten, da dieser nicht hier ist.

1884, 6. Februar. 20. Abermals Klage des Lock Priso über die Bonanballe.

21. Die Häuptlinge beklagen sich über die Ungleichheit der Rum=Maße bei den weißen Händlern und verlangen, alle Rum=Maße sollen jenem des Herrn Vorsitzenden gleich gemacht werden.

11. März. 22. Die Herren Schmidt, Voß, Allan und Trott beklagen sich, daß sie wegen ihrer Rum=Maße (Gallons) Schwierigkeiten hätten und daß die Eingeborenen von ihnen keinen Rum mehr kaufen wollten; schon 14 Tage hätten sie keinen mehr absetzen können.

23. Über den Abo=Fluß ist eine Fence gemacht, wie es scheint, weil die Abo=Leute noch immer ein böses Palaver mit Daibotaun haben. Ikwalla wird deshalb beauftragt, mit den Abo=Leuten Frieden zu schließen, damit der Handel mit ihnen wieder eröffnet werde. Ikwalla aber sagt, er sei so sehr geschädigt, daß er selber eine Fence machen möchte, damit weder Kamerun= noch Abo=Leute passiren könnten. Er wird ermahnt, den Streit zu schlichten und wenn er allein das nicht könne, so möge er die Hilfe King Akwa's und King Bell's in Anspruch nehmen; „fencing the river" sei gegen alle Verträge.

24. Abermals Lock Priso und Bonanballe und abermals Beauftragung des King Bell, den Streit zu ordnen.

25. Die Häuptlinge wollen eine allgemeine Preiserhöhung für die Produkte beantragen, namentlich den Wert des Salzes als Zahlungsmittels herabsetzen. Diesem heiklen Palaver entziehen sich die weißen Händler dadurch, daß sie sich einer nach dem andern fortstehlen, so daß die Häuptlinge schließlich allein da sitzen und unter allgemeiner Heiterkeit gleichfalls auseinandergehen.

14. April. 26. Abermals Lock Priso und Bonanballe. Letz=

tere haben jenem zwei Mann gestoppt und sollten ihm dafür 200 Bars Strafe zahlen. Die 200 Bars sind bezahlt worden.

7. Mai. 27. Palaver zwischen John Angua und den Daibo=Leuten. Die Europäer erklären, daß sie keine Klage gegen John Anguataun hätten. King Bell, Lock Priso und andere teilen mit, sie hätten den Daibo=Leuten bereits 5000 Bars Ent= schädigung offerirt; dieselben seien aber noch nicht zufrieden. Nach langem Palaver wird bestimmt, die Angua=Leute sollen 7000 Bars zahlen, 3000 sogleich, die anderen bis zum 1. Juni 1884. Dies bezieht sich auf folgende Schauergeschichte, die sich kurz vor unserer Besitzergreifung, im April 1884, zugetragen hatte und in den Er= zählungen der Faktoristen als „das Pulver=Attentat von Daibotaun" kursirt.

Ewani, ein junger Mann aus der Taun des John Angua, hatte in Wuri ein Weib des Dorfhäuptlings Ndokobakeng entführt. Als er damit heim kam, erschrak John Angua, der in Wuri wich= tige Handelsbeziehungen hatte, und befahl ihm, das unrechte Gut sogleich zurückzuerstatten. Ewani jedoch gehorchte nicht, sondern sie= delte samt seinem Schatz nach Daibotaun über, wo man ihn bestens aufnahm. Vergebens forderte John Angua die Daibo=Leute auf, den Ewani samt jenem Weibe des Ndokobakeng ihm auszuliefern. Die Daibo=Leute erwiderten, Ewani sei bereits einer der Ihrigen, und Ewani blieb. Hart war die Bedrängnis des sittlich entrüsteten John Angua. Niemand wollte helfen und die Wuri=Leute rächten sich zu= nächst an ihm, indem sie ihm ihre Schulden nicht bezahlten.

Drei Jahre vergingen. Ewani war nicht blos lasterhaft, er war auch jähzorniger und rachsüchtiger Gemütsart. Wieder einmal hatte er Streit angefangen und zwar mit Big Tom Daibo, einem der angesehensten Männer von Daibotaun. Big Tom Daibo wollte ihn nächsten Tages festnehmen und in Eisen legen. Allein gerade als Big Tom Daibo mit seinem Anhang, um ein Feuer gruppirt, den Plan hiezu beriet, war Ewani durch die Finsternis heran= geschlichen und erlauschte Alles. Eine namenlose Wut ergriff ihn, rasch eilte er in sein Haus zurück, einen großen Sack Pulver zu holen, um ihn mitten unter die Ahnungslosen ins Feuer zu schleu= dern. Sieben Menschen, unter diesen der Täter selbst, waren das Opfer der furchtbaren Flamme. Zwei starben noch in derselben Nacht, die übrigen erst später.

Man sollte nun denken, die John Angua=Leute hätten jetzt ein Recht gehabt, froh zu sein, daß ihnen der Ewani, der schreckliche Mensch, von den Daibo=Leuten vor drei Jahren so trotzig vorent= halten worden war. Mit Nichten. Das ganze Unglück fiel wieder auf den armen John Angua zurück. Der Verbrecher war aus John Anguataun, John Anguataun mußte bezahlen. Anfänglich wur= den für jeden getöteten Daibo=Mann, und es waren lauter Freie,

sieben Weiber als Strafgeld verlangt; schließlich einigte man sich
für das Ganze auf zwölf. Im Protokoll ist dieses Sündengeld
natürlich in einer dezenteren Valuta ausgedrückt. Daß John Angua
den Schaden zu tragen habe, darüber war Alles einig. John
Angua selber machte keinen Versuch, daran zu rütteln. Nur über
die Höhe der Summe stritt man sich.

5. Juni. 28. Palaver zwischen King Bell und Bell Old
King. Der letztere weigert sich, zu erscheinen, wird deshalb sogleich
samt seiner Taun „geegboet" auf so lange, bis 5 Kru für die
Weigerung bezahlt sind. Im Wiederholungsfalle soll die Strafe
verdoppelt werden.

29. Streit der beiden Lootsen. Morgan Bottle Beer hatte
von John Mullaby das Lootsen erlernt und als Lehrgeld ein
Weib im Werte von 2000 Bars gezahlt. Nun ist dieses bereits
über ein Jahr bei John Mullaby, ohne schwanger zu werden, und
John Mullaby will es deshalb zurückgeben, was nach Kamerun-
Gesetz ganz in der Ordnung ist. Ein unfruchtbares Weib hat
keinen vollen Wert. Morgan Bottle Beer bietet als Ersatz seine
Schwester an, John Mullaby will aber von einem Weibe nichts
mehr wissen und verlangt Geld, was jener verweigert. Die Angelegenheit wird King Bell aufgetragen, war aber im Dezember 1884
noch nicht geschlichtet.

III. Vertrag zwischen Belltaun und Akwataun zwecks
besserer Aufrechterhaltung des Friedens im
Kamerun-Lande.

King Bell von Belltaun und seine vornehmsten Häuptlinge
einerseits und King Akwa von Akwataun und seine vornehmsten
Häuptlinge andererseits haben es zur wirksameren Förderung des
Friedens zwischen ihren Gebieten für nützlich erachtet, über folgende
Artikel einen Vertrag abzuschließen.

Art. I. Jede Streitsache zwischen den beiden Parteien soll in
Zukunft, wenn nicht durch die beiden Kings selber oder durch sie
und ihre zum Rat versammelten Häuptlinge ein Ausgleich erzielt
werden kann, dem Konsul Ihrer Britischen Majestät zur Entscheidung
vorgelegt werden, dessen Urteil in der Sache endgiltig und für beide
Parteien bindend sein soll. Der Konsul soll befugt sein, der schuldigen Partei eine 300 Puncheons nicht übersteigende Geldstrafe
aufzuerlegen.

Art. II. Wenn eine der beiden Parteien gegen die andere
Krieg beginnt, bevor der Konsul in der streitigen Sache entschieden
hat, so soll über die angreifende Partei oder die betreffenden Individuen dieser Partei für eine solche Handlung vom Konsul eine Geldstrafe bis zum Betrage von 300 Puncheons verhängt werden, mit
oder ohne Handelssperre und ohne Rücksicht auf die Strafe oder

Gelbbuße, zu der jene Partei oder jene Individuen ohnehin schon verurteilt sind, weil vom Konsul für schuldig befunden in Bezug auf die erste Ursache des Unfriedens zwischen den beiden Parteien.

Art. III. Wenn eine Partei gegen die andere Krieg beginnt wegen einer Streitsache, in welcher der Konsul schon entschieden hat, so kann letzterer der angreifenden Partei eine oder beide der folgenden Strafen nach seinem Gutbefinden auferlegen, nämlich: Eine Gelbstrafe, die 300 Puncheons nicht übersteigt und Handelssperre. Auch kann er über jene Individuen der angreifenden Partei, die er als besonders schuldig erkennt, die Todesstrafe oder die Strafe der Verbannung auf unbestimmte Zeit verhängen oder eine 300 Puncheons nicht übersteigende Gelbbuße oder Sperrung ihres Handels auf unbestimmte Zeit. Eine Gelbstrafe kann vom Konsul auferlegt werden als Zusatz zu den Strafen des Todes, der Verbannung oder der Handelssperre.

Art. IV. King Bell und seine Häuptlinge verpflichten sich, keinen politischen, juridischen oder kommerziellen Vertrag oder Vergleich, der den Handel von King Akwas Land beeinflussen könnte, mit irgend einem der Häuptlinge des King Akwa ohne Wissen und Willen des Letzteren einzugehen.

King Akwa und seine Häuptlinge verpflichten sich zu demselben Verhalten King Bell gegenüber.

Art. V. Jede Verletzung des Artikels IV soll der Entscheidung des Konsuls unterbreitet werden, in dessen Macht es stehen soll, jede der schuldigen Personen wegen einer solchen Verletzung mit einer 100 Puncheons nicht übersteigenden Buße zu belegen.

Art. VI. Jedes Übereinkommen oder jeder Vertrag solcher Art wie in Artikel IV erwähnt, der etwa existirt und nicht dem King Bell sowohl als auch dem King Akwa bekannt ist, wird hierdurch aufgehoben. Sollte dennoch derartig gehandelt werden, so verfallen die betreffenden Personen den im Artikel V erwähnten Strafen.

Art. VII. Freie Männer von einer der beiden Parteien können nach jeder beliebigen Taun der anderen Partei verziehen und dort wohnen, vorausgesetzt daß sie, ehe sie verziehen,

1. Alle ihre Schulden in jener Taun, aus der sie verziehen, sowie allen Trust, für den der King oder Häuptling oder irgend eine andere Person jener Taun Bürgschaft geleistet hat, bezahlen, wenn sie von ihren Gläubigern oder Bürgen dazu aufgefordert werden;

2. Die Wohnungs-Erlaubnis des Obersten, sei das nun ein King oder ein Häuptling, jener Taun erlangt haben, in welcher sie zu wohnen beabsichtigen.

Art. VIII. Wenn ein freier Mann der einen Partei, während er in einer Taun der andern Partei wohnt, dem Frieden jener

Taun oder des Gebietes, zu dem jene Taun gehört, gefährlich wird, so soll der King jenes Gebietes dem ersteren King, welchem der freie Mann untertan ist, über das Betragen desselben berichten. Dieser erstere King soll den Übeltäter vorladen und ermahnen, sich in gesetz= mäßiger und friedlicher Weise zu betragen. Bei fortdauerndem schlech= tem Verhalten aber kann ihm der betreffende Häuptling befehlen, die Taun zu verlassen, indem er ihm zugleich eine angemessene Frist zur Wegschaffung seines Eigentums gewährt. Gehorcht er dem Ausweisungs= befehle nicht, so sollen beide Kings sich vereinigen, ihn aus der Taun zu jagen.

Art. IX. Keine neue Taun soll gebaut werden ohne

1. Die Genehmigung desjenigen Kings, welchem das für die Erbauung einer solchen Taun ins Auge gefaßte Land untersteht;
2. Die Genehmigung des Konsuls;
3. Die Genehmigung desjenigen Kings, dem die zum Bau einer neuen Taun geneigten Personen untertan sind.

Art. X. Wenn eine der beiden Parteien auf ihrem Gebiete entlaufene, der anderen Partei angehörende Weiber oder Sklaven findet, so soll sie auf Ansuchen dieser letzteren Partei solche Weiber oder Sklaven ohne Forderung von Bezahlung oder „Dash" zurück= befördern.

Art. XI. Schulden = Palaver sollen behufs Beilegung in erster Instanz dem King des Schuldners vorgetragen werden. Kann eine Beilegung von dem King nicht zu Stande gebracht werden, so soll die Sache zunächst dem „Court of Equity" unterbreitet werden. Von dem Urteile dieses „Court" kann an den Konsul appellirt werden, vorausgesetzt daß die Absicht zu appelliren dem Vorsitzenden mitgeteilt wird, und zwar binnen einer Woche nach Fällung des Urteils.

Art. XII. Das Eigentum eines Verstorbenen soll der Familie desselben gehören. Doch muß diese für die als richtig befundenen Schulden des ersteren aufkommen.

Art. XIII. Dieser Vertrag soll ohne Genehmigung des Kon= suls nicht widerrufen werden.

In den Artikeln dieses Vertrages ist unter dem „Konsul" zu verstehen Ihrer Britischen Majestät Konsul, in dessen Konsularbezirk die Gebiete des King Bell und des King Akwa gelegen sind, oder diejenige Person, die in gebührender Weise ermächtigt ist, ihn zu vertreten.

Unter dem Ausdruck „Puncheons" sind Puncheons (Fässer) mit gutem Palmöl zu verstehen, die 16 Kru oder 160 Gallons britisches Maß enthalten oder dafür Geld oder Produkte gleichen Wertes, wie es eventuell vom Konsul bestimmt wird.

Urkundlich dessen unterzeichnen wir mit unserem Namen oder durch ein Zeichen das Obige.

Geschehen an Bord Ihrer Britischen Majestät Schiff „Pioneer" vor Anker im Kamerun-Fluß am 29. Tage des März des Jahres unseres Herrn 1883.

(Sein Zeichen)		(Sein Zeichen)	
×	King Akwa	×	King Bell
×	Jim Jkwalla von Daibotaun	×	Lock Prifo von Hickory-taun
×	John Akwa von Akwa-taun	×	Joß von Joßtaun
×	Endenne Prince Daibo Akwa	×	Bell Old King
×	John Angua	×	Hawkin Bell
×	Mukuri	×	Green Joß
×	Jim Akwa	×	Ned Joß
×	William Akwa	×	Sam Peter
×	Governor Daibo	×	King Fiſh
×	Ned Daibo	×	Frank Bell
×	Firſt Tom Daibo	×	Muskoko
×	Big Tom Daibo	×	Jim Old King
×	Black Akwa	×	Yellow Bell
×	Joe Garner	×	Ned Bell
×	William Akwa	×	Old Yellow
×	Manga Akwa	×	Old Barry Bell
(Gez.)	David Meatom.	×	Mpome Bell
		×	Davis Joß
		×	Jim Joß
		×	Edward Bell
		×	Mat Joß
		×	Scott Joß
		×	Akwa Bell
		(Gez.)	Manga Bell
		(Gez.)	Moſes Prifo

Für obige Unterſchriften und Handzeichen von dem des King Akwa bis zu dem des David Meatom und von dem des King Bell bis zu dem des Moſes Prifo inkluſive ſind Zeugen:

(Gez.) Henry M. C. Feſting Lieutenant Comm. H. M. S. „Pioneer"

„ F. Buchan, Chairman of the Court of Equity
„ Joh. Voß Member „ „ „ „ „
„ Thos. Dayas „ „ „ „ „ „
„ Jas. W. Parnall, „ „ „ „ „ „
„ G. Allan „ „ „ „ „ „
„ Eb. Schmidt „ „ „ „ „ „
„ J. W. Eward „ „ „ „ „ „
„ J. D. Holber, „ „ „ „ „ „
„ J. J. Fuller, Miſſionary Jnterpreter.

Ich bestätige hierdurch, daß dies eine wahre und richtige Ab=
schrift des in meinem Besitz befindlichen Original=Vertrages ist.
H. M. S. „Pioneer", vor Anker im Kamerun=Fluß am 3. April
1883.

(Gez.) Edward Hyde Hewett,
Ihrer Britischen Majestät Konsul für die Buchten von Benin
und Biafra u. s. w.

Es liegen ferner vor mir: „Rules and Regulations framed
under Her Majesty's Order in Council of February 21. 1872 by
Her Majesty's Consul at Old Calabar. London 1873" und „Rules
and Regulations framed under Her Majesty's Order in Council of
February 21. 1872 for the settlement of differences and causes of
litigation of a civil nature between British subjects, or between
British traders and Natives on the West African Coast or the
places at which Equity Courts are established. London 1873."
Das erstere ist unterzeichnet von Charles Livingstone, Ihrer
Majestät Konsul in Old Kalabar, Bruder des berühmten Missionärs
und Reisenden. Beide betreffen allerdings nur die Jurisdiktion des
Konsuls über britische Untertanen und Schützlinge, und zwar nicht
blos in Old Kalabar, sondern auch in Bonny, Kamerun, New Ka=
labar, Braß, Opobo, Nun und Benin, gegen welche er definitive
Entscheidungen ohne Apell bis zu Streitbeträgen von 40 Pfund
Sterling fällen, sowie Geldstrafen bis zu 20 Pfund Sterling, Ver=
bannung und Festnehmung verfügen konnte.

Zu Seite 82.

Zeitungsnotiz vom 15. Oktober 1886: „Die Basler Missions=
Gesellschaft hat nunmehr das englische Reservatgebiet Viktoria in
der deutschen Kolonie Kamerun von der Londoner Baptistischen
Mission angekauft und dieses ist nun dem Deutschen Schutzgebiet ein=
verleibt. Die Missionsgebäude wurden um 2000 Pfd. St. und das
Land ebenso um 2000 Pfd. St. abgetreten. Die Hälfte des abge=
tretenen Landes wurde unter Vermittlung des deutschen Reichskom=
missars sofort weiter an einen Privatmann veräußert, der hiefür
1000 Pfd. St. bezahlte. Ferner hat ein deutscher Missionsfreund
die Übernahme von Land für 400 Pfd. St. angeboten. Die Ge=
sellschaft hat also noch etwa 2600 Pfd. St. (52 000 Mark) vom
Kaufpreis aufzubringen. Mit dem Aufwand für Ausbesserungen,
Einrichtungen, Übersiedelung und Unterhalt von Missionaren erwächst
dadurch der Basler Missions=Gesellschaft für das Jahr 1887 ein
Mehraufwand von 70 bis 100 000 Mark." Ursprünglich hatte die
Baptisten-Mission verlangt: 2000 Pfd. St. als angeblich 1858 dem
King William von Bimbia gezahlten Ankaufspreis für das Land,

2700 Pfd. St. Verzinsung desselben bis 1886, 7000 Pfd. St. für errichtete Gebäude, in Summa 11 700 Pfd. St.!

Zu Seite 85.

Früher, zu jener guten alten Zeit, da die englische Tonne Palmöl (2240 englische Pfund) in Europa mit 35 Pfund Sterling bezahlt wurde, berechnete sich der Brutto-Gewinn an einer solchen Tonne Palmöl ungefähr folgendermaßen:

Kaufpreis in Kamerun 30 Kru = ungefähr 19 Pfd. St. 10 Sh.
Abnutzungswert zweier Fässer von je $1/2$ Ton 1 „ — „
Fracht bis Hamburg . . . . 2 „ — „
Gesamtkosten 22 Pfd. St. 10 Sh.
Verkaufspreis in Europa . . . . . . 35 „ — „
Brutto-Gewinn 12 Pfd. St. 10 Sh.

Die sehr erheblichen Faktorei-Kosten schmälern diesen Brutto- zum Netto-Gewinn natürlich noch ganz beträchtlich. Ein Kru war ursprünglich $12^1/2$ Imperial-Gallons Palmöl, mithin 25 Kru = 1 Ton. Dasselbe wurde aber allmälig auf 10 Gallons herabgesetzt, mithin sind jetzt 30 Kru = 1 Ton.

Im Jahre 1854 trug die englische Tonne Palmöl dem euro-päischen Markte sogar 48 Pfund Sterling ein! Dieser Anfangs-preis für das damals noch neue Produkt sank bis 1859 auf 45 Pfd. St., bis 1867 auf 42 Pfd. St., zwei Jahre später auf 38 Pfd. St.; dann blieb er eine längere Zeit hindurch auf 35 Pfd. St. stehen, um schließlich bis auf 18 Pfd. St. zu sinken. Jene Zahlen sind ungefähr proportional der Rentirbarkeit einer Kolonialwirtschaft überhaupt ehemals und heutzutage.

Zu Seite 87.

Über die Größe von Import und Export sind Angaben blos bruchstückweise aufzutreiben. Die nachfolgenden Daten entstammen teils der Hamburger „Börsenhalle" teils Privatberichten.

C. Woermann exportirte in den 6 Jahren von 1868 bis 1874 960 000 Gallons Palmöl, 2800 Zentner Palmkerne, 22 600 Pfund Elfenbein. Im Jahre 1868 wurden von dieser Firma gekauft 57 000 Imperial Gallons Palmöl, 1869 130 000, 1870 187 000, 1871 145 000, 1872 191 000, 1873 220 000, ebenso von 1869 an Elfenbein 2500 Pfd., 4500, 5000, 3000, 7600 Pfd. und 1873 endlich noch 2800 Ztr. Palmkerne, die vorher überhaupt nicht ver-wertet worden und gar kein Handelsartikel gewesen waren. Die Anzahl der zur Vermittlung dieses Exports eingelaufenen Schiffe beläuft sich auf vierzehn, deren Tragfähigkeit je zwischen 350 bis 900 Tons betrug.

Janßen und Thormählen importirten in den 9¹/₂ Jahren von Mitte Juni 1875 bis Neujahr 1885 einen Warenbetrag von 2230000 Mark und exportirten innerhalb desselben Zeitraums 980000 Gallons Palmöl, 2600 Tons Palmkerne, 31700 Pfund Elfenbein.

Im Jahre 1883 wurden aus Deutschland nach Westafrika 32000000 Mark Waren (deutschen Ursprungs?) ausgeführt. Hievon kommen über 12000000 Mark auf Spirituosen. Da es sich um einen fremden Import handelt, haben die Engländer in ihren westafrikanischen Kolonien auf diesen Artikel Einfuhrzölle gelegt, welche zwischen 25 und 100 Prozent des Wertes schwanken. Englands Export nach Westafrika, hauptsächlich Baumwollenzeuge, wird auf 40 Millionen Mark angegeben.

Auch in Sansibar sind unter acht europäischen Firmen drei deutsche. Der jährliche Gesamtumsatz beträgt dort 35 Millionen Mark (20 für den Export, 15 für den Import), von welchen aber blos 4¹/₂ Millionen (3 für den Export, 1¹/₂ für den Import) auf die deutschen Firmen und blos 1 Million auf deutsche Fabrikate fallen. (G. A. Fischer „Mehr Licht im dunklen Weltteil".)

Zu Seite 88.

An Gewebe-Sorten kursiren folgende Bezeichnungen und Werte: Satin Stripes, Chilloes, Romals, Maballos; von diesen vier Sorten, welche 29 Inches breit sind, gelten 48 Yards = 1 Kru; Chilloe wollte in der letzten Zeit nicht mehr recht gehen; man legte deshalb zu jedem Kru Chilloe noch eine Dreingabe von 4 Bars; von Romals hat das Stück 16 Yards, von den übrigen drei Sorten 48 Yards. Bafts in verschiedenen Sorten. Small Madras, 16 Faden = 1 Kru. Big Madras, 12 Faden = 1 Kru. Piggin Cloth, 1 Faden = 1 Piggin, 8 Faden = 1 Kru. Big Chins und Reg Cloth, 1 Faden = 1 Reg. Seide in verschiedenen Güten, 1 Faden = 1 Reg bis 1 Kru. Die beste Qualität nach Seide ist das sogenannte Dreifaden-Zeug, 3 Faden = ¹/₃ Kru.

Zu Seite 92.

Die Firma J. F. Nagel, Spirituosenfabrik in Hamburg, liefert die fertige Kiste „Gin" mit 12 Flaschen, alles wohlverpackt und etikettirt, für den Preis von durchschnittlich 2,50 Mark! Dieser Preis setzt sich folgendermaßen zusammen:

1 Kiste, dunkelgrün bemalt, innen gefächert, zugenagelt .	0,43 Mark
12 Flaschen aus dunkelgrünem Glas	0,68 „
Sa.	1,11 Mark

	Za. 1,11	Mark
12 Korke	0,025	„
12 Metallkapseln darüber	0,035	„
12 Etiketten	0,015	„
12 Strohhülsen oder sonstige Packung (Spreu z. B.)	0,12	„
Arbeitslohn	0,12	„
Geschäftsunkosten	0,045	„
8 Liter 40 prozentigen Sprit (100 Liter 100 proz.		
Sprit = 25 Mark)	0,80	„
Wachholder-Essenz (für 100 Liter 40 proz. Sprit =		
0,40 Mark)	0,0032	„
1 pZt. Dekort (für Verdunstung, Bruch u. dergl.)	0,0273	„
6 pZt. Nutzen	0,1380	„
	2,4385	Mark.

Der eigentliche Inhalt einer Kiste Gin stellt also mit 80 Pfennig noch nicht den dritten Teil des ganzen Wertes dar. Über zwei Drittel kommen auf die äußere Fassung. Nur schade, daß dieser Triumph der Industrie des Herrn J. F. Nagel keinen würdigeren Artikel zum Gegenstand hat. Dabei ist der betreffende Gin gar nicht allzu schlecht und an sich keineswegs gesundheitsschädlich.

Es gibt übrigens an der westafrikanischen Küste auch schon Gegenden, in denen die Verfeinerung des Geschmacks der Neger bereits bis zum Konsum von Getränken mit Namen besten Wohlklangs gediehen ist. Für solche höhere Bedürfnisse liefert dieselbe Firma das Dutzend Flaschen

Kognak	für 3,50	Mark.
Liqueur	„ 5,50	„
Champagner . . .	„ 9,00	„

Kameruner Preisliste für verschiedene Artikel.

(1 Kru = 4 Kegs = 8 Piggins = 20 Bars.)

1 Kru	= 10 Gallons Palmöl,
	= ungefähr 2 Pfund Elfenbein,
	= 16 Faden oder Klafter (à 2 Yards) Common Prints
	= 12 „ „ „ „ Big Prints
	(Gedruckte Zeuge)
	= 24 „ „ „ „ Chilloes (karrirte Gewebe)
	= 4 Säcke Salz à 125 Pfund,
	= 60 Heads Tabak (Büschel von je 5 Blatt).
1 Keg	= 1 Ginkiste voll Palmkerne, etwa 50 Pfund im Gewicht,
	= 1 Faden besten Kattuns oder schlechtester Seide.

1 Piggin = 4 bis 5 Flaschen Rum,
= 1 Ente,
= 10 Stränge größerer Perlen à 10 Stück,
= 25 große Yamswurzeln.

1 Bar = 3 Matten von Dibumbari. In Dibumbari selbst kaufen
bie Dualla das Stück für 1 Heab Tabak.
= 10 weiße Thonpfeifen,
= 3 Heab Tabak à 5 Blatt,
= 1 Huhn,
= 8 bis 10 Eier,
= 1 Flasche Hamburger Bier,
= 6 Stück Schiffszwiebad,
= 10 Ohrringe, leichteste Ware natürlich. Da sie eben
als neuer Artikel aufgekommen waren, gaben sie eine
gute Münze zum Ankauf von Eiern ab, 1 Ei =
1 Ohrring. Ohne neue Reizmittel ließen die Weiber
ihre Eier lieber verfaulen. Thonpfeifen, die frühere
Münze dafür, zogen nicht mehr.

Zu Seite 97.

Die Fracht von Hamburg nach Kamerun betrug früher per Ton
Schwergut (Salz zum Beispiel) 40 Shillings und 10 Prozent, per
Ton Leichtgut (Gewebe und bessere Waren) 60 Shillings und
10 Prozent vom Werte.

Zu Seite 102.

Stand der Kumi-Angelegenheit vom 19. Februar 1885.

Agent und Firma	Faktorei oder Hulf im Bereiche von	Zahlt in Krus an			
		Bell	Atwa	Lock Prifo	Zim Jfwalla
E. Schmidt E. Woermann, Hamburg	Atwa	—	80	10	10
	Bell	80	10	—	—
	Daido	—	—	—	50
	Daniel Bell	—	—	—	—
J. Voß Janzen u. Thormählen, Hamburg	Atwa	10	80	10	10

Agent und Firma	Faktorei oder Hulk im Bereiche von	Zahlt in Krus an			
		Bell	Atwa	Lock Prifo	Jim Jkwalla
F. Buchan N. u. W. Ring, Briftol	Atwa	—	80	—	10
	Bell	80	—	10	—
J. W. Splatt A. Afhmoll, Liverpool	Lock Prifo	10	10	80	10
Thos. Richardé Rider Low u. Andrews, Briftol	Bell	80	10	10	10
W.A.L.Harris Johnholt u.Co., Liverpool	Bell	80	10	10	10
J. D. Holber A. Herschell, Liverpool	Bell	80	10	10	—
J.S.W.Ewart Lucas Bros., Briftol	Bell	80	10	10	—

Zu Seite 113.

Ein köstlicher Ausdruck des an der weftafrikanischen Küste herrschenden Witzes, der zugleich ein karakteriftisches Licht auf den Eindruck der Drolligkeit wirft, den der dunkelhäutige Menschenbruder uns erzeugt, liegt in den Namen, die sich die Kru-Jungen aneignen, wenn sie als Jünger der Zivilifation in die Dienfte der Weißen treten. Ihre heimischen Namen, ihre „Country names", genügen ihnen dann nicht mehr, sie wollen englische haben. Zu diesem Zweck ist nun seit lange ein größerer Vorrat von solchen im Umlauf, der

zweifellos dem Humor der englischen Kauf= und Seeleute seinen Ur=
sprung verdankt. Aus einer Kru = Jungen = Liste hebe ich folgende
hervor: Bloody fool (Erzesel). Dirty fellow (Schmutzkerl). Pea-
soup (Erbsensuppe). Brandy (Kognak). Bottle beer (Bierflasche).
Empty bottle beer (Leere Bierflasche). Gladstone (der bekannte
Minister). Sixpence (das bekannte Geldstück). Steamer (Dampfer).
Steamlaunch (Dampfbarkasse). Tablesalt (Tafelsalz). Mustard
(Senf). Teapot (Theekessel). Looking glass (Spiegel). Six o'
clock (sechs Uhr). Nine o' clock (neun Uhr). Midnight (Mitter-
nacht). Good evening (guten Abend). Pumpkin (Kürbis).

Auf diese ihre Namen. sind die guten Kru=Jungen nicht wenig
stolz, und sollte ein jüngerer Kollege sich den eines älteren anmaßen,
so entstehen nicht selten ernste Streitigkeiten. Da kommt dann
„Bloody Fool" und klagt: Them boy thieve my name. Them
boy no be „Bloody fool". Them boy no got proper name. I am
„Bloody fool" for true true. (Dieser Bursche hat meinen Namen
gestohlen. Dieser Bursche ist gar nicht „Bloody fool." Dieser Bursche
hat überhaupt gar keinen richtigen Namen. Ich bin Bloody fool
und zwar in voller Wahrheit.)

Das ist nun allerdings einer der untersten Grade der Komik,
die der Neger auf uns auszuüben pflegt. Sonst im allgemeinen steht
er lange nicht so tief, daß wir ihn als ein merkbar niedrigeres Wesen
empfänden.

Zu Seite 118.

Was die Konserven=Industrie bei uns heutzutage leistet, wird
man am besten an den armseligen Küstenplätzen Westafrikas gewahr.
Man kann in Blechbüchsen eingelötet buchstäblich Alles haben bis
zu zwölfgängigen opulenten Diners für zwanzig Personen. Die
Güte solcher altgekochten, nach Monaten wieder aufgewärmten Mahl=
zeiten läßt freilich viel zu wünschen.

Von sonstigen Eßwaren, auf deren regelmäßige Zufuhr aus Europa
der Weiße in dem modernen Eldorado Afrika angewiesen ist, seien als
besonders wichtig und empfehlenswert erwähnt: Mehl in schönen
Holzzylindern à 100 Pfd., Zucker in viereckigen Blechbüchsen à 5 Pfd.,
Schmalz in runden Büchsen à 6 Pfd., Schinken und Rauchfleisch in
Kalk und Spreu eingenäht, Würste aller Art in Blechzylindern, Kar=
toffel von der Insel Madeira, welche die ganze Westküste damit
versorgt, Butter, kondensirte Milch, eingemachtes Obst, Salz= und
Essig=Gurken, Schiffsbrote, Zwieback, Biskuits, Makaroni und süße
Kuchen aus englischen, deutschen, holländischen und französischen
Fabriken.

Zu III.

Zu Seite 141.

Die Firmen C. Woermann und Jantzen u. Thormählen haben unter dem Namen „Kamerun Land= und Plantagen = Gesellschaft" am 28. Juli 1885 eine Kommandit=Gesellschaft mit Anteilen von je 1000 Mark gegründet, welche bei Bimbia Plantagen von Kakao und Tabak anlegen soll, deren Leitung Herr Theuß, bekannt als vortreff= licher Botaniker zuerst der Koango=Expedition des Majors von Mechow und später der belgischen Assoziation am Kongo, übernommen hat.

Zu Seite 145.

In Bom Jesus am Koanfa, wo unser Landsmann Herr Schulze aus Münster die größte Zuckerrohr=Pflanzung Westafrikas besitzt und daraus einen jährlichen Ertrag von 500 bis 900 portugisischen Pipas (1 Pipa = 423,75 Liter) erzielt (1880), wird das Zucker= rohr zum ersten mal 18 Monate nach dem Einsetzen der Stecklinge (Spitzen mit je 3 Knoten), dann zum zweiten mal 12 bis 14 Mo= nate später geschnitten. In Brasilien soll man in dieser Weise das= selbe Feld durchschnittlich sieben Jahre lang ausbeuten können. Für Bom Jesus liegen endgültige Erfahrungen über die Zeitdauer bis zur Erschöpfung des Bodens noch nicht vor.

Zu Seite 146.

Welche Unterschiede in den Gelderträgen zwischen einer Pro= duktion auf Menge und einer solchen auf Güte bestehen können, dafür liefert uns nach den bezüglichen Untersuchungen von Pott (Dr. E. Pott, Erträge beim Hopfenbau. Nürnberg 1885.) der Hopfenbau ein überraschendes Beispiel. Im Mittel von zehn bis zwanzig Jahren gewinnt man pro Hektar

im Spalter Land, Bayern 9 Ztr. Hopfen à 278 M. = 2502 M.
in der Holletau „ 12 „ „ à 192 „ = 2304 „
in den Gebirgsgegenden „ 12.5 „ „ à 156 „ = 1950 „

Überall, wo große Quantitäten geerntet werden, läßt die Qualität zu wünschen übrig. Die größere Gewichtszahl der Ernte gewährt um so weniger Ersatz für die geringeren Preise, als ein größeres Ernte=Quantum ja auch vermehrte Ernte= und Verpackungskosten ꝛc. verursacht. Besonders lehrreich in dieser Beziehung war das reiche Erntejahr 1885, in welchem man beispielsweise als Ernte=Ertrag pro Hektar

in Spalt 12 Ztr. à 150 M. = 1800 M.
im Elsaß 30 „ à 25 „ = 750 „

erzielte.

Zu Seite 147.

Ein neuerer Kamerun-Reisender, der Pastor Dr. B. Schwarz, hat vollen Ernstes den Vorschlag gemacht, die Mangrove-Wälder als Fieberbrutstätten auszurotten und das Fahrwasser der Mangrove-Kriks auszubaggern. Da diese Weisheit in einer öffentlichen Sitzung des deutschen Kolonial-Vereines gelegentlich der 59. Versammlung deutscher Naturforscher und Ärzte zum Besten gegeben worden ist, so sei dieselbe folgender Erwiderung gewürdigt:

1. Wenn die Schlickflächen des Kamerun-Deltas noch nicht mit Mangrove-Wäldern bewachsen wären, müßte man solche auf ihnen anzupflanzen suchen. Denn die gleichmäßige Beschattung der Mangrove-Wälder ist ein ungemein wohltätiges Schutzmittel gegen den ständigen Wechsel von Austrocknung und Überschwemmung durch Ebbe und Flut, welcher sonst täglich zweimal stattfinden und die Verbreitung der Fieber geradezu fördern müßte. Außerdem wirken die Mangrove-Wälder landbildend. Wenn wir die gleichfalls fiebergiftigen Schlickflächen unserer Nordsee-Ufer mit Mangroven bepflanzen könnten, so wäre das ein wahrer Segen.

2. Um die Mangrove-Kriks mit Erfolg auszubaggern, müßte erst das ganze Kamerun-Delta durch ein System von Deichen und Schleusen dem Einflusse von Ebbe und Flut entzogen werden. Wer soll die hiezu erforderlichen Millionen hergeben? Höchstens darum kann es sich handeln, versuchsweise einzelne Zweige des Deltas zu verstopfen, damit die ausfegende und tiefende Wirkung von Ebbe und Flut auf die wenigen wirklich schiffbaren Wasserwege konzentrirt bleibe.

Zu Seite 174.

Die Arbeits-Frage in Westafrika ist eine so wichtige und zugleich so schwierige, daß jeder Beitrag zu ihrer Klärung von Wert sein dürfte, so auch der folgende, obgleich er ein nächstes Interesse für Kamerun nicht hat.

Sehr gute Leute scheinen die Franzosen in Gabun von der Loango-Küste her zu beziehen, namentlich seitdem eine Hungersnot die dortigen Eingeborenen zum Auswandern und Eintritt in fremde Dienste geneigt gemacht hat. Diese Loango-Neger in Gabun erhalten pro Mann monatlich 4 Dollars in Waren, hievon 2 Dollars Angeld voraus, und jeden zweiten Monat 4 Faden Zeug zur Bekleidung; die Vorleute eines jeden Trupps von 8 bis 12 Köpfen erhalten in denselben Zeiträumen je 6 Dollars und je 6 Faden. Die tägliche Verpflegung besteht pro Mann aus 1 Pfund Reis, 1 kleine Wurst Kikoanga (Maniokbrei in Blätter eingebunden), etwas getrocknetem Fisch landesüblicher Herkunft und aus zweimal einem Glas Rum. Wöchentlich empfangen sie dann auch noch Seife und Tabak. Solche

Loango=Arbeiter werden besorgt durch André Robriguez in Kabinda, Sohn des Tom Jack Fine, welcher der Sohn des großen Kabinda= Häuptlings Mambuku ist. Dabei müssen sowohl dem genannten André Robriguez als auch den Unterhäuptlingen King Jack Fine und Tom Jack Fine Extrageschenke vorausbezahlt, dem Mambuku aber ein „Kings Dreß" ein „Königsgewand", z. B. ein schöner neuer Maskenanzug mit Epauletten, überreicht werden. (Mündliche Mit= teilung des Herrn Schran.)

Zu Seite 177.

Die drei größten Firmen in Fernando Po heißen: W. A. Wivour, John Holt und Laureano. Der letztere, ein portugisischer Mulatte aus San Thome, soll auf seinen Plantagen Arbeiter aus Angola haben. Es sind das ursprünglich Sklaven, die im Innern Angolas gekauft, von den portugisischen Behörden in Bengella und Dondo durch einen offiziellen Akt zu „freien Männern" ernannt, dann als „Gente contrataba" (kontrahirte Leute) nach San Thome verschifft werden.

Zu Seite 187.

Ganz streng und logisch gedacht, kann der Krieg gegen den Al= kohol doch erst dann für beendet gelten, wenn der Alkohol als mensch= liches Genußmittel völlig abgeschafft ist. Denn eine Grenze zwischen Gut und Bös läßt sich hier gar nicht bestimmen. Das scheint auch bereits in Missionskreisen klar geworden zu sein, wie ich einer An= deutung aus der Kampfschrift des Bremer Missions=Inspektors Zahn „Der überseeische Branntweinhandel", Gütersloh 1886, Seite 22, entnehme. Es heißt dort: „Denn wenn das Prinzip der „Total Ab= stinence" schon dahin in der Mission gekommen ist, beim Abendmahl nicht nur ungegorenen Wein, sondern auch Zuckerwasser zu gebrauchen, wenn man die Kindertaufe verweigert, falls nicht der Vater verspricht, auch den Wein von seinem Tische zu verbannen, wenn eine Synode den Beschluß faßt, von der Kirchengemeinschaft auszuschließen, wer nicht das Gelübbe der völligen Enthaltung ablegt, und wenn man eine Art von Interbikt gegen Gemeinden, die Trunkenheit dulden, wieder aufzuleben sucht, so sind das zwar alles Zeugnisse, wie ernst ge= wissenhafte Männer den Schaden beurteilen, aber doch auch Zeichen, daß wir in der Mission eine Warnung nötig haben, damit wir uns weder auf den Sinai noch nach Rom verirren." Ich meine, wenn man einmal streitbar basteht, sollte man weder vor Rom, noch vor dem Sinai zurückschrecken. Nur die extremsten Standpunkte sind offen und gut zu vertheidigen.

Zu Seite 188 u. ff.

Ein gutes, allen ernsthaften Kolonialpolitikern zu empfehlendes Buch ist Java or how to manage a Colony by J. W. B. Money, London 1861, welches noch heute Gültigkeit hat, trotzdem daß die allgemeine Krise der Überproduktion und des Preisniedergangs der Bodenerzeugnisse auch über dieses Musterland hereingebrochen ist. Wir heben daraus folgende Punkte hervor:

Batavia ist durch strenge Handhabung hygienischer Maßregeln aus einem berüchtigten Fieberplatz eine verhältnismäßig gesunde Tropenstadt geworden.

Die Holländer scheinen mit den Javanern auch ohne Missionare ganz gut ausgekommen zu sein.

Auch in Java gilt als Wirtschafts= und somit großenteils auch als Rechts=Individuum die Gemeinde, nicht die Person. Die Eng=länder wollten während ihrer kurzen Herrschaft 1811 bis 1816 das System des persönlichen Eigentums und der persönlichen Pflicht ein=führen, gereichten aber damit nur den chinesischen Wucherern zum Nutzen.

Auch in Singapore und schon damals hatte die unselige Gleich=heitstheorie der Engländer, übertrieben bis zur Bevorzugung der ein=heimischen Rassen, die unverschämte Frechheit der Malayen und Chi=nesen gegen die Europäer dermaßen großgezogen, daß man den frommen Wunsch hören konnte, es möchten doch gegen die Ausschreitungen dieser Mongolen dieselben Polizeimaßregeln angewendet werden, wie gegen Ungehörigkeiten englischer Rowdies.

Eine vortreffliche Schilderung der Not eines gewissenhaften angloindischen Richters, mitten in einem wahrhaft imponirenden, wohl vorbereiteten System von Schuftigkeit, Betrug, Lüge und Mein=eid, das bei Rechtsstreitigkeiten der indischen Eingeborenen zu herrschen pflegt, findet sich im 2. Band S. 100 und ff. Ohne Lüge glaubt auch der Unschuldige nicht seine Unschuld beweisen zu können. Ganz wie bei den Negern.

Gerade die Haupttummelplätze der Philanthropen waren in Indien die Hauptherde des großen Aufstandes.

Das damalige Gedeihen Javas, mit dem sich höchstens Kuba noch vergleichen durfte, setzte sich zusammen aus den Elementen: Fruchtbares Land, reichliche Arbeitskraft, europäisches Kapital und europäische Aufsicht, vereinigt unter dem Kredit einer starken Re=gierung.

Die Hauptsache dabei war wohl die reichlich vorhandene Arbeits=kraft, die in Afrika fehlt. Denn daß die Neger auf heimatlichem Boden sich eben so leicht zur Arbeit hergeben werden, wie die Ja=vaner, ist nicht anzunehmen, und Menschen, die wohl arbeiten könn=ten, aber nicht arbeiten wollen, sind eben keine Arbeitskräfte. Die

Javaner scheinen im Allgemeinen gutmütiger oder willfähriger und durch den Islam besser zum Gehorsam erzogen zu sein, trotz der zuweilen auftretenden gefährlichen Wutparoxysmen, die bis zum Amock-Laufen führen. Die Neger dagegen sind mehr andauernd halsstarrig und widerspänstig ohne solche akute Paroxysmen. Will man, daß der Neger nach links gehe, so muß man ihm häufig genug „rechtsum" zurufen.

Zu Seite 194.

Die deutsche Geldwährung ist in Kamerun durch den Gouverneur mit folgender Verordnung eingeführt worden: „§ 1. Vom 10. Oktober 1886 an gilt die deutsche Reichsmarkwährung im Kamerun-Gebiet. § 2. Von diesem Zeitpunkt ab gelten als gesetzliche Zahlungsmittel: Die Zwanzigmarkstücke, Zehnmarkstücke, Einthalerstücke, Zweimarkstücke, Einmarkstücke, Fünfzigpfennigstücke, Zehnpfennigstücke, Fünfpfennigstücke, Zweipfennigstücke, Einpfennigstücke. § 3. Betreffs der früher nach Krus abgeschlossenen Verträge wird das Wertverhältnis wie folgt festgesetzt: 1 Kru = 20 Mark = 80 Liter Palmöl = 160 Liter Palmkerne. Vorher war ein Kru = 10 Gallons = 45,3 Liter. Das neue Maß von 80 Liter entspricht dem Unterschied zwischen wirklichem und nominellem Wert eines Kru in Waren. Bei der alten Abmessung wäre der Kaufmann, falls er mit baarem Geld kaufen sollte, arg geschädigt worden.

Es sind ferner versuchsweise bereits eingeführt: 1. Drei Ausfuhrzölle auf Palmöl, Palmkerne und Elfenbein, die ersteren beiden 5 Mark resp. 2,50 Mark pro Kilogramm-Tonne (1000 Kgrm.), der letztere 0,20 Mark pro Kilogramm betragend. 2. Eine Lizenzabgabe für Schnapsverkauf von 2000 Mark für jede Firma.

Zu Seite 196.

Ein Hauptkämpe der deutschen Mission, Dr. Gustav Warneck, hat sich in seiner Broschüre „Welche Pflichten legen uns unsere Kolonien auf? Eine Berufung an das christliche deutsche Gewissen" ausführlicher über seine Wünsche ergangen. Besser präzisirt und kürzer gefaßt lauten dieselben ungefähr so: „Der Staat gibt uns Geld. Er hat uns aber nichts einzureden. Im Gegenteil soll er, ehe er Beamte hinausschickt, erst anfragen, ob sie uns genehm sind."

Zu Seite 200 (Schluß).

In einem Konkurrenzkampf, der mit Schutz- und Differenzial-Zöllen ausgefochten würde, dürften bekanntlich die Engländer uns viel mehr schaden als wir ihnen. Wie wenig indessen eine wirklich vorhandene merkantile Überlegenheit selbst durch die unglaublichsten

Schikanen unterdrückt werden kann, dafür liefern die Franzosen in ihrer Kolonie bu Gabon ein gutes Beispiel. In Gabun sind alle fremden Kauffartei-Schiffe verpflichtet, auf den Flüssen binnenwärts vom Hafen die französische Flagge zu hissen und mit 500 Francs Strafe bedroht, falls sie dort eine andere oder gar keine führen. Die englischen und deutschen Binnendampfer vertauschen demgemäß von einem bestimmten Punkt an ihre eigenen Nationalflaggen mit der französischen.

Alphabetisches Register.